Die Reise in die Vergangenheit

Band 8

Herausgegeben von Hans Ebeling
und Prof. Dr. Wolfgang Birkenfeld

Bearbeitet von:
Kerstin Berthold, Denise Kalka, Gabriele Reißmann,
Cathrin Schreier und Uta Usener

Mit Beiträgen von:
Annette Adam, Dr. Elmar Geus und Harald Kontofski

westermann

Druck A[1] / Jahr 2014
Alle Drucke der Serie A sind im Unterricht parallel verwendbar.

Redaktion: Dr. Alexander Fleischauer
Herstellung: Andreas Losse
Layout und Umschlaggestaltung:
Janssen Kahlert Design & Kommunikation, Hannover
Satz: ottomedien, Hanhofen
Druck und Bindung: westermann druck GmbH, Braunschweig

ISBN 978-3-14-**140778**-5

Liebe Schülerinnen und Schüler,

vor euch liegt euer neues Buch für das Fach Geschichte. Es will euch zu einer „Reise in die Vergangenheit" einladen. Dieses Buch soll euch helfen, selbstständig Geschichte zu entdecken. Wir, die Autorinnen und Autoren dieses Buches, haben dazu viele Bilder und Texte zusammengestellt, die vom Leben der Menschen in früheren Zeiten berichten.

Für eine Reise benötigt ihr eine geeignete Ausrüstung. Euer Buch bietet euch verschiedene Hinweiszeichen. Sie helfen euch, euch bei eurer Reise in die Vergangenheit zurechtzufinden.

Die Arbeitsaufträge leiten euch dazu an, Texte und Abbildungen auszuwerten und die Zusammenhänge zu verstehen.	ARBEITSAUFTRÄGE
Die Hinweise helfen euch, einen Arbeitsauftrag zu verstehen und zu bearbeiten.	→]
Hierbei handelt es sich um einen schwierigen Arbeitsauftrag. Eure Lehrerin oder eurer Lehrer sollte entscheiden, ob ihr diese Aufgabe lösen könnt.	[⇨
Hier werden euch unbekannte Begriffe und schwer verständliche Wörter erklärt.	**Boykott:** Meidung, Ablehnung.
Der Buchstabe M bezeichnet alle Materialien, die den Autorentext und die Quellen ergänzen. M kann ein Bild, eine Karte, eine Zeichnung oder eine Tabelle sein.	**M1**
In diesen Texten haben Menschen lange vor unserer Zeit ihre Gedanken aufgeschrieben. Diese Texte müsst ihr genauer untersuchen.	**Q1**
Diese Texte sind zeitlich später entstanden und beinhalten bereits die Ergebnisse der Forscher über das betreffende Thema.	**D1**
Hier stellen wir euch Methoden des Faches Geschichte vor. Mit diesen Seiten könnt ihr lernen, wie man eine Karte auswertet usw.	Methode
Diese Seiten enthalten Anregungen zum Ausprobieren, Selbermachen und Entdecken.	Projekt
Auf diesen Seiten werden zusätzliche Themen und Inhalte auf höherem Niveau vertiefend behandelt.	Vertiefung ⇨
Hier könnt ihr Näheres über die Geschichte eurer Region und eures Bundeslandes erfahren.	Heimatgeschichte
Auf dieser Seite findet ihr eine Zusammenfassung mit allen wichtigen Informationen und Begriffen des Kapitels sowie eine Zeitleiste.	In Kürze

Im Anhang findet ihr ein Register und Worterklärungen, mit denen ihr die wichtigsten Begriffe und Namen noch einmal nachschlagen könnt.

Inhalt

70 Demokratie und Diktatur in Europa

172 Völkermord und Kriegsverbrechen im 20. Jahrhundert

Krieg und Kriegserfahrungen der Völker Europas

Der Zeitabschnitt von 1890 bis zum Ende des Ersten Weltkrieges 1918 war von Imperialismus, Militarismus und Nationalismus geprägt. Das Streben der europäischen Mächte nach Größe und Einfluss führte in einen Krieg, der Millionen von Menschen in Europa Tod, Zerstörung und Leid brachte.
Heute erinnern unzählige Kriegsgräber an die Schrecken dieses Krieges und verpflichten uns, den Frieden zu bewahren.

Schlussszene aus dem US-Spielfilm „Im Westen nichts Neues" von 1930.

Macht wird neu definiert

imperialistische Politik: das Streben eines Staates nach Vergrößerung seiner Macht und seines Besitzes.

Im 19. Jahrhundert veränderte sich die politische Weltkarte. Großbritannien und Frankreich festigten mit einer imperialistischen Politik ihre Großmachtpositionen. Die USA, Russland und Deutschland erstarkten durch ihre wirtschaftliche Entwicklung am Ende dieses Jahrhunderts. Sie suchten als junge Großmächte eine neue Rolle.

Imperialistische Mächte rechtfertigen sich

Die imperialistischen Staaten begründeten ihre Politik zum einen mit ihrer wirtschaftlichen Macht. Zum anderen hatten sie die Überzeugung, dass sie anderen Ländern und Kulturen überlegen seien und deshalb ihre Lebensweise auf diese Länder übertragen müssten. Gleichzeitig sahen sie eine Möglichkeit, durch erfolgreiche Machtpolitik im Ausland von Problemen im eigenen Land abzulenken.

Q1 Aus einem Buch des Pfarrers Josiah Strong, 1885:

Es scheint mir, dass Gott in seiner unendlichen Weisheit die angelsächsische Rasse auf eine Stunde vorbereiten will, die die Welt mit Sicherheit einmal erleben wird … Es gibt nunmehr keine neuen Welten mehr … Dann wird diese Rasse in ihrer unvergleichlichen Energie und mit ihren majestätischen Bevölkerungszahlen, gestützt auf die sich von ihrem großen Reichtum abgeleiteten Macht, den höchsten Grad an Freiheit, die reinste Form des Christentums und die höchstentwickelte Zivilisation repräsentieren … Kann es irgendeinen Zweifel daran geben, dass dieser Wettkampf der Rassen das „Überleben des Stärksten" zum Ziel hat?

Q2 Aus einer Rede des englischen Politikers Joseph Chamberlain 1903:

Unsere nationale Existenz beruht auf unserer industriellen Leistungsfähigkeit und Produktion. … Daraus folgt eins: dass der Handel innerhalb unseres Weltreichs für unser Gedeihen in der Gegenwart unbedingt notwendig ist. Geht dieser Handel nieder oder hört er nur auf … zuzunehmen, dann sinken wir zu einer Nation fünfter Klasse herab. Unser Schicksal wird dann das Schicksal der Reiche und Königtümer der Vergangenheit sein.

	1891–1900		1911–1913	
	GB	D	GB	D
Kohle	34	19	24	20
Roheisen	28	20	18	22
Stahl	22	21	10	25

M1 Anteil an der Industrieproduktion in der Welt (in %).

Neue Großmächte – neue Ziele

Während die alten Großmächte wie England und Frankreich ihren Einfluss in der Welt bewahren wollten, setzten die USA, Russland und Deutschland alles daran, ihre Macht auszuweiten. Mit dem Krieg um Kuba begannen die USA ab 1898, Spanien als Kolonialmacht in der Karibik und im Pazifischen Ozean zu verdrängen. Russlands machtpolitisches Ziel war der Zusammenschluss aller slawischen Völker unter seiner Führung. Das Deutsche Reich hatte Gebiete in Afrika und in der Südsee erworben und beteiligte sich an der Aufteilung Chinas.

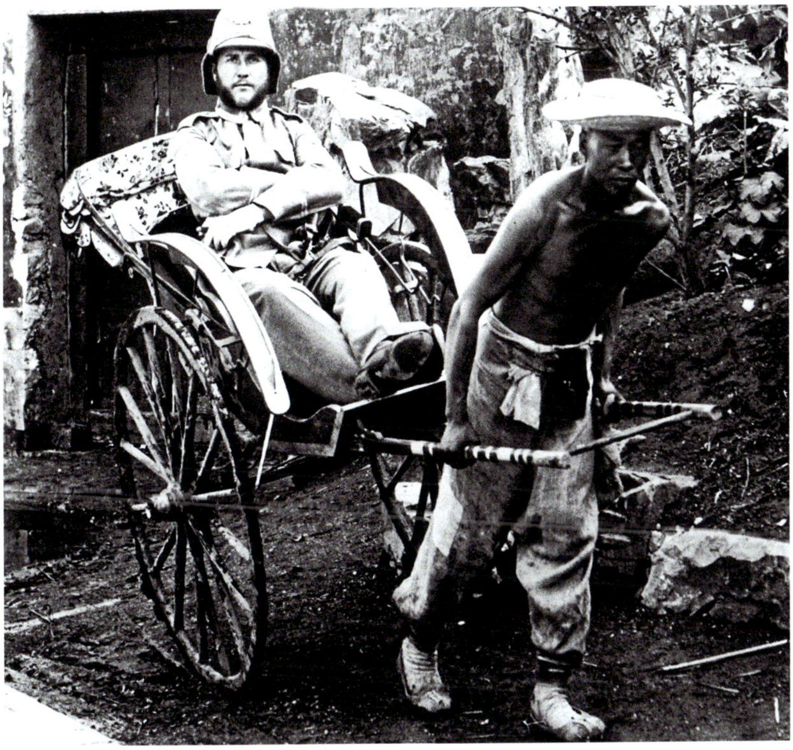

M2 Die Vertreter einer Imperialistischen Politik gingen von der Überlegenheit der eigenen Rasse und Kultur gegenüber anderen Völkern aus. Deutscher in Peking, Foto von 1901.

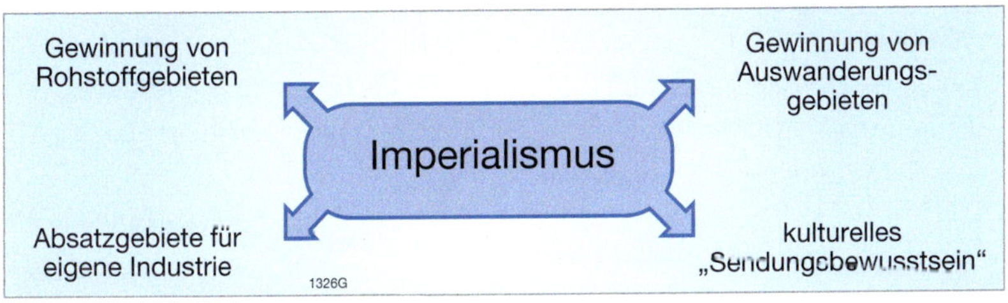

M3 Ziele imperialistischer Politik.

Q3 Aus einem Aufsatz des deutschen Historikers Hans Delbrück 1899:

Mit immer gesteigertem Erfolge und gesteigerter Intensität ist Europa seit 400 Jahren an der Arbeit, sich die übrige Welt zu unterwerfen und in seine Kultursphäre hineinzuziehen ... Wäre aber einmal die außereuropäische Welt völlig (englisch oder russisch) aufgeteilt, (könnten) die unbeteiligten europäischen Völker sich gegen solche Riesenmächte auf die Dauer (nicht) behaupten. Das ist der Grund, warum Deutschland notwendig eine Kolonialpolitik im großen Stile treiben muss.

ARBEITSAUFTRÄGE

1. → Benenne die Ziele der imperialistischen Staaten zu Beginn des 20. Jahrhunderts.
2. → Arbeite die Rechtfertigungen für die imperiale Politik aus den Quellen Q1 – Q3 heraus.
3. Diskutiert die Folgen der imperialistischen Politik für die Weltpolitik.
4. ⇒ Recherchiert Folgen der imperialistischen Politik in der Gegenwart.

→ zu 1.
Verwende M1 und M3.

→ zu 2.
Notiere stichpunktartig die wichtigsten Fakten der Quellen. Stelle dann Gemeinsamkeiten und Unterschiede gegenüber.

Das Streben nach einem Platz an der Sonne

Bismarcks Außenpolitik

Mit der Reichsgründung 1871 war aus dem zersplitterten, uneinigen, außenpolitisch schwachen Deutschland eine europäische Großmacht geworden. Besonders Frankreich und das russische Zarenreich, aber auch andere europäische Staaten fühlten sich durch Deutschlands wirtschaftliche und militärische Macht bedroht.

Frankreich war im Krieg 1870/71 gedemütigt worden und hatte das Territorium Elsass-Lothringen an das Deutsche Kaiserreich abtreten müssen. Reichskanzler Otto von Bismarck befürchtete, dass Frankreich nun jede Gelegenheit nutzen würde, um in einem erneuten Krieg die Ergebnisse von 1870/1871 rückgängig zu machen. Aus diesem Grund suchte Bismarck starke Bündnispartner, um drohende Konflikte in Europa diplomatisch zu verhindern.

M1 „Dropping the pilot" (to drop someone = jemanden entlassen). Britische Karikatur, 1890. In Deutschland erschien diese Karikatur mit dem Titel: „Der Lotse geht von Bord".

M2 Bismarcks Bündnissystem 1887.

Q1 Staatssekretär von Bülow 1897 in einer Rede vor dem Reichstag:

Die Zeiten, wo der Deutsche dem einen seiner Nachbarn die Erde überließ, dem anderen das Meer und sich selbst den Himmel reservierte, ... diese Zeiten sind vorüber. Wir betrachten es als eine unserer vornehmsten Aufgaben, gerade in Ostasien die Interessen unserer Schifffahrt, unseres Handels und unserer Industrie zu fördern und zu pflegen ... Wir müssen verlangen, dass der deutsche Missionar und der deutsche Unternehmer, die deutschen Waren, die deutsche Flagge und das deutsche Schiff in China geradeso geachtet werden wie diejenigen anderer Mächte. (Lebhaftes Bravo) Mit einem Wort, wir wollen niemanden in den Schatten stellen, aber wir verlangen auch unseren Platz an der Sonne ...

Kurswechsel in der Außenpolitik

Durch seine Bündnispolitik hatte Otto von Bismarck von 1873 bis 1887 die Machtstellung des Deutschen Reiches und den Frieden in Europa gesichert. Kaiser Wilhelm II. setzte diese Politik nicht fort. Er verfolgte das Ziel, die politische Macht Deutschlands in Europa und der Welt auszubauen. Dies führte 1890 dazu, dass Bismarck auf Drängen des Kaisers seine Ämter niederlegte.

Der deutsche Kaiser forderte weltpolitisches Mitspracherecht und beanspruchte mit seinem Streben nach Einfluss in Afrika und Asien „einen Platz an der Sonne". Der Wettlauf der europäischen Mächte um die Aufteilung der Welt hatte begonnen.

Der Ausbau der deutschen Kriegsflotte

Um die angestrebte Weltmachtstellung zu erreichen, sollte eine deutsche Kriegsflotte aufgebaut werden. Kaiser Wilhelm II. war wie viele Deutsche davon überzeugt, dass sich die Stärke eines Landes an der Größe seiner Flotte maß. Daher setze er um die Jahrhundertwende ein umfangreich entwickeltes Flottenbauprogramm durch.

Der Alltag der Menschen im Deutschen Kaiserreich war geprägt von Werbung für die Flotte. So wurden öffentliche Manöverspiele mit Kriegsschiffmodellen vorgeführt, es fanden sich Kriegsschiffmotive auf Schokoladenverpackungen, auf Sammelbildern und Ansichtskarten. Selbst Kinder wurden zu Werbeträgern, weil der Matrosenanzug ein beliebtes Kleidungsstück war.

Der in Deutschland so populäre Ausbau der Kriegflotte belastete jedoch das Verhältnis zwischen dem Kaiserreich und Großbritannien. Das Inselkönigreich mit seinem umfangreichen Kolonialbesitz auf dem ganzen Erdkreis war damals die bedeutendste Seemacht der Welt. Diese Überlegenheit bezüglich seiner Seestreitkraft wollte Großbritannien nicht verlieren und baute nun ebenfalls seine Kriegsflotte aus. Dies führte zu einem Rüstungswettlauf zwischen beiden Staaten.

	1905	1910	1913
F	991	1177	1327
GB	1263	1367	1491
D	1064	1377	2111
Ö/U	460	660	720
R	1069	1435	2050

M4 Rüstungsausgaben von Frankreich, Großbritannien, Deutschland, Österreich-Ungarn und Russland in Millionen Reichsmark.

	1889 – 1900	1900 – 1910	1910 – 1913
GB	38	36	20
D	12	25	13
F	15	11	11
R	15	6	4

M5 Bau schwerer Kriegsschiffe.

M3 Deutschland zur See. Propagandapostkarte zur Unterstützung des deutsche Flottenbauprogramms.

M6 Einband eines Buches über die deutsche Flottenpolitik von 1906.

ARBEITSAUFTRÄGE

1. → Benenne die Bündnisse und Bündnispartner von 1887.
2. Vergleiche die Außenpolitik Wilhelms II. mit Bismarcks außenpolitischen Bestrebungen.
3. Diskutiert die Folgen der imperialistischen Politik für die Weltpolitik.
4. Erkläre unter Nutzung von M3 – M6 mit welchen Mitteln Wilhelm II. einen „Platz an der Sonne" erobern wollte.
5. ⇨ Beurteile die Folgen der veränderten Außenpolitik und des Flottenbauprogrammes für den Bestand der europäischen Bündnissysteme.

→ zu 1.
Nutze M2.

Deutschland als Kolonialmacht

Der deutsche Kolonialverein

Deutscher Kolonialverein: 1882 in Frankfurt am Main gegründeter Verein. Hauptziel des Vereines war es, den kolonialen Gedanken in der Öffentlichkeit zu verbreiten und bekannt zu machen.

Da sich Otto von Bismarck mit seiner Außenpolitik auf Europa konzentrierte, spielte der Erwerb von Kolonien während seiner Amtszeit als Reichskanzler kaum eine Rolle. Abenteurer, Kaufleute und Forscher versuchten deshalb auf eigene Faust ihr Glück auf fremden Kontinenten. Im Jahr 1882 gründeten Vertreter von Banken und der Wirtschaft den Deutschen Kolonialverein, um den Erwerb von deutschen Kolonien zu fördern. Zudem forderten sie, die Interessengebiete der deutschen Wirtschaft in Übersee offiziell unter den Schutz des Kaiserreiches zu stellen.

Die Flagge folgt dem Handel

1883 erwarb der Bremer Tabak- und Waffenhändler Adolf Lüderitz von Häuptlingen afrikanischer Stämme eine Meeresbucht und das angrenzende Land an der Küste im Südwesten Afrikas. Der Preis für das Geschäft betrug 200 Gewehre und 100 englische Pfund. Deshalb erklärte das Kaiserreich 1884 die von Kaufleuten aufgekauften Gebiete in Deutsch-Südwestafrika zu deutschen Schutzgebieten. Die ursprünglich privat erworbenen Gebiete standen so unter dem „Schutz“ des Deutschen Reiches, das bedeutete, sie waren zu einer deutschen Kolonie geworden.

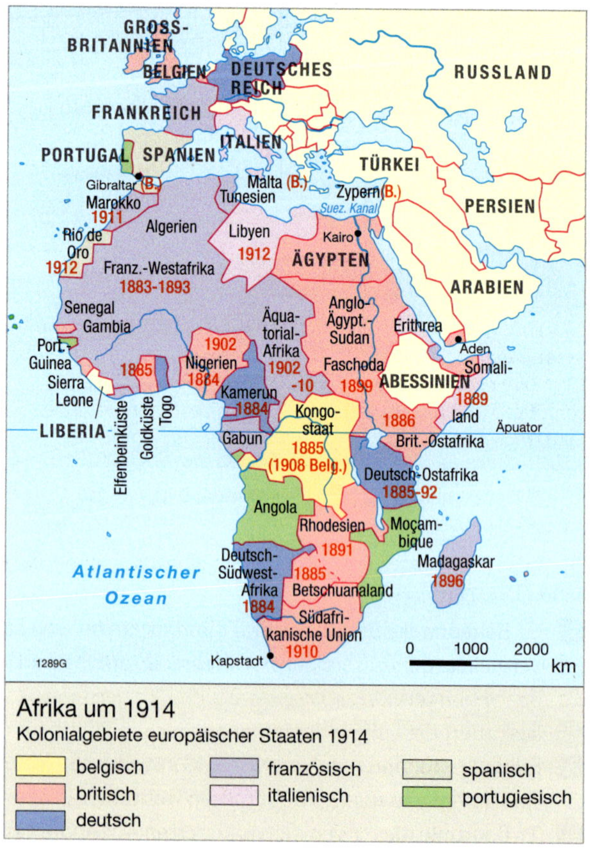

M1 Die Aufteilung Afrikas unter den europäischen Kolonialmächten zwischen 1880 und 1914.

„Am deutschen Wesen soll die Welt genesen“

Nach Bismarcks Entlassung 1890 wollte Kaiser Wilhelm II. mithilfe der Flotte auch auf anderen Kontinenten deutschen Einfluss geltend machen. Hatte Bismarck sich in seiner Außenpolitik überwiegend auf Europa konzentriert, strebte Wilhelm II. eine „Weltpolitik“ an.

Als Zeichen der Macht eines Staates sah der Kaiser den Besitz von Kolonien. Die gewachsene wirtschaftliche Stärke Deutschlands ließ die Forderungen nach mehr weltpolitischem Einfluss des deutschen Kaiserreiches weiter wachsen. Der Kaiser nutzte jede Möglichkeit, um die neue deutsche Politik, wenn nötig auch mit Waffengewalt, zu demonstrieren.

Neben den Schutzgebieten in Afrika gehörten um 1900 auch verschiedene Südseeinseln zum deutschen Kolonialreich sowie die chinesische Hafenstadt Kiautschou.

Q1 Der deutsche Arzt Ludwig Külz, der in Afrika lebte, erklärte die Gründe für den Erwerb von Kolonien:

... Wozu wollen wir die Neger erziehen? ... Wir müssen uns zuvor zuerst eine zweite wichtige Frage stellen, aber ehrlich beantworten; das ist die: Weshalb haben wir überhaupt Kolonien erworben? Antwort: Getrieben vom Kampfe ums Dasein, vom Expansionstriebe der Rasse, welcher der heimische Boden zu eng wird, getrieben von dem Willen, dem Mutterland neue Quellen zuzuführen und neue Abflussgebiete zu verschaffen. Alle anderen Motive sind im Nachhinein hineingetragen worden, um dem nackten Kinde ein Mäntelchen umzuhängen ... Legen wir uns jetzt nochmals die Frage vor: Wozu sollen wir den Neger erziehen? Meine kurze und bündige Antwort lautet: zur Arbeit für uns.

M2 Afrikaner beim Bau der Tanganjika-Bahn unter Aufsicht von weißen Kolonialherren in Deutsch-Ostafrika. Die Eisenbahnstrecke, mit deren Bau 1904/05 begonnen wurde, kostete 21 Millionen Mark und hatte eine Gesamtlänge von über 1250 Kilometern. Die Tanganjika-Bahn wurde im Februar 1914 eröffnet. Foto, 1911.

ARBEITSAUFTRÄGE

1. Beschreibe das Vorgehen deutscher kolonialer Eroberer auf dem afrikanischen Kontinent.
2. ⇥ Stelle mithilfe von M1 die territoriale Aufteilung Afrikas unter den europäischen Kolonialmächten zwischen 1880 und 1914 dar.
3. ⇥ Arbeite aus Q1 und M2 die Gründe für den Erwerb von Kolonien heraus.
4. Erläutere anhand des Ausspruches Wilhelms II. „Am deutschen Wesen soll die Welt genesen“ seine außenpolitischen Ziele.
5. ⇨ Beurteile Mittel und Ziele der deutschen Kolonialpolitik in Afrika unter Wilhelm II.

⇥ zu 2.
Wende dein Wissen zur Arbeit mit Geschichtskarten an.

⇥ zu 3.
Ludwig Külz fragte sich, warum ... Dann sagte er ganz deutlich, dass die wahren Gründe ... Alles andere wäre ...

Der Weg in den Krieg

Zu Beginn des 20. Jahrhunderts sicherte sich das Deutsche Reich in Afrika und Ostasien einen Teil des angestrebten politischen, wirtschaftlichen und militärischen Einflusses.

Die imperialistische Politik Deutschlands und vor allem die deutsche Rüstungspolitik empfand England als immer größer werdende Bedrohung. Deutsch-englische Verhandlungen zur Flottenbegrenzung beider Staaten scheiterten. England und Frankreich dagegen erkannten ihre kolonialen Interessen in Afrika und Südasien gegenseitig an. Die USA schlossen ein Bündnis mit England, Russland näherte sich Frankreich und England an. Am Ende dieser Entwicklung war das Deutsche Reich bis auf das Bündnis mit Österreich-Ungarn politisch isoliert.

M2 Europäische Bündnissysteme 1912.

M1 „The Boiling Point" (der Siedepunkt). Britische Karikatur, 1908.

Das Pulverfass Balkan

Der Balkan war zu Beginn des 20. Jahrhunderts von politischen Krisen und militärischen Auseinandersetzungen geprägt. Das Osmanische Reich verlor an Einfluss und die Balkanvölker strebten nach Unabhängigkeit. Diese Schwäche der Osmanen nutzte Österreich aus, um sich Bosnien und Herzegowina anzueignen. Aber auch Serbien wollte nach militärischen Erfolgen gegen die Osmanen seine Macht ausweiten. Mit Russland als Schutzmacht strebte das Land danach, ein Großreich der Südslawen unter serbischer Führung zu schaffen. Somit prallten diese Interessen direkt mit den österreichischen aufeinander. Russland unterstützte die Bestrebungen Serbiens und machte deutlich, dass es eine österreichische Vorherrschaft auf dem Balkan nicht hinnehmen werde. Frankreich erklärte Russland seine Unterstützung.

Kriegsangst und Kriegsbereitschaft

Die Veränderung der Bündnissysteme und die Isolierung Deutschlands ließen alte Befürchtungen vor einem Zweifrontenkrieg wieder aktuell werden. Daher legte Generalfeldmarschall von Schlieffen 1905 einen Plan vor, der einen Krieg an zwei Fronten verhindern sollte. Ziel des Schlieffenplanes war es, Frankreich in einem Blitzkrieg schnell zu besiegen, bevor Russland an der Ostgrenze des Kaiserreiches in den Krieg eingreifen konnte.

Die Entwicklung bis 1912 zeigte, dass sich die Machtverhältnisse zuungunsten Deutschlands verschoben hatten. In der Bevölkerung stieg die Bereitschaft, nationale Interessen auch mit einem Krieg durchzusetzen.

M3 Angriffsplan Deutschlands nach Albert von Schlieffen.

Sarajewo und der Kriegsausbruch

Die Balkankrise erfuhr ihren Höhepunkt am 28. Juni 1914, als ein serbischer Attentäter den österreichischen Thronfolger und dessen Frau tötete. Am 5. Juli sicherte das Deutsch Reich Österreich seine „volle Unterstützung" zu. Nach dieser Rückendeckung stellte Österreich Serbien am 23. Juli ein Ultimatum zur Aufklärung des Attentats. Serbien akzeptierte den größten Teil davon. Es ließ jedoch keine Ermittlungen österreichischer Beamter auf seinem Hoheitsgebiet zu, da dies die Souveränität des serbischen Staates infrage gestellt hätte. Diplomatische Bemühungen, besonders Englands, zur Entschärfung der Krise brachten keinen Erfolg. Die Erklärungen zur Bündnistreue des deutschen Kaisers gegenüber Österreich sowie Großbritanniens gegenüber Russland und Frankreich verschärften diese vielmehr. Die Zuspitzung des Konflikts mündete am 28. Juli 1914 in der Kriegserklärung Österreichs an Serbien.

Q1 Der deutsche General von Moltke bewertete am 29.07.1914 die politische Situation:

Deutschland will diesen schrecklichen Krieg nicht herbeiführen. Die deutsche Regierung weiß aber, dass es die tief gewurzelten Gefühle der Bundestreue ... in verhängnisvoller Weise verletzen und sich in Widerspruch mit allen Empfindungen ihres Volkes setzen würde, wenn sie ihrem Bundesgenossen in einem Augenblick nicht zu Hilfe kommen wollte, der über dessen Existenz entscheiden muss.

Q2 Ebenfalls am 29.07.1914 äußerte General von Molke:

Es ist augenscheinlich, dass Russland und Frankreich in ihren Maßnahmen Hand in Hand gehen. Deutschland wird also, wenn der Zusammenstoß zwischen Österreich und Russland unvermeidlich ist, mobilmachen und bereit sein, den Kampf nach zwei Fronten aufzunehmen.

ARBEITSAUFTRÄGE

1. → Vergleiche die Bündnissysteme von 1887 und 1912.

2. Nenne Beispiele für politische Krisen und militärische Auseinandersetzungen auf dem Balkan.

3. → Erkläre die Strategie des Schlieffen-Planes.

4. → Erläutere Ursachen und Folgen des Attentates von Sarajewo.

5. Diskutiert, inwiefern die europäischen Staaten die Möglichkeit gehabt hätten, nach dem Attentat von Sarajewo den Kriegsausbruch zu vermeiden.

→ zu 1.
Orientiere dich auf der Seite 12.

→ zu 3.
Nutze M3.

→ zu 4.
Analysiere die Karikatur M1.

Der Krieg beginnt

Bündnisse werden wirksam

Die Kriegserklärung Österreichs-Ungarns an Serbien löste eine Kette von Bündnisverpflichtungen aus. Russland reagierte mit der Mobilmachung seiner Truppen, Deutschland erklärte am 1. August 1914 dem Zarenreich den Krieg, Frankreich begann am gleichen Tag mit der Mobilmachung, worauf Deutschland zwei Tage später Frankreich den Krieg erklärte.

Damit hatte sich die Gefahr eines Zweifrontenkrieges bewahrheitet.

Um den Schlieffen-Plan umsetzen zu können, musste Deutschland Truppen durch das neutrale Belgien schicken. Belgien forderte seine Vertragspartner zum Schutz auf, woraus Großbritannien am 4. August Deutschland den Krieg erklärte. Bis 1917 erfolgten weitere Kriegseintritte, bis sich 38 Statten im Kriegszustand befanden.

28. Juli
Österreich-Ungarn an Serbien

1. August
Deutsches Reich an Russland

3. August
Deutsches Reich an Frankreich

4. August
Deutsches Reich an Belgien
Großbritannien an Deutsches Reich

6. August
Österreich-Ungarn an Russland
Serbien an Deutsches Reich

7. August
Montenegro an Österreich-Ungarn

11. August
Montenegro an Deutsches Reich
Frankreich an Österreich-Ungarn

12. August
Großbritannien an Österreich-Ungarn

23. August
Japan an Deutsches Reich

2.–5. November
Russland, Großbritannien und Frankreich an Türkei

M1 Kriegserklärungen aus dem Jahr 1914.

Dreibundstaaten ➡ ⬅ **Ententemächte**

Dreibundstaaten

Deutsches Reich
- Sicherung des Deutschen Reiches nach Westen und Osten
- Wirtschaftliche, militärische und politische Kontrolle belgischer und französischer (Industrie-)Gebiete
- Schaffung eines europäischen Wirtschaftsgebiets unter deutscher Herrschaft
- Deutsche Vorherrschaft in Europa
- Erwerb weiterer Kolonien und damit Aufbau der Weltherrschaft
- Seemacht

Österreich-Ungarn
- Durchsetzung der Interessen auf dem Balkan gegen Russland
- Sieg über Serbien
- Erhalt der Macht im Vielvölkerstaat

Italien
- Erhalt der Macht in besetzten Gebieten

Ententemächte

Frankreich
- Hauptziel: Rückgewinnung Elsass-Lothringens
- Revanche für Niederlage im Deutsch-Französischen Krieg 1871
- gegen eine Vormachtstellung Deuschlands in Europa

Großbritannien
- Sicherung der Weltmachtstellung
- Schutz seines Kolonialreiches
- Erhalt der Vorherrschaft als Seemacht
- Keine territoritalen Ansprüche in Europa
- Ausschaltung Deutschlands als Wirtschaftsmacht

Russland
- Einfluss auf dem Balkan
- Abtretung deutscher Gebiete auf der Basis des Nationalitätenprinzips und Angliederung an Russland (Oberschlesien, Königreich Polen, Teile von Ostpreußen)

M2 Kriegsziele der europäischen Staaten.

M3 Soldaten auf dem Weg an die Westfront.

Begeisterung und Verherrlichung

Die jahrzehntelange Militarisierung des Alltagslebens war nicht ohne Wirkung geblieben. Besonders wohlhabende Bürger und Vertreter der Intelligenz hatten vom Militär Wertvorstellungen und Leitbilder übernommen. Diese Bevölkerungsschicht begrüßte deshalb den Krieg mit nationaler Begeisterung. Die Arbeiter wurden nur teilweise von der Kriegsbegeisterung erfasst, während auf dem Land sogar die Sorge überwog. Trotz der unterschiedlichen Stimmungen waren sich alle Schichten der Bevölkerung einig, dass das Vaterland gemeinsam verteidigt werden musste.

Q1 Aus der Ansprache Wilhelms II. vom 1. August 1914:

Ich danke euch für alle Liebe und Treue, die ihr mir in diesen Tagen erwiesen habt ... Kommt es zum Kampf, so hören alle Parteien auf! Auch mich hat die eine oder die andere Partei wohl angegriffen. Das war in Friedenszeiten. Ich verzeihe es heute von ganzem Herzen! Ich kenne keine Parteien und auch keine Konfessionen mehr; wir sind heute alle deutsche Brüder und nur noch deutsche Brüder. Will unser Nachbar es nicht anders, gönnt er uns den Frieden nicht, so hoffe ich zu Gott, dass unser gutes deutsches Schwert siegreich aus diesem schweren Kampfe hervorgeht.

M4 Wilhelm II.: „Ich kenne keine Parteien mehr, kenne nur noch Deutsche!" Postkarte, 1914.

ARBEITSAUFTRÄGE

1. Nenne die Kriegsgegner und erkläre deren Ziele.
2. Überprüfe, inwieweit die Bündnisse wirksam wurden.
3. Beschreibe mithilfe von M3 und M4 die Stimmung der Menschen zu Kriegsbeginn.
4. Nimm Stellung zu den Worten Wilhelms II.: „Ich kenne keine Parteien mehr, kenne nur noch Deutsche!"

zu 2.
Nutze M1 und die Karte S. 16.

Textquellen vergleichen

Schriftliche Quellen geben uns einen Blick auf geschichtliche Ereignisse, Sachverhalte oder historische Personen. Häufig ist dieser Blick jedoch von persönlichen Meinungen des Verfassers, Wertevorstellungen einer früheren Zeit oder Besonderheiten der Textsorte beeinflusst. Die genaue Analyse und Interpretation schriftlicher Quellen ist daher wichtige Voraussetzung für den Gewinn fundierter Erkenntnisse.

Durch den Vergleich von Quellen zum gleichen Sachverhalt können wir verschiedene Perspektiven und Standpunkte herausarbeiten. Quellen von verschiedenen Verfassern zeigen, dass historische Ereignisse, Sachverhalte oder Personen unterschiedlich bewertet werden können. Aber auch Quellen mit abweichenden Entstehungszeiten machen deutlich, dass sich der Blick auf die Geschichte wandeln kann.

Schritte für die Arbeit mit Textquellen

Analyse

1. → ***Wer ist der Autor? Wer sind die Verfasser?***
2. → ***Wann entstand der Text? Wie ist der Blickwinkel des Textes?***
3. → ***Wie war das gesellschaftliche Umfeld zur Entstehungszeit?***
4. → ***Wer war der Adressat des Textes?***
5. → ***Welchen Aussagewert hat der Text?***

Interpretation

1. → ***Welche Quellengattung liegt vor?***
   (Dokument, Brief, Sachtext u. a.)
2. → ***Welche Inhalte werden erfasst?*** *(Wer?, Wann?, Was? u. a.)*
3. → ***Wie ist die Quelle aufgebaut? Wie ist ihre Sprache?***
4. → ***Was wird wie ausgesagt?*** *(Begriffe, Argumentation u. a.)*
5. → ***Welche Absicht verfolgte die Quelle / der Autor?***
   (Information, Einschätzung, Beeinflussung u. a.)

Vergleich

1. → ***Welche Gemeinsamkeiten und Unterschiede weisen die Quellen auf?***
   Vergleichskriterien:
   - *Arten der Quellen*
   - *Verfasser*
   - *Zeiten der Entstehung (zeitliche Reihenfolge)*
   - *Vollständig- oder Unvollständigkeit der Quellen*
   - *Echtheit, Verfälschung, Fälschung*
   - *Themen*
   - *Fakten*
   - *Sichtweisen, Prinzipien und Wertvorstellungen*
   - *Argumente*
   - *Wertungen oder wertfreies Herangehen*
   - *u. a.*
2. → ***Wie sind die Quellen aus heutiger Sicht einzuschätzen?***

Quellensammlung zur Kriegsschuldfrage

Q1 Aus dem Artikel 231 des Versailler Vertrages von 1919:

Die verbündeten … Regierungen erklären und Deutschland erkennt an, dass Deutschland und seine Verbündeten als Urheber aller Verluste und aller Schäden verantwortlich sind, welche die verbündeten … Regierungen und ihre Staatsangehörigen infolge des von ihnen durch den Angriff Deutschlands und seiner Verbündeten aufgezwungenen Krieges erlitten haben.

Q2 Aus einer gemeinsamen Erklärung deutscher und französischer Historiker vom Oktober 1951:

Die Dokumente erlauben es nicht, … irgendeiner Regierung … den bewussten Willen zu einem europäischen Kriege zuzuschreiben.
… Die deutsche Politik zielte 1914 nicht auf die Entfesselung eines … Krieges; sie war in erster Linie bedingt durch die Bündnisverpflichtung gegenüber Österreich-Ungarn. … gleichwohl war sie bereit, nötigenfalls die Gefahr eines … Krieges auf sich zu nehmen. Infolgedessen hat sie es versäumt, rechtzeitig mäßigend auf die Politik Österreichs einzuwirken.

Q3 Der Historiker Fritz Fischer (BRD), 1961:

Bei der angespannten Weltlage des Jahres 1914, nicht zuletzt als Folge der deutschen Weltpolitik, musste jeder begrenzte (lokale) Krieg in Europa, an dem eine Großmacht beteiligt war, die Gefahr eines allgemeinen Krieges unvermeidbar nahe heranrücken. Da Deutschland den österreichisch-serbischen Krieg gewollt, gewünscht und gedeckt hat, und … es im Jahre 1914 bewusst auf einen Konflikt mit Russland und Frankreich ankommen ließ, trägt die deutsche Reichsführung einen erheblichen Teil der historischen Verantwortung für den Ausbruch des allgemeinen Krieges …

Q4 Fritz Klein (DDR), 1967:

In knapp zwei Jahrzehnten des Imperialismus war ein Weltkrieg zweier Gruppen … verbündeter imperialistischer Mächte herangereift, die sich um Deutschland und England … gruppierten. Der deutsche Imperialismus, der im ersten Jahrzehnt dieses Jh.'s seine größte Machtentfaltung erlebte, d. h. in einer Zeit, in der die Welt schon weitgehend verteilt war, hatte eben deshalb das größte Interesse an einer Neuaufteilung der Welt.

Q5 Der Historiker Immanuel Geiss (BRD), 1975:

Nach einer Kette von diplomatischen Krisen, die an den Rand des Krieges führten, entstand Ende 1912 in Berlin der Entschluss, die wachsenden inneren und äußeren Schwierigkeiten bei nächster Gelegenheit durch die Flucht nach vorn zu überspielen. Im Sommer 1914 nahm die deutsche Reichsleitung das Attentat von Sarajewo zum Anlass, über Österreich-Ungarn die große Auseinandersetzung herbeizuführen.

Q6 Der Historiker Sönke Neitzel (BRD), 2003:

… dass das Deutsche Reich ganz bewusst das Risiko einer Eskalation eingegangen ist und ihm ein großer Teil der Schuld am Kriegsausbruch zukommt. Neuere Forschungen haben allerdings darauf hingewiesen, dass die Verantwortung Österreich-Ungarns nicht minder schwer wiegt.

ARBEITSAUFTRÄGE

1. Analysiere die Quellen 1–6.

2. Liste auf, wer als Schuldige genannt und welche Begründungen dafür gegeben werden.

3. Vergleiche alle Quellen hinsichtlich der Beurteilung der Kriegsschuld.

M1 Verladung von Kriegsfahrzeugen auf der Memel, Ostfront 1915.

M4 Elektrisch betriebener Militärlastzug an der Ostfront, 1915.

M2 Deutsche Soldaten mit Gasmasken und Maschinengewehr. Der Einsatz von Giftgas wurde zu einem festen Bestandteil der Kriegsführung. Foto, 1917.

M3 Beginn des Stellungskrieges. Erste Schützengräben entstehen, Dezember 1914.

Formen der Kriegsführung

Das Gesicht des Krieges veränderte sich im Ersten Weltkrieg im Vergleich zu früheren Kriegen grundlegend. Erfindungen und technische Neuerungen führten zu neuen Formen der Kriegsführung.

Bewegungskrieg

Eine bisher nie da gewesene Zahl an Menschen, Tieren und Kriegsmaterialien kam zum Einsatz. Züge fuhren mit den Truppen und Geschützen an die kilometerlangen Fronten. Kraftfahrzeuge aller Art sicherten den Nachschub. Alle Kriegsparteien suchten im Bewegungskrieg den schnellen vernichtenden Schlag gegen den Feind. Aufgrund der neuen rollenden Technik entwickelte sich der Krieg besonders schnell. Allein das Deutsche Reich brachte in kürzester Zeit drei Millionen Soldaten in die Gefechtsstellungen. Über Belgien stürmten sie nach Frankreich bis kurz vor Paris. Drei Millionen russische Soldaten gingen in kurzer Zeit auf dem Balkan und in Ostpreußen in Stellung.

Stellungskrieg

In Ostpreußen brachte das deutsche Heer den raschen Einfall Russlands zum Stehen, während Österreich dem russischen Vormarsch auf dem Balkan begegnete. Diese Kampfhandlungen banden deutsche Einheiten, die ursprünglich im Westen in einem Blitzkrieg den Schlieffen-Plan zum Erfolg führen sollten. Auch in der Folgezeit mussten deutsche Truppen im Osten zur Unterstützung Österreichs herangezogen werden.

An der Westfront gelang es Franzosen und Engländern bereits im September 1914, die Deutschen an der Marne zum Rückzug zu zwingen. Die Front erstarrte und die Soldaten lagen im Gelände einander gegenüber, ein mörderischer Stellungskrieg begann.

Auf einer Länge von 700 Kilometern hoben die gegnerischen Truppen Schützengräben aus. Minen- und Drahtsperren sollten den feindlichen Vormarsch verhindern. Stundenlanges Gewehr- und Geschützfeuer bestimmte die Kampfhandlungen. Stellungsdurchbrüche und Geländegewinne gab es hingegen kaum noch.

Materialschlachten

In diesen neuartigen Stellungskämpfen veränderte sich das Gesicht des Krieges. Der einzelne Soldat war kaum noch von Bedeutung. Vielmehr rückten die Taktiken der Stäbe und Generäle in den Vordergrund. Sie planten Schlachten mit vernichtendem Ausmaß. Hierbei bedienten sie sich eines Millionenheeres, in dem der Einzelne nichts mehr galt.

Geschütze, Granaten, Minen, neue Waffen und Technik wie Tanks und Flugzeuge wurden in die langfristigen Vorbereitungen einbezogen. Tage- und wochenlang richteten sich Großangriffe auf bestimmte Abschnitte der gegnerischen Front. Giftgasgranaten verstärkten die Vernichtungsmöglichkeiten. Materialschlachten tobten. Sie zählten zu den grauenhaften Höhepunkten des Weltkrieges. Als „Trommelfeuer" bezeichnet, pflügte der massenhafte Einsatz von Material ganze Landschaften um. Granattrichter lag an Granattrichter. Bebautes und bewohntes Land verschwand. Ortschaften und Straßen existierten nicht mehr.

Historiker errechneten, dass jeder Hektar Erde mit 50 Tonnen Stahl beschossen wurde und die Krieg führenden Armeen 135 000 Eisenbahnwaggons Munition verbrauchten.

Q1 Ein Soldat schrieb in einem Feldpostbrief am 2. Juli 1916:

Tag und Nacht Granatfeuer – oft dass es in der Sekunde 10–20 Geschosse heranhagelte, uns verschüttete und wieder aufgrub. Unser Leutnant hat geweint wie ein Kind; ja wie sie da lagen, ein Fuß weg – Arme weg, ganz zerfetzt. Gott, das war furchtbar ... Ihr könnt Euch keine Vorstellung von diesem Schrecken machen und niemand, der's nicht mitgemacht.

Die Hölle von Verdun

Beispielhaft für die Sinnlosigkeit des Krieges steht die Materialschlacht von Verdun. Dieser Ort war durch das französische Festungssystem von strategischer Bedeutung. Auf wenigen Quadratkilometern Gelände kämpften 1,5 Millionen Soldaten gegeneinander. Von Februar bis Dezember 1916 verloren etwa 700 000 Franzosen und Deutsche ihr Leben. Für keine der beiden Kriegsgegner brachte diese Schlacht entscheidende strategische Erfolge.

M5 Schlachtfeld bei Verdun. Es war ursprünglich dicht bewaldet. Foto, 1916.

M6 Vorstoß englischer Tanks gegen die deutsche Verteidigungsfront im September 1918.

ARBEITSAUFTRÄGE

1. Benenne technische Neuerungen im Ersten Weltkrieg.
2. Erkläre die Begriffe „Bewegungskrieg", „Stellungskrieg" und „Materialschlachten".
3. ⇥ Erläutere, inwieweit sich der Erste Weltkrieg von bisherigen Kriegen unterscheidet.
4. a) ⇨ Informiere dich über den Einsatz und die Auswirkungen von Giftgas als Kampfmittel im Ersten Weltkrieg und in Kriegen der Gegenwart.
   b) ⇨ Recherchiere, inwieweit der Einsatz von chemischen Kampfmitteln weltweit geregelt ist.
   c) ⇨ Diskutiert über die Verwendung dieser Waffen.

⇥ zu 3.
Das neuartige am Ersten Weltkrieg war ...

M1 Soldaten mit Gasmaske während eines Gasangriffs. Foto, 1916.

M2 Französische Soldaten sammeln Tote ein. Foto, Juni 1915.

M3 Deutsche und englische Verwundete warten auf ihren Abtransport, 1915.

An der Front

Kriegsalltag

Viele Soldaten zogen begeistert in den Krieg und waren bereit, ihr Leben dem Vaterland und der Ehre zu opfern. Die anfängliche Begeisterung wich jedoch bald der brutalen Kriegsrealität. Sie zeigte, dass ein Sieg nicht auf schnellem Wege errungen werde konnte. Vielmehr war der Krieg durch großes Leid und hohe Opferzahlen geprägt.

Q1 Ein Jurastudent schrieb am 9. September 1914:

Immer noch wütet diese fürchterliche Schlacht, nun schon den vierten Tag! Bis jetzt bestand sie … beinahe nur aus furchtbaren Artilleriekämpfen. – Diesen Brief schreibe ich in einem grabartigen, etwa 40 cm tiefen, selbst geschaufelten Lager der Schützenlinie. Die Granaten schlugen heute vor und hinter uns so häufig ein, dass man es als ein Geschenk Gottes betrachten muss …

Artillerie: Bezeichnung für schwere Feuerwaffen, zum Beispiel Kanonen.

Q2 Ein Student aus Gießen Ende Oktober 1914:

Nicht das vergossene Blut, nicht auch der Umstand, dass es vergeblich vergossen war, nein, die ganze Kampfesweise ist es, die abstößt. Kämpfen wollen und sich nicht wehren können! Der Angriff, der mich so schön dünkte, was ist er anders als der Drang: hin zur nächsten Deckung da vorn gegen diesen Hagel tückischer Geschosse. Und der Feind, der sie entsendet, nicht zu sehen.

Q3 Der Student A. Vaeth schrieb am 26. Januar 1915:

... Schützengraben, drei Leute zanken sich um ein Brot. Drinnen die Offiziere bei Wein und Überfluss. Das Herz blutet ... Aber von der Fürsorge für den Soldaten, die so viel in den Zeitungen steht, davon merken wir nicht viel ... Ach, man zog aus mit Hoffnung ..., und man erlebte Enttäuschung über Enttäuschung.

Q4 Ein 23-jähriger Student schrieb am 17. Oktober 1915:

... noch heute ... hängen Fetzen von Menschenleibern in den Drahtverhauen. ... bis vor Kurzem (lag) eine Menschenhand mit Fingerring, ein paar Meter davon ein Unterarm, von dem zuletzt nur noch der Knochen übrig war ... wer das Gruseln nicht kennt, lernt es hier.

Q5 Erich Sidow in einem Brief an seine Frau am 17.8.1918:

Barfuß rannte ich über das aufgewühlte Schlachtfeld, sprang über Gräben und Drahtverhaue. Die leicht Verwundeten schleppten sich selbst fort, die Heilen trugen die zum Krüppel Geschossenen ... Die Verwundeten kamen ins Lazarett, wir beide ins Regiment vier, wo ich drei Tage und Nächte geschlafen habe. Ich weiß nicht, ob du mich noch anfassen würdest, wenn du mich jetzt sähest.

Arthur Conan Doyle: lebte von 1859 bis 1930. Er wurde unter anderem durch seine Sherlock-Holmes-Romane berühmt. Doyle verlor im Ersten Weltkrieg einen Sohn.

Der Weihnachtsfrieden von 1914

Eine besondere Episode des Krieges war der Weihnachtsfrieden 1914. Mehr als 100 000 Soldaten der Westfront ließen am Weihnachtstag die Waffen schweigen. Die oft nur 50 bis 100 m entfernten Frontlinien ermöglichten den Kriegsparteien Absprachen für eine inoffizielle Waffenruhe. Die Soldaten beerdigten ihre Gefallenen, stellten kleine Weihnachtsbäume auf die Grabenböschungen und sangen zusammen Weihnachtslieder. Geschenke wurden ausgetauscht und als britische Soldaten einen Ball aus ihrem Graben holten wurde sogar gemeinsam Fußball gespielt. Vereinzelt gab es Verbrüderungen britischer und deutscher Soldaten. Der britische Schriftsteller Arhur Conan Doyle beschrieb dieses Ereignis als „Episode der Menschlichkeit inmitten der Grausamkeiten“.

Schon ein Jahr später lautete jedoch der Befehl, dass ein mit dem Feind singender Soldat sofort zu erschießen sei.

M4 Deutsche und englische Soldaten feiern 1914 gemeinsam Weihnachten.

ARBEITSAUFTRÄGE

1. Beschreibe mithilfe von Q1–Q5 den Frontalltag.
2. Verfasse auf der Grundlage der Feldpostbriefe einen Zeitungsartikel, der über die Erfahrungen der Soldaten berichtet.
3. Charakterisiere den Weihnachtsfrieden als Episode der Menschlichkeit inmitten der Grausamkeiten des Kriegsgeschehens.

zu 1.
Nutze M1 – M3!

Kohlrüben-Karte

— Stadt Erfurt —

2 Pfund **Kohlrüben** 31. Woche 18.–24. März 1917	2 Pfund **Kohlrüben** 32. Woche 25.–31. März 1917
2 Pfund **Kohlrüben** 29. Woche 4.–10. März 1917	2 Pfund **Kohlrüben** 30. Woche 11.–17. März 1917
2 Pfund **Kohlrüben** 27. Woche 18.–24. Februar 1917	2 Pfund **Kohlrüben** 28. Woche 25. Febr. 3. März 1917
2 Pfund **Kohlrüben** 25. Woche 4.–10. Februar 1917	2 Pfund **Kohlrüben** 26. Woche 11.–17. Februar 1917

M1 Lebensmittel-Zuteilungskarte.

Kriegsalltag in der Heimat

General „Hunger“

Während des Krieges gelang es nicht mehr, die Versorgung mit Lebensmitteln zu gewährleisten. In der Landwirtschaft fehlten Pferde, Saatgut und Dünger. Vorräte wurden gestreckt oder rationiert. Ab 1915 erhielten die Menschen Lebensmittelkarten, mit denen die knapper werdenden Lebensmittel zugeteilt wurden. Aber im Laufe der Zeit bekamen die Menschen immer geringere Mengen für ihre Karten, vieles auch gar nicht mehr.

Missernten bei Kartoffeln und Getreide führten zum Hungerwinter 1916/17. In dieser Zeit ersetzten vor allem Rüben die eigentlichen Nahrungsmittel. Kohlrübensuppe, Kohlrübenmarmelade und Kohlrübenkaffee stellten im sogenannten „Kohlrübenwinter“ die Grundnahrungsmittel dar. Den Hunger konnte diese Nahrung jedoch nicht stillen. Unterernährung war die Folge. Bis zu 20 % des Normalgewichts verloren die Menschen. Viele, besonders Arme, Alte und Kranke, litten bittere Not.

Der Mangel zeigte sich in vielen Bereichen. Stoffe wurden aus Brennnesselstängeln hergestellt. Aus Obstkernen gewannen die Menschen Speiseöl. Menschenhaar ersetzte Leder für die Treibriemen in den Munitionsfabriken. Doch selbst diese „Rohstoffe“ konnte die große Not nicht lindern.

Lebensmittelrationen vor dem Krieg	1914	1915	1917
330 g Brot	225	220	160
150 g Fleisch	72	36	19
50 g Fett	28	12	7

M2 Ernährungsration pro Person und Tag.

M4 In endlosen Schlangen standen die Menschen nach Lebensmitteln an.

M3 Wochenration im Oktober 1918.

Die Heimatfront

In der Heimat hatte die Kriegsindustrie einen gewaltigen Bedarf an Rohstoffen, Geld und Arbeitskräften. Mit neu geschaffenen Ämtern wie der Kriegsrohstoffabteilung, dem Bekleidungs- oder Kriegsernährungsamt nahm der deutsche Staat Einfluss auf die Wirtschaft.

Die fehlenden Arbeitskräfte in den Fabriken und auf dem Feld ersetzten Frauen, Kinder und Alte. Jeden dritten Arbeitsplatz besetzte eine Frau, in den Rüstungsbetrieben arbeiteten sogar mehr Frauen als Männer. Sie drehten die Granaten oder füllten Sprengstoff in Bomben und Minen. Um lange Arbeitszeiten und selbst den Einsatz von Kindern zu ermöglichen, schränkte der Staat soziale Schutzbestimmungen ein. So wurden beispielsweise Eisenbahnwaggons nicht selten von Zwölfjährigen be- und entladen.

M5 Rübenanlieferung 1917. Aus Steckrüben wurden unter anderem Marmelade, Suppe, Pudding und Kaffee hergestellt.

M6 Kriegsinvalide mit Armprothesen.

Leben mit dem Krieg

Aufgrund der großen Verluste an der Front wurden immer weitere Männer eingezogen. Todesanzeigen von Gefallenen füllten in den Zeitungen immer mehr Seiten. Bald gab es fast keine Familie mehr, in der nicht um den Mann, den Vater oder den Bruder getrauert wurde. Verwundete, vom Gas Erblindete oder zu Krüppeln Geschossene lagen zu Tausenden in den Lazaretten.

Die große Begeisterung und die Hoffnung auf einen schnellen Sieg wichen bald der Enttäuschung und Kriegsmüdigkeit. Die Truppen verharrten im Stellungskrieg und die Opfer, die an der Front und in der Heimat erbracht wurden, erschienen immer sinnloser. Der lang anhaltende Krieg führte zur Erschöpfung der Menschen.

Erster Widerstand gegen den Krieg

Die anfängliche Geschlossenheit in der Bevölkerung löste sich auf und es entwickelte sich vermehrt Widerstand. Eine zunehmende Friedenssehnsucht fand Widerhall. Die Spartakusgruppe erklärte ihren festen Willen für Frieden und nahm Stellung gegen die Tolerierung der Kriegspolitik durch die SPD. Sie organisierte am 1. Mai 1916 eine Antikriegsdemonstration und forderte die Menschen auf, sich nicht weiter als „Kanonenfutter“ gebrauchen zu lassen. Die Spartakusgruppe rief zum Generalstreik auf.

Spartakusgruppe: Vereinigung von Marxisten und Sozialisten, die eine Revolution anstrebten.

ARBEITSAUFTRÄGE

1. Erkläre die Begriffe „Heimatfront“ und „Kohlrübenwinter“.

2. Schildere das Leben eines Jugendlichen deines Alters an der „Heimatfront“.

3. a) Stelle mithilfe von M2 eine Tagesration von 1917 zusammen.
b) Vergleiche diese mit dem, was du täglich isst.

4. Verfasse einen Briefwechsel zwischen einem Frontsoldaten und einem Menschen in der Heimat, in dem sie ihren Alltag schildern.

zu 2.
Nutze M1 – M4.

Frauen im Ersten Weltkrieg

Emanzipation wider Willen

M1 Berlinerin im Park. Foto, 1916.

Der Erste Weltkrieg veränderte das Leben der Zivilbevölkerung in der Heimat ebenso nachhaltig wie das der Soldaten an der Front. Insbesondere für die Frauen nahm die Belastung stark zu. Neben den Aufgaben in Haushalt und Familie mussten immer mehr Frauen in Fabriken arbeiten, um anstelle des Ehemannes den Lebensunterhalt der Familie zu verdienen. Angesichts der Verluste an der Front bestand die Notwendigkeit, dass Frauen immer mehr Arbeiten in „Männerberufen" übernehmen.

Die Mehrzahl der Frauen sah die Lohnarbeiten in Fabriken nicht als Möglichkeit zur Durchsetzung der Gleichberechtigung. Haushalt und Versorgung der Familien blieben für sie weiterhin die wichtigste Aufgabe. Die zusätzliche Arbeit in der Industrie stellte für sie schlicht eine enorme Mehrbelastung dar, denn die Betreuung und Versorgung der Kinder während der langen Arbeitszeit war nicht gesichert. Fanden Mütter eine Möglichkeit zur Betreuung der Kinder, mussten sie dafür einen Großteil ihres Verdienstes aufbringen. Da nur wenige Betriebe auf familiäre Pflichten Rücksicht nahmen, führten die lange Arbeitszeit und der Mangel an Nahrungsmitteln zu einem starken Ansteigen der Sterberate bei Frauen.

Emanzipation: Eigenständig werden, Selbständigkeit erringen.

Notgesetze regeln die Frauenarbeit

Als rechtliche Grundlage für den vermehrten Einsatz von Frauen in der Wirtschaft verabschiedete der Reichstag bereits im August 1914 das „Gesetz betreffend Ausnahmen von Beschäftigungsbeschränkungen gewerblicher Arbeit", das sogenannte „Notgesetz". Auf Grundlage dieses Gesetzes konnten die Behörden nunmehr die Gewerbeordnung dahingehend ändern, dass zum Beispiel der Arbeitsschutz für Frauen den Erfordernissen der Kriegswirtschaft angepasst wurde. Anträge auf Genehmigung von Nachtschichten und Überstunden von Frauen wurden jetzt mit dem Hinweis auf kriegswichtige Aufträge jederzeit positiv beantwortet.

M2 Titelfoto der Zeitschrift „Das Illustrierte Blatt" vom 10. Dezember 1916. Werbung für Rüstungsbetriebe.

Q1 Richtlinien zur Lockerung des Gewerberechts in Rüstungsbetrieben:

Von den Betrieben der Kriegsindustrie werden zur Erfüllung des jetzigen Rüstungsprogramms ganz erheblich gesteigerte Leistungen gefordert ... Über die Frauenarbeit enthalten die Richtlinien folgende Ausführung: Durch übertriebene Vorsicht dürfen die dringenden Aufgaben der Kriegswirtschaft nicht gefährdet werden. Wo jeweils die richtige Grenze liegt zwischen den Bedürfnissen der Industrie einerseits, den unumgänglichen Forderungen der Gesundheit und guten Sitte andererseits, ist im Einzelfalle von der zuständigen Gewerbeaufsichtsbehörde zu prüfen ... In besonderen Notfällen kann die Frauenarbeit, deren Verwendung möglichst zu fördern ist – auch vor dem Dampfkessel, im Fuhrbetrieb, bei der Montage und Installation – vorübergehend noch weiter [über 11 Stunden hinaus] ausgedehnt werden. Ausreichende Sitzgelegenheit ist für Frauen besonders wichtig. Arbeit in Arbeitshose ist zu gestatten.

Frauen stehen ihren Mann

Viele Frauen wurden durch den Kriegsdienst ihrer Männer gezwungen, deren Arbeit zu übernehmen. Sie mussten sich neuen Aufgaben stellen, für die sie bis dahin nicht verantwortlich waren.

Q2 Regelmäßig schrieb Hannchen Boldt über den Alltag in der Heimat an ihren Ehemann Julius Boldt, Inhaber eines Kolonialwarengeschäfts. Er hatte sich am 6. August 1914 als Kriegsfreiwilliger gemeldet:

[9. August 1914] Ich habe mich nun ins Geschäft schon ganz gut hineingefunden; nur eins macht mir immer noch Schwierigkeiten: das Bestellen und Einkaufen. Da vermisse ich dich sehr. Die jungen Leute [Personal des Geschäfts] wissen auch nicht so recht damit Bescheid.
[8. September 1914] Wie beneidet man jetzt alle die Frauen, die ihren Mann bei sich haben. Sind diese Gedanken nicht eigentlich einer deutschen Frau unwürdig? Und doch sind sie da. Was für eine Menge gesunder, kräftiger Kerle laufen hier noch umher. Wenn man die alle ausheben würde, gebe es noch ein ganzes Armeekorps. ...
In Hamburg ist jetzt buntes Bild. ... Pfadfinder spielen Briefträger, das Straßenfegen besorgen die Frauen und die Straßenbahn hat auch schon Frauen angestellt. Männer siehst du weniger ... Abends herrscht Dunkel auf der Straße; nur ¼ Beleuchtung und dazwischen Kinder mit Laternen ziehend. ...
Heute war ich hin, mir die Unterstützung zu holen; sie ist verdoppelt worden. Ich bekomme jetzt 50,- monatlich. ... Der Hamburger Staat ist nobel, nicht wahr. Dass ich Unterstützung bekomme, wissen nur die Eltern, Mutter B. und August. August kann es sowieso nicht begreifen, warum ich darauf nicht verzichte. Aber ich sehe es nicht ein, ich habe rechtlichen Anspruch darauf, darüber habe ich nachgeforscht. Oder, mein Herzliebst, wie denkst du darüber? Ich gehe ja doch nicht betteln.
[16. September 1914, drei Tage vor der Geburt ihres zweiten Kindes]
In Hamburg treffen seit kurzer Zeit die ersten Verwundetentransporte ein. Sosehr das Volk jubelt beim Eintreffen von Siegesnachricht, umso mehr schweigt es, wenn die Verwundetentransporte kommen. ... Heute war eine Dame im Laden, die erzählte, der Krieg würde zwei Jahre dauern. Schatzl, wie soll das bloß werden? ...
[Seit Dezember 1914 schrieb Hannchen die Briefe in ein Kriegsgefangenenlager. Dort starb Julius Boldt im April 1915 an Typhus.]

M3 Frauen bei der Arbeit als Straßenbahnschaffnerinnen in Dresden 1915.

ARBEITSAUFTRÄGE

1. ⇥ Beschreibe die Stellung der Frau während des Krieges in Deutschland!

2. Erläutere die Veränderungen im Alltag der Frauen und die Folgen für ihre gesellschaftliche Stellung.

3. Gib die Begründung für die Lockerung des Gewerberechts in Q1 mit eigenen Worten wieder.

4. ⇨ Anstelle der Briefe wie in Q2 schrieb Hannchen Boldt nach dem Tode ihres Ehemannes ihre Gedanken in ein Tagebuch. Verfasse mögliche Tagebucheinträge für die Zeit von 1915 bis 1916.

⇥ zu 1.
Nutze M1, M2 und M3!

Die Ausweitung des Krieges

Der Krieg auf See

Gleich zu Beginn des Krieges nutzte Großbritannien seine überlegenen Seestreitkräfte, um die Nordsee mit Minenfeldern und Kriegsschiffen abzuriegeln. Infolge der englischen Blockade war die deutsche Seekriegsflotte handlungsunfähig. Darüber hinaus verhinderten die Briten die Einfuhr von Kriegsgütern und zivilen Handelswaren, sodass in Deutschland keine Rohstoffe und Lebensmittel mehr über den Seeweg importiert werden konnten.

Die Seeblockade und das Scheitern der Blitzkriegsstrategie bedeuteten für das Deutsche Reich eine große Bedrohung, denn es war auf einen lang anhaltenden Krieg nicht vorbereitet. Die deutsche militärische Führung reagierte mit einer „Gegenblockade“. Unterseeboote sollten die Handelsblockade durchbrechen und den Gegner selbst von der Versorgung mit Kriegsmaterial abschneiden.

Entente: Bündnis, das Großbritannien und Frankreich 1904 schlossen und das 1907 durch Russland erweitert wurde. frz. Entente cordiale: herzliches Einvernehmen.

Der uneingeschränkte U-Boot-Krieg

Seit Anfang 1915 griffen deutsche U-Boote jedes Schiff ohne Vorwarnung an. Diesen Überfällen fielen nicht nur Schiffe der Entente zum Opfer, sondern auch Schiffe neutraler Staaten sowie zivile Handels- und Passagierschiffe. Ein trauriger Höhepunkt des U-Boot-Krieges war die Versenkung des britischen Passagierdampfers „Lusitania“ im Mai 1915. Nach scharfen Protesten der USA und deren Drohung, in den Krieg einzutreten, beschränkte Deutschland den U-Boot-Krieg auf militärische Ziele. Bereits Anfang 1916 begann die deutsche Admiralität, den U-Boot-Krieg dennoch wieder zu verschärfen.

Trotz erneuter Warnungen der USA änderten die deutschen Seestreitkräfte ihre Kriegsführung nicht. Mit Torpedos und Minen bekämpften sie im Atlantik, in der Nordsee und im Mittelmeer eine Vielzahl von Schiffen. Während des U-Boot-Krieges wurden etwa 6500 Schiffe mit einem Fassungsvermögen von 600000 Bruttoregistertonnen versenkt. Der Nachschub für Großbritannien, vor allem aus den USA, geriet immer wieder ins Stocken, konnte jedoch nicht unterbunden werden. Zudem gelang es den Briten, die Verluste an Kriegsmaterial aus eigener Kraft zu ersetzen.

M1 „John Bull in Ängsten“. Postkarte, 1915.

M2 Ein deutsches U-Boot verlässt den Hafen. Foto, 1915.

Der Kriegseintritt der USA

Zu Beginn des Ersten Weltkrieges hatte die Regierung in den USA die eigene Bevölkerung zu strikter Neutralität aufgerufen. Diese Haltung nahm Rücksicht auf die vielen europäischen Immigranten, die im Land lebten, aber im Ausland geboren worden waren. Dennoch unterstützte die US-Regierung die Alliierten mit Krediten, Waffen und Rohstoffen. Von einem eigenen militärischen Eingreifen war lange Zeit keine Rede.

Q1 Der US-Präsident Wilson am 2. April 1917 in einer Botschaft an den Senat:

Der gegenwärtige deutsche Unterseebootkrieg gegen den Handelsverkehr ist ein Krieg gegen die Menschheit. Er ist ein Krieg gegen alle Nationen. Es sind keine Unterschiede gemacht worden, die Herausforderung hat der ganzen Menschheit gegolten. Jede Nation muss selbst darüber entscheiden, wie sie sie aufnehmen will. Unser Beweggrund soll nicht Rachsucht sein ..., sondern allein die Vertretung des Menschenrechts ... Wir werden für Dinge kämpfen, die immer unseren Herzen am nächsten gelegen haben, für Demokratie, für das Recht derer, die einer Obrigkeit untertan sind, eine Stimme in ihrer eigenen Regierung zu haben, für die Rechte und Freiheiten der kleinen Nationen, für eine allgemeine Herrschaft des Rechts durch einen Bund freier Völker, der allen Nationen Frieden und Sicherheit bringt und schließlich die Welt selbst befreit ...

M3 „Der unschuldige Zuschauer". Amerikanische Karikatur, 1915.

Der Krieg wird zum Weltkrieg

Am 3. Februar 1917 brachen die USA ihre diplomatischen Beziehungen zum Deutschen Reich ab. Die Kriegserklärung an Deutschland erfolgte am 6. April 1917.

Trotz der deutschen Blockade kamen zwei Millionen Soldaten und riesige Mengen Waffen, Munition, Geräte und Lebensmittel nach Europa. Zur Unterstützung der Alliierten gaben die USA 33,5 Milliarden Dollar aus, davon 10,3 Milliarden als Anleihen für die Verbündeten. Dies bedeutete für den Kriegsverlauf die entscheidende Wende. Der Eintritt der USA in die militärische Auseinandersetzung brachte einen gewaltigen Kräftezuwachs für die Entente, den die Mittelmächte nicht ausgleichen konnten.

Neben den USA erklärten in der Folge auch weitere bislang neutrale Staaten den Mittelmächten den Krieg. Im Jahr 1918 befanden sich das Deutsche Reich und Österreich-Ungarn daher im Kriegszustand mit den meisten damals unabhängigen Staaten der Welt.

ARBEITSAUFTRÄGE

1. Nenne Gründe für den U-Boot-Krieg.
2. Beschreibe die Folgen des uneingeschränkten U-Boot-Krieges.
3. Interpretiere die Postkarte in M1 hinsichtlich der Erwartungen Deutschlands an den U-Boot-Krieg.
4. ⇥ Erläutere Gründe für den Kriegseintritt der USA.
5. ⇨ Nach dem 6. April 1917 wird von einem Weltkrieg gesprochen. Begründe dies.

⇥ zu 4.
Beziehe M3 und Q1 ein.

Zwischen Krieg und Frieden

Kriegsmüdigkeit und Friedenssehnsucht

Trotz des Kriegseintritts der USA war Europa durch eine allgemeine Kriegsmüdigkeit geprägt. Der festgefahrene Krieg zog sich in die Länge und die ursprünglichen Ziele waren nicht mehr erreichbar. An der Front und in der Heimat sehnten sich die Menschen nach Frieden. Französische Soldaten meuterten hinter der Front, und in Russland demonstrierten Arbeiter gegen die schlechte Versorgungslage. Auch in Deutschland vereinigten sich Munitionsarbeiter zu großen Streiks.

M1 Kundgebung während eines Streiks in Berlin im Januar 1918. Die Arbeiter forderten bessere Lebensbedingungen und die Beendigung des Krieges.

Sieg- oder Verständigungsfrieden

In Deutschland drängten Teile der politischen Elite auf ein Ende des Krieges. Eine Mehrheit im Deutschen Reichstag forderte Verhandlungen mit den Alliierten über einen Frieden. Diese Reichstagsabgeordneten strebten ein Kriegsende ohne Eroberungen an. Ihr Ziel war es, das Blutvergießen zu beenden, keinen „Gewaltfrieden" zuzulassen, sondern einen „Verständigungsfrieden" zu erreichen. Der Reichstagsbeschluss blieb jedoch erfolglos, da die politische und militärische Führung einen Verständigungsfrieden ablehnte. Vielmehr sollte weiterhin ein „Siegfrieden" angestrebt werden. Dieser erschien nicht nur als ehrenvoller, sondern sollte in Friedensverhandlungen eine bessere Ausgangssituation gewährleisten.

Q1 Aus der Friedensresolution des Reichstages vom 19. Juli 1917:

... Zur Verteidigung seiner Freiheit und Selbstständigkeit, für die Unversehrtheit seines territorialen Besitzstandes hat Deutschland die Waffen ergriffen. Der Reichstag erstrebt einen Frieden der Verständigung und der dauerhaften Versöhnung der Völker.
Mit einem solchen Frieden sind erzwungene Gebietserwerbungen und politische, wirtschaftliche oder finanzielle Vergewaltigungen unvereinbar. ...
Der Reichstag wird die Schaffung internationaler Rechtsorgane tatkräftig fördern. Solange jedoch die feindlichen Regierungen auf einen solchen Frieden nicht eingehen, solange sie Deutschland und seine Verbündeten mit Eroberung und Vergewaltigung bedrohen, wird das deutsche Volk wie ein Mann zusammenstehen, unerschütterlich ausharren und kämpfen, bis sein und seiner Verbündeten Recht auf Leben und Entwicklung gesichert ist. ...

Umbruch in Russland

Für Russland häuften sich die militärischen Misserfolge. Als 1917 mit der Oktoberrevolution der russische Zar gestürzt wurde, übernahm unter dem Revolutionsführer Wladimir Iljitsch Lenin eine kommunistische Regierung die Macht. Friedensbemühungen mit den Mittelmächten gehörten zu ihren ersten Amtshandlungen. Die militärische und politische Situation in Russland ermöglichte es Deutschland, aus einer vorteilhaften Position über einen Frieden zu verhandeln.

Der Frieden von Brest-Litowsk

In seinen Bemühungen um Frieden forderte Lenin auch die Alliierten auf, mit den Mittelmächten in Verhandlung zu treten. Die Alliierten lehnten den Abschluss des von Lenin vorgeschlagenen Friedensvertrages jedoch ab, weil dieser keine Eroberungen einschloss. Im Dezember 1917 verhandelte Sowjetrussland daher allein mit den Mittelmächten. Beide Seiten unterschrieben am 15. Dezember 1917 einen Waffenstillstand.

Um Russland Frieden zu bringen, war Lenin bereit, auch härteste Bedingungen zu akzeptieren. So beinhaltete der Friedensvertrag vom 3. März 1918 einen Verzicht auf Finnland, Estland, Lettland, Litauen, Polen und die Ukraine. Er bedeutete ebenfalls den Verlust von 90% der Kohlegruben, 54% der Industrie, 33% der Eisenbahnen, 32% der Ackerflächen und 34% der Bevölkerung.

M2 „Ein deutscher Friede". Englische Karikatur, Juni 1918.

M3 Der Friede von Brest-Litowsk.

Gestärkt durch einen Siegfrieden im Osten wollte die deutsche Führung den Krieg auch im Westen siegreich beenden. So hoffte Deutschland auf frei werdende Truppen für die Westfront sowie auf Getreide und Rohstofflieferungen der geschlagenen Russen. Eine Million deutsche und verbündete Soldaten blieben als „Sicherungstruppen" im Osten. Damit brachte das Ausscheiden Russlands nicht die gewünschte militärische Entlastung für die Mittelmächte. Im Westen ging der Krieg weiter.

ARBEITSAUFTRÄGE

1. ⇥ Beschreibe die unterschiedlichen Positionen, die in Deutschland zu einem Friedensabschluss mit den Alliierten existierten.

2. Der Frieden von Brest-Litowsk gilt als „Siegfrieden", erläutere dies.

3. ⇥ Analysiere die Karikatur M2 in Bezug auf die Sicht vom deutschen Frieden.

4. ⇨ Recherchiert über die Verhandlungen des Friedensvertrages von Brest-Litowsk und gestaltet auf dieser Grundlage ein Rollenspiel zum Thema.

⇥ zu 1.
Benutze folgende Stichwörter: Siegfrieden, Verständigungsfrieden, Kriegsmüdigkeit, Friedenssehnsucht.

⇥ zu 3.
Soldat mit Pickelhaube = deutscher Soldat, pflügende Bauern = Russland, Ukraine = Gebietsverluste Russlands

Das Ende des Krieges

Eine Chance für Frieden

Trotz der allgemeinen Kriegsmüdigkeit hatten die Alliierten 1917 die Friedensbemühungen von deutscher Seite abgelehnt. Auch die russischen Anstrengungen für einen umfassenden Frieden in Europa waren erfolglos. Dennoch zeigte der Waffenstillstand von Brest-Litowsk im Dezember 1917 den anderen Ländern, dass ein Frieden möglich war.

Im Januar 1918 legten die USA ihrerseits ein Programm vor, das die Vorbedingungen für einen Frieden aus amerikanischer Sicht darstellte und für alle beteiligten Staaten gelten sollte. Das 14-Punkte-Programm des US-Präsidenten Woodrow Wilson war für die deutsche Regierung und die Oberste Heeresleitung jedoch nicht verhandelbar. Es wäre kein „ehrenvoller" Frieden gewesen. Deshalb wurde der Krieg weitergeführt, obwohl sich das Kräfteverhältnis nach dem Kriegseintritt der USA und weiterer Staaten auf Seiten der Allierten deutlich zu Ungunsten der Mittelmächte verschoben hatte

M1 Woodrow Wilson (1856–1924). Präsident der USA von 1913–1921.

Q1 Der amerikanische Präsident Woodrow Wilson (1856–1924) hatte am 8. Januar 1918 das Programm für einen kommenden Frieden verkündet:

1. *Öffentliche Friedensverträge, Geheimdiplomatie abschaffen;*
2. *Freiheit der Schifffahrt auf der See;*
3. *Aufhebung sämtlicher wirtschaftlicher Schranken;*
4. *Garantierte Rüstungsbegrenzung;*
5. *Unparteiische Regelung aller Kolonialfragen;*
6. *Räumung Russlands von fremden Truppen;*
7. *Wiederherstellung Belgiens;*
8. *Räumung Frankreichs und Wiederherstellung der zerstörten Teile; Rückgabe von Elsass-Lothringen;*
9. *Nationalitätenprinzip bei der Berichtigung der Grenzen Italiens;*
10. *Autonome Entwicklung der Völker Österreich-Ungarns;*
11. *Wiederherstellung Rumäniens, Serbiens und Montenegros*
12. *Autonomie der Völker des Osmanischen Reiches, freie Fahrt durch Bosporus und Dardanellen;*
13. *Errichtung eines unabhängigen polnischen Staates;*
14. *Errichtung eines Völkerbundes als Garantie für die Unverletzlichkeit aller Staaten.*

Zusammenbruch der Mittelmächte

Vom Erfolg des deutschen „Siegfriedens" über Russland beflügelt, sollte auch im Westen die Entscheidung erzwungen werden. Im März 1918 begann die deutsche Offensive zunächst erfolgreich. Der Einsatz von 6000 Geschützen führte zum stärksten Trommelfeuer des gesamten Krieges. Anfang April bestimmte jedoch der Stellungskrieg wieder das Geschehen. Hunderttausende hatten in dieser Frühjahrsoffensive ihr Leben gelassen, obgleich der Krieg nicht mehr zu gewinnen war. In Frankreich scheiterte im Sommer 1918 die letzte deutsche Offensive. Im September 1918 brach die Südostflanke der Mittelmächte mit Bulgarien und Österreich-Ungarn zusammen.

Der Weg zum Waffenstillstand

Die militärischen Entwicklungen zwangen die deutsche Oberste Heeresleitung zum Handeln. In einer Besprechung am 29. September 1918 drängte General Erich Ludendorff die Regierung zur Aufnahme von Waffenstillstandsverhandlungen, da das deutsche Heer bei einer Fortführung der Kämpfe völlig zusammenbrechen würde.

Für die bis dahin nur Erfolgsmeldungen gewohnte Reichsregierung war dies eine böse Überraschung. Bisher hatte die Heeresleitung alle Fehlschläge verschleiert. Weder die Regierung noch die Bevölkerung waren auf die drohende Niederlage vorbereitet worden.

Q2 Telegramm Hindenburgs an den Reichskanzler Prinz Max von Baden vom 3. Oktober 1918:

Die Oberste Heeresleitung bleibt auf ihrer am Sonntag, dem 29. September d. J. gestellten Forderung der sofortigen Herausgabe des Friedensangebotes an unsere Feinde bestehen. …
Noch steht das deutsche Heer festgefügt und wehrt siegreich alle Angriffe ab. Die Lage verschärft sich aber täglich und kann die Oberste Heeresleitung zu schwerwiegenden Entschlüssen zwingen. Unter diesen Umständen ist es geboten, den Kampf abzubrechen, um dem deutschen Volke und seinen Verbündeten nutzlose Opfer zu ersparen. Jeder versäumte Tag kostet Tausenden von tapferen Soldaten das Leben.
gez. von Hindenburg, Generalfeldmarschall

Der Weg zum Friedensvertrag

Am 4. Oktober 1918 erklärte die Reichsregierung, sie sei bereit, auf der Grundlage von Wilsons 14 Punkten über den Frieden zu verhandeln. Sieben Tage später unterschrieben die deutschen Unterhändler die Bedingungen für einen Waffenstillstand. Diese waren die sofortige Räumung Frankreichs, Belgiens und Luxemburgs, die Räumung und Übergabe Elsass-Lothringens innerhalb von 15 Tagen und die Aufhebung des Friedensvertrages mit Russland.

Von den Verhandlungen um den späteren Friedensvertrag war das Deutsche Reich ausgeschlossen, weil es Verlierer des Krieges war. Die Alliierten sahen für die deutsche Seite keinen Verhandlungsspielraum.

Aus Furcht vor einem Einmarsch alliierter Truppen unterzeichnete Deutschland am 28. Juni 1919 in Versailles den Friedensvertrag.

M2 Die Vertreter der Alliierten nach Abschluss des Waffenstillstandes in einem Eisenbahnwaggon im Wald von Compiègne am 11. November 1918.

ARBEITSAUFTRÄGE

1. Ordne Wilsons Friedensprogramm tabellarisch nach politischen, wirtschaftlichen und militärischen Kriterien.
2. ⇥ Vergleiche die Vorschläge des amerikanischen Präsidenten mit den Zielen der Kriegsgegner von 1914.
3. Erkläre den Unterschied zwischen den Begriffen Waffenstillstand und Friedensvertrag.
4. ⇥ Stelle den Weg zum Friedensvertrag chronologisch in einer Übersicht dar.
5. ⇨ Diskutiert, inwiefern der Erste Weltkrieg ein gerechter oder ein ungerechter Krieg war.

⇥ zu 2.
Wiederhole die Ziele der Kriegsgegner mithilfe des Lehrbuches Seite 18.

⇥ zu 4.

Dezember 1917	*Waffenstillstand von Brest-Litowsk*
Januar 1918	*Wilsons …*

Krieg in einer neuen Dimension

Q1 1887 urteilte Friedrich Engels:

Und endlich ist kein andrer Krieg für Preußen-Deutschland mehr möglich als ein Weltkrieg, und zwar ein Weltkrieg von einer bisher nie geahnten Ausdehnung und Heftigkeit. Acht bis zehn Millionen Soldaten werden sich untereinander abwürgen und dabei ganz Europa so kahlfressen, wie noch nie ein Heuschreckenschwarm. ... Hungersnot, Seuchen, allgemeine, durch akute Not hervorgerufene Verwilderung der Heere wie der Volksmassen; rettungslose Verwirrung unsres künstlichen Getriebes in Handel, Industrie und Kredit, endend im allgemeinen Bankrott; Zusammenbruch der alten Staaten und ihrer traditionellen Staatsweisheit, derart, dass die Kronen zu Dutzenden über das Straßenpflaster rollen und niemand sich findet, der sie aufhebt; absolute Unmöglichkeit, vorherzusehen, wie das alles enden und wer als Sieger aus dem Kampf hervorgehen wird ...

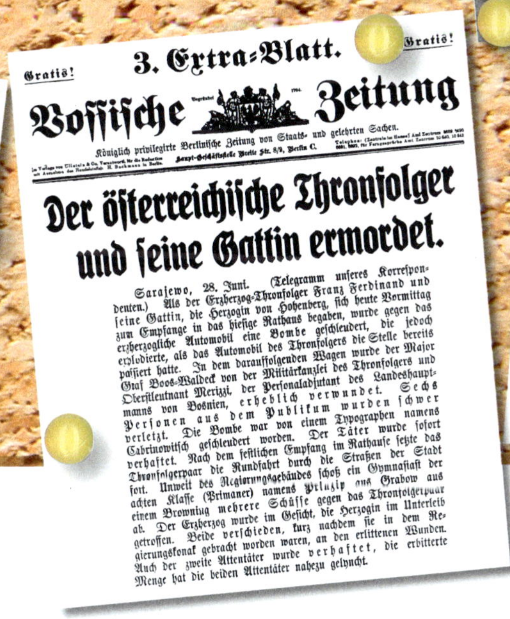

Gratis! 3. Extra-Blatt. Gratis!

Vossische Zeitung

Königlich privilegirte Berlinische Zeitung von Staats- und gelehrten Sachen.

Haupt-Geschäftsstelle Breite Str. 8/9, Berlin C.

Der österreichische Thronfolger und seine Gattin ermordet.

Sarajewo, 28. Juni. (Telegramm unseres Korrespon-
denten.) Als der Erzherzog-Thronfolger Franz Ferdinand und
seine Gattin, die Herzogin von Hohenberg, sich heute Vormittag
zum Empfange in das hiesige Rathaus begaben, wurde gegen das
erzherzogliche Automobil eine Bombe geschleudert, die jedoch
explodierte, als das Automobil des Thronfolgers die Stelle bereits
passiert hatte. In dem darauffolgenden Wagen wurde der Major
Graf Boos-Waldeck von der Militärkanzlei des Thronfolgers und
Oberstleutnant Merizzi, der Personaladjutant des Landeshaupt-
manns von Bosnien, erheblich verwundet. Sechs
Personen aus dem Publikum wurden schwer
verletzt. Die Bombe war von einem Typographen namens
Cabrinowitsch geschleudert worden. Der Täter wurde sofort
verhaftet. Nach dem festlichen Empfang im Rathause setzte das
Thronfolgerpaar die Rundfahrt durch die Straßen der Stadt
fort. Unweit des Regierungsgebäudes schoß ein Gymnasiast der
achten Klasse (Primaner) namens Prinzip aus Grabow aus
einem Browning mehrere Schüsse gegen das Thronfolgerpaar
ab. Der Erzherzog wurde im Gesicht, die Herzogin im Unterleib
getroffen. Beide verschieden, kurz nachdem sie in dem Re-
gierungskonak gebracht worden waren, an den erlittenen Wunden.
Auch der zweite Attentäter wurde verhaftet, die erbitterte
Menge hat die beiden Attentäter nahezu gelyncht.

ARBEITSAUFTRÄGE

1. Untersucht, aus welchen Gründen der Erste Weltkrieg als moderner bzw. erster industrialisierter Krieg in die Geschichte einging.
a) Erarbeitet die Merkmale früherer Kriege und das damalige Bild vom Soldaten.
b) Stelle den Charakter des Ersten Weltkrieges dar.
c) Präsentiert eure Ergebnisse in einem Galeriespaziergang.

2. Bereits im 19. Jahrhundert haben Philosophen und selbst führende Militärs einen Wandel in der Kriegsführung vorausgesagt.
a) Interpretiert Q1.
b) Vergleicht die Vorahnungen von Engels mit der Realität des Ersten Weltkrieges.

3. ⇨ Der US-amerikanische Diplomat George F. Kennan bezeichnete den Ersten Weltkrieg als die „Urkatastrophe des 20. Jahrhunderts“.
a) Informiert euch über die These von Kennan.
b) Ladet einen Experten zu einer Diskussion ein.

Die Bilanz des Krieges

Die Folgen

Der Erste Weltkrieg war der bis dahin verheerendste Krieg. Während des Krieges kämpften fast 70 Millionen Soldaten. An den Fronten oder in den Lazaretten starben 8 500 000 Menschen, darunter 1 800 000 Deutsche, 1 700 000 Russen und 1 400 000 Franzosen. Mehr als eine Million Menschen kamen auf der Flucht oder vor Entkräftung um. Allein in Deutschland und Österreich-Ungarn verhungerten eine Million Menschen während des Krieges und in der Nachkriegszeit. 30 Millionen kehrten als Verwundete oder Invaliden in die Heimat zurück. Auf sie wartete eine ungewisse Zukunft im zivilen Leben.

Große Verwüstungen gab es auf den Kriegsschauplätzen in Frankreich, Russland, Belgien und auf dem Balkan. Besonders in Frankreich waren große Gebiete jahrelang umkämpft gewesen. Viele Industrieanlagen waren vernichtet und landwirtschaftliche Nutzflächen zerstört.

Etwa eine Billion Goldmark (200 Milliarden Dollar) kostete der Krieg. Da die Wirtschaftskraft der Länder nicht ausreichte, die Kosten des Krieges zu tragen, waren wirtschaftliche Probleme als Spätfolgen der Kriegspolitik vorprogrammiert.

Invalide: Mensch mit dauernder Beeinträchtigung der körperlichen und/oder geistigen Leistungsfähigkeit

Goldmark: durch Gold gedeckte Währung des Deutschen Kaiserreiches von 1871–1918. Die Kaufkraft der Goldmark betrug vor dem Krieg umgerechnet etwa 8 €.

M1 Das zerstörte Ypern (Belgien) im Herbst 1918, links die Trümmer der Kathedrale St. Martin, rechts die Ruine der Tuchhallen.

Das Erbe

Das Ende des Krieges war auch das Ende einer Epoche. Vier mächtige Monarchien verschwanden von der Bühne der Weltpolitik. Russland versank im Bürgerkrieg, nachdem der Zar gestürzt worden war. Der Vielvölkerstaat Österreich-Ungarn sowie das Osmanische Reich lösten sich in Einzelstaaten auf. In Deutschland dankte der Kaiser ab und die Sozialdemokraten riefen die Republik aus. England verlor seine Position als größte Handelsmacht.

Alle Staaten mussten schwierige politische und wirtschaftliche Maßnahmen für eine stabilisierende Nachkriegsentwicklung einleiten. Die Menschen brauchten Zuversicht, um die Erlebnisse des Krieges zu verarbeiten. Für Millionen hing ein Weiterleben davon ab, ob sie am nächsten Tag genug zu essen hatten. Millionen Kriegsopfer benötigten medizinische Versorgung. Dem Neubeginn standen aber die schweren Lasten des Krieges gegenüber. Allein der Wiederaufbau in den besonders umkämpften Gebieten Frankreichs und Belgiens kostete ca. 100 Milliarden Francs.

M3 Frauen durchsuchen Müllhaufen nach Essbarem. Deutschland 1920.

Der Umgang mit dem Erbe

Gedenkstätten zeugen heute noch von den Schrecken des Ersten Weltkrieges. Im Beinhaus in der Nähe von Verdun werden die Gebeine von über 130 000 nicht identifizierten französischen und deutschen Soldaten aufbewahrt, die in der Schlacht um Verdun gefallen sind. Davor erstreckt sich ein Friedhof mit 15 000 Gräbern. Dieser Ort wurde zum Symbol der Versöhnung, als 1984 der französische Präsident Francois Mitterrand und der Bundeskanzler Helmut Kohl gemeinsam der Opfer des Krieges gedachten.

Zahlreiche Friedhöfe und Denkmäler erinnern uns an die Grausamkeiten des Krieges und verpflichten uns, den Frieden zu bewahren.

M4 Inschrift der Gedenkplatte in Douaumont:
Auf diesem französischen Soldatenfriedhof trafen sich am 22. September 1984 zum ersten Mal in der Geschichte der beiden Völker der französische Staatspräsident und der deutsche Bundeskanzler. Sie legten im gemeinsamen Gedenken an die Toten beider Weltkriege Kränze nieder und erklärten: „Wir haben uns versöhnt. Wir haben uns verständigt. Wir sind Freunde geworden.“ François Mitterrand und Helmut Kohl.

M2 Gräberfeld und Beinhaus von Douaumont bei Verdun.

ARBEITSAUFTRÄGE

1. Benenne Folgen des Ersten Weltkrieges.

2. ⇥ Schildere die Probleme der Menschen nach dem Krieg.

3. Beschreibe Aufgaben, die von den Regierungen der beteiligten Staaten bewältigt werden mussten.

4. ⇨ Informiere dich über Kriegsgräber oder Denkmäler, die in deiner Heimat an die Opfer des Ersten Weltkrieges erinnern und präsentiere dein Ergebnis in Form einer Wandzeitung.

⇥ zu 2.
Betrachte M1 und M3.

Aufbruch in die Moderne

In der Zeit des Kaiserreiches und des Imperialismus wagten Künstler einen neuen Stil in der Kunst und Literatur, den Expressionismus. Diese tiefgreifende Bewegung erfasste die Malerei, die Literatur, Filme und die Architektur.

Der Expressionismus – Künstler prägen einen neuen Stil

Junge Künstler wollten ausdrucksstark – „expressiv" – in ihren Werken die Welt und das Leben nach ihren Empfindungen darstellen. Sie entwickelten einen neuen Stil und schufen emotionsgeladene Bilder, eine neue Kunst für den neuen Menschen.

M1 Karl Schmidt-Rottluff: Männlicher Kopf mit Kinnbart, 1918/19.

M2 Edvard Munch: Der Schrei, 1893 (Ausschnitt).

Die Künstlergemeinschaft „Die Brücke"

1905 gründeten vier Architekturstudenten der Technischen Hochschule Dresden – Ernst Ludwig Kirchner, Erich Heckel, Karl Schmidt-Rottluff und Fritz Bleyl die Künstlergemeinschaft „Die Brücke".

In den ersten Jahren ihrer gemeinsamen Arbeit war die „Brücke" eine Kunst- und Lebensgemeinschaft. Während der wöchentlichen Arbeitstreffen zeichnete die Gruppe gemeinsam Bilder, unter anderem beeinflusst durch Werke von Vincent van Gogh.

Q1 Erich Heckel äußerte sich zur Entstehung der „Brücke":

Wir haben uns natürlich überlegt, wie wir an die Öffentlichkeit treten können. Eines Abends sprachen wir auf dem Nachhauseweg wieder davon. Schmidt-Rottluff sagte, wir können das „Brücke" nennen – das sei ein vielschichtiges Wort, würde kein Programm bedeuten, aber gewissermaßen von einem Ufer zum anderen führen. Wovon wir weg mussten war uns klar – wohin wir kommen würden, stand allerdings weniger fest."

Von der Idee zur Inspiration

In den folgenden Jahren schlossen sich ihnen weitere Künstler an, z. B. Max Pechstein und Emil Nolde.

In Abkehr vom Impressionismus zeichneten die Künstler ihre Bilder in wilden Farben und expressiven dunklen Linien. Sie schufen aber auch Schnitzereien und Plastiken. Bevorzugte Motive waren Großstadtszenen und idyllische Aktdarstellungen in freier Natur.

Impressionismus: (lat. impressio – Eindruck) Stilrichtung in der Kunst, die zwischen 1860 und 1870 in Frankreich entstand. Die Maler nutzten meist helle Farbtöne, die sie in der Licht- und Farbwahrnehmung der Natur beobachteten.

M3 Erich Heckel: Sächsisches Dorf, 1910 (Ausschnitt).

M5 Karl Schmidt-Rottluff: Selbstbildnis, 1906.

M4 Ernst Ludwig Kirchner: Badeanstalt bei Dresden, 1909.

M6 Max Pechstein: Sitzender weiblicher Akt, 1910.

ARBEITSAUFTRÄGE

1. Benenne Besonderheiten der expressionistischen Malerei.

2. Analysiere Q1 in Bezug auf die Ideen der Expressionisten.

3. ⇥ Beschreibe und begründe die Wirkung der Bilder auf dich.

4. ⇨ Informiere dich über weitere Expressionisten in Kunst und Literatur und stelle einen ausgewählten Künstler in einer Präsentation vor.

⇥ zu 3.
Betrachte dazu M1 – M6.

Otto Dix verarbeitet den Krieg

M1 So sah ich als Soldat aus. Selbstbildnis von Otto Dix, 1924.

Zu Beginn des Ersten Weltkrieges zogen viele Menschen begeistert in den Krieg und sahen in ihm einen Aufbruch in eine neue Zeit.

Dies war von kurzer Dauer, denn die Kriegserlebnisse, das ungeahnte Ausmaß an Zerstörung und Brutalität des Stellungskrieges ließ diese Begeisterung sehr schnell schwinden

Ein Augenzeuge

Auch der Künstler Otto Dix meldete sich freiwillig zum Kriegsdienst. 1891 in Gera geboren, entwickelte er sich bereits in der Volksschule zum Zeichentalent. So reifte in ihm immer mehr der Wunsch den Beruf eines Kunstmalers zu erlernen. Dix begann eine Lehre bei einem Dekorationsmaler. Im Alter von 18 Jahren siedelte er nach Dresden über, um ein Studium an der Kunstgewerbeschule, später Kunstgewerbeakademie, zu beginnen. In Dresden blühte in dieser Zeit die Kunst auf. Deutsche und internationale Kunstausstellungen zeigten Bilder von Vincent van Gogh, Paul Cezanne, Edvard Munch oder der Dresdner „Brücke" und befruchteten das Kunstleben der sächsischen Stadt. In dieser Atmosphäre, inspiriert vom Impressionismus und Expressionismus, ausgestattet mit einer zeichnerischen Begabung wurde er schon bald zum Vorzugsschüler und schuf zahlreiche Bilder.

Diese vielseitige Entwicklung nahm ein plötzliches Ende – der Erste Weltkrieg begann und Otto Dix wurde Soldat.

Fronterlebnisse

Im Jahr 1915 meldete sich Dix freiwillig zum Fronteinsatz. Als MG-Schütze kämpfte er an der Westfront in Frankreich und an der Ostfront in Russland. Unter dem Einfluss des Krieges schuf er Bilder und Grafiken, die das wahre Gesicht des Krieges widerspiegelten.

Mit seiner Beförderung 1915 zum Unteroffizier begann Otto Dix erforderliche Aufzeichnungen, wie Namen von Soldaten, Orten oder Dienstanweisungen in einem Merk- und Notizbuch zu notieren.

Aber auch Kriegsschauplätze an denen er kämpfte, Zeichnungen und Bemerkungen beinhaltet das 131 Seiten umfassende Tagebuch.

M2 Doppelseite aus dem Kriegstagebuch von Otto Dix.

Q1 In seinem Tagebuch schrieb Otto Dix über den Krieg:

„Läuse, Ratten, Drahtverhau, Flöhe, Granaten, Bomben, Höhlen, Leichen, Blut, Schnaps, Mäuse, Katzen, Gase, Kanonen, Dreck, Kugeln, Mörser, Feuer, Stahl, das ist der Krieg. Alles Teufelswerk."

Die Grausamkeiten werden zu Bildern

Um das stumpfsinnige und zermürbende Ausharren in den Schützengräben zu verarbeiten, zeichnete Dix zahlreiche Bilder und Skizzen. So entstand eine Sammlung von Kunstwerken, die er 1924 für seinen Zyklus „Der Krieg" nutzte. Otto Dix zeichnete seine Sicht des Kriegsalltages in seinen Bildern. Verwüstete Natur, entstellte und verletzte Körper prägen den Charakter der Zeichnungen und zeigen erschütternde Bilder des Ersten Weltkrieges.

Zyklus: In der Kunst eine Sammlung inhaltlich zusammengehörender Werke.

M3 Sturmtruppen gehen unter Gas vor. Aus dem Zyklus: Der Krieg, 1924.

M6 Der Krieg, 1914.

M4 Verwundeter. Aus dem Zyklus: Der Krieg, 1924.

M5 Kriegskrüppel, 1920.

ARBEITSAUFTRÄGE

1. Erstelle einen Steckbrief zu Otto Dix.
2. ⇥ Nutze die Dokumentation zum Tagebuch von Otto Dix und stelle seine Kriegserlebnisse dar.
3. Beschreibe mit einem ausgewählten Bild die Darstellung des Krieges durch Otto Dix.
4. ⇨ Gestalte mithilfe der Bilder eine Collage zum Thema „Grausamkeiten im Ersten Weltkrieg".

⇥ zu 2.
Nutze das Internet.
www.dctp.tv/filme/nzz-dix-kriegstagebuch

„Im Westen nichts Neues“

M1 Erich Maria Remarque (1898–1970).

Der Autor

Erich Maria Remarque hieß eigentlich Ernst Paul Remark. Der Sohn eines Buchbinders meldete sich 1916 nach dem Notexamen als Kriegsfreiwilliger und kam an die Westfront, wo er 1917 verwundet wurde. Nach dem Waffenstillstand im November 1918 verrichtete er Gelegenheitsarbeiten und sammelte erste Erfahrungen als Werbetexter und Journalist.

Das Buch

In seinem Roman „Im Westen nichts Neues“ schildert Erich Maria Remarque aus Sicht eines jungen Soldaten die Schrecken des Ersten Weltkrieges. Das Buch erschien erstmals ab November 1928 in der Vossischen Zeitung als Vorabdruck, in Buchform am 29. Januar 1929. Der Roman wurde noch 1929 in 26 Sprachen übersetzt. Bis heute gibt es Ausgaben in über 50 Sprachen, die geschätzten Verkaufszahlen weltweit liegen bei über 20 Millionen.

M2 „Im Westen nichts Neues“ – Einbandtitel der Ausgabe Berlin, Propyläen-Verlag, 1929.

Q1 Auch wenn „Im Westen nichts Neues“ bis in die Gegenwart als Anklage gegen den Krieg und die Kriegstreiber gilt, hat Remarque es nicht so formuliert.

Dieses Buch soll weder eine Anklage noch ein Bekenntnis sein. Es soll nur den Versuch machen, über eine Generation zu berichten, die vom Krieg zerstört wurde – auch wenn sie seinen Granaten entkam.

Hauptfigur des Romans ist der 18-jährige Paul Bäumer, der gleichzeitig auch der Ich-Erzähler ist. Von der Kriegsbegeisterung im deutschen Kaiserreich getrieben und von den patriotischen Reden des Klassenlehrers gedrängt, meldete sich die gesamte Klasse freiwillig zum Kriegsdienst.

Der Roman beschreibt die Erlebnisse von Paul sowohl an der Westfront als auch im Fronturlaub und im Kriegslazarett. Nach und nach sterben alle Freunde von Paul, er überlebt am längsten, bevor er am Ende des Romans, im Oktober 1918, selber fällt.

M3 Filmplakat 1930.

Der Film

Bereits im August 1929 begann die amerikanische Filmgesellschaft Universal International Pictures mit der Verfilmung des Romans von Remarque. Nach seiner Premiere im April 1930 in New York wurde der Film mit dem Titel „All quiet on the Western Front“ zunächst in den USA und dann weltweit ein Kassenschlager. Jedoch waren Aufführungen des Films in Deutschland, aber auch in Frankreich, wegen der schonungslosen und kaum heldenhaften Darstellung des Frontalltages kaum möglich.

Die als Ton- und Stummfilm produzierte Verfilmung wurde trotz internationaler Proteste viermal für den Oscar nominiert und erhielt die Auszeichnung in der Kategorien „Bester Film“ und „Beste Regie“. 1979 wurde der Roman in den USA erneut verfilmt.

Der ganz normale Kriegsalltag

Q2 Im Roman beschreibt Paul Bäumer den Frontalltag:

Es wird von einer Offensive gemunkelt. Wir gehen zwei Tage früher an die Front. Auf dem Wege passieren wir eine zerschossene Schule. An ihrer Längsseite aufgestapelt steht eine doppelte, hohe Mauer von ganz neuen, hellen, unpolierten Särgen. Sie riechen noch nach Harz und Kiefern und Wald. Es sind mindestens hundert. „Da ist ja gut vorgesorgt zur Offensive", sagt Müller erstaunt. „Die sind für uns", knurrt Detering. „Quatsch nicht!", fährt Kat ihn an. „Sei froh, wenn du noch einen Sarg kriegst", grinst Tjaden, „dir verpassen sie doch nur eine Zeltbahn für deine Schießbudenfigur, pass auf!" Auch die anderen machen Witze, unbehagliche Witze, was sollen wir sonst tun. – Die Särge sind ja tatsächlich für uns. In solchen Dingen klappt die Organisation …

Die Front ist ein Käfig, in dem man nervös warten muss auf das, was geschieht. Wir liegen unter dem Gitter der Granatbogen und leben in der Spannung des Ungewissen. Über uns schwebt der Zufall. Wenn ein Geschoß kommt, kann ich mich ducken, das ist alles; wohin es schlägt, kann ich weder genau wissen noch beeinflussen. Dieser Zufall ist es, der uns gleichgültig macht. Ich saß vor einigen Monaten in einem Unterstand und spielte Skat; nach einer Weile stand ich auf und ging, Bekannte in einem anderen Unterstand zu besuchen. Als ich zurückkam, war von dem ersten nichts mehr zu sehen, er war von einem schweren Treffer zerstampft. Ich ging zum zweiten zurück und kam gerade rechtzeitig, um zu helfen, ihn auszugraben. Er war inzwischen verschüttet worden.

Ebenso zufällig, wie ich getroffen werde, bleibe ich am Leben. Im bombensicheren Unterstand kann ich zerquetscht werden und auf freiem Felde zehn Stunden Trommelfeuer unverletzt überstehen. Jeder Soldat bleibt nur durch tausend Zufälle am Leben. Und jeder Soldat glaubt und vertraut dem Zufall.

Q3 Der Roman endet:

Es ist Herbst. Von den alten Leuten sind nicht mehr viel da. Ich bin der letzte von den sieben Mann aus unserer Klasse hier. …

Er fiel im Oktober 1918, an einem Tage, der so ruhig und still war an der ganzen Front, dass der Heeresbericht sich nur auf den Satz beschränkte, im Westen sei nichts Neues zu melden. Er war vorübergesunken und lag wie schlafend an der Erde. Als man ihn umdrehte, sah man, dass er sich nicht lange gequält haben konnte – sein Gesicht hatte einen so gefassten Ausdruck, als wäre er beinahe zufrieden damit, dass es so gekommen war.

ARBEITSAUFTRÄGE

1. Erläutere Gründe für den weltweiten Erfolg des Buches und des Filmes.
2. Der Film wird als Kriegs-, aber auch als Antikriegsfilm bezeichnet. Erkläre beide Begriffe und begründe, welche Bezeichnung für dich treffender ist.
3. Da Remarque in seiner Heimat lange als „Nestbeschmutzer" bezeichnet wurde, verließ er Deutschland. Nimm Stellung zu diesem Sachverhalt.
4. Formuliert zu den Szenenbildern rechts jeweils eine Bildunterschrift.

Zeitleiste Erster Weltkrieg

Der Erste Weltkrieg wurde durch verschiedenste Ereignisse auf nationaler und internationaler Ebene geprägt. Um die Vielzahl dieser Geschehnisse zu strukturieren, eignet sich eine Zeitleiste. Sie schafft die Möglichkeit, Zeiträume und Abfolgen chronologisch darzustellen.

i

Auf diesen Internetseiten könnt ihr weitere Informationen zum Ersten Weltkrieg finden:
www.bpb.de
www.weltchronik.de
www.documentarchiv.de
http://www.dhm.de/lemo/
http://www.dhm.de/lemo/html/wk1/
http://www.erster-weltkrieg.clio-online.de/
http://www.europeana1914-1918.eu/de
http://www.1914-1918-online.net/
http://www.archiv.uni-leipzig.de/1418/

ARBEITSAUFTRÄGE

1. Erstellt eine Zeitleiste zum Thema „Der Erste Weltkrieg".
a) Wählt Fakten aus, die besonders bedeutsam für den Verlauf des Krieges waren.
b) Legt gemeinsam die Form für eure Zeitleiste fest.
(Plakat, eine Wand im Zimmer oder Schulhaus, eine Seite im Hefter ...)
c) Recherchiert Material, das ihr für die Gestaltung verwenden wollt.
(Bilder, Texte – achtet auf Quellenangaben!!!)
d) Erarbeitet kurze Informationstexte zu den Ereignissen.
e) Präsentiert euer Ergebnis.

M1 Mögliche Materialien für eine Zeitleiste.

Das Attentat von Sarajewo (Bosnien)
Der Thronfolger von Österreich-Ungarn, Franz-Ferdinand, wurde ermordet.

8.11.1918 – Beginn der Waffenstillstandsverhandlungen an der Westfront

28.6.1914 – Attentat von Sarajewo

Die Schlacht um die französische Festung Verdun wird zur verlustreichsten des Krieges.

22.4.1915 – Schlacht bei Ypern – Giftgaseinsatz

1.2.1917 – Deutschland erklärt den uneingeschränkten U-Boot-Krieg.

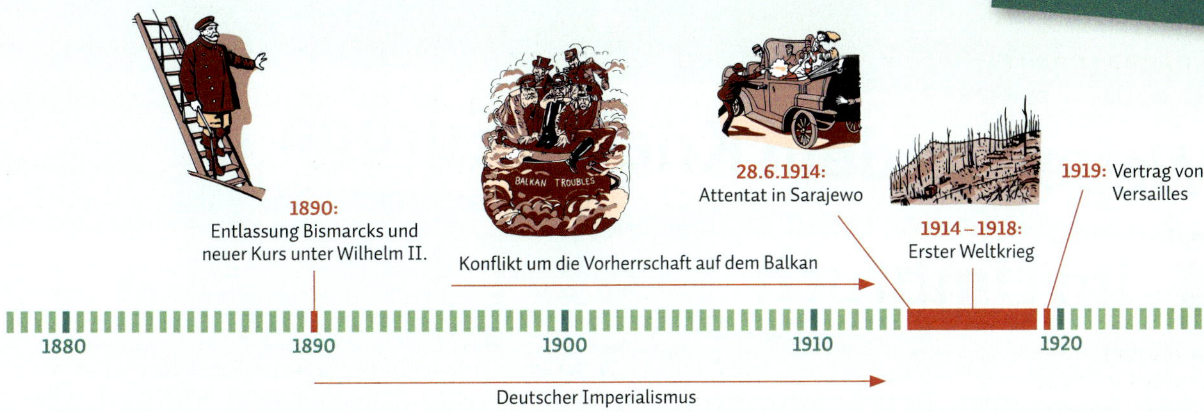

In Kürze:

Zum Ende des 19. Jahrhunderts entwickelte sich ein neues Machtgefüge unter den Großmächten, die alle eine imperialistische Politik verfolgten. Ein Rüstungswettlauf zwischen den Militärbündnissen bestimmte die Entwicklung bis 1914.

Im Jahr 1914 brach der erste weltweite Krieg aus. Er erfasste die meisten europäischen Staaten, die in dieser Auseinandersetzung ihren Bündnisverpflichtungen nachkamen. Dabei wurde eine gewaltige Kriegsmaschinerie zum Einsatz gebracht. Die Anforderungen des Bewegungs- und Stellungskrieges sowie der Materialschlachten strapazierten die Wirtschaftskraft aller beteiligten Länder.

Unter den Folgen des Krieges litten auch die Menschen in der Heimat. Mit dem Kriegseintritt der USA weitete sich der europäische Krieg zum Weltkrieg aus. Die USA beeinflussten den Ausgang des Krieges maßgeblich, da sie die Entente militärisch und wirtschaftlich unterstützten.

Nach der Revolution in Russland 1917 schloss das Land den Frieden von Brest-Litowsk mit dem Deutschen Reich. Mit der Unterzeichnung des Vertrags von Versailles endete am 28. Juni 1919 der Erste Weltkrieg.

Die Folgen des Krieges waren verheerend – Millionen Menschen starben, Spuren der Verwüstung prägten die Kriegsschauplätze, Hunger herrschte. Künstler versuchten ihre traumatischen Erlebnisse in ihrer Kunst zu verarbeiten und zeigen bis heute das grausame Gesicht dieses Ersten Weltkrieges.

WICHTIGE BEGRIFFE

Bewegungskrieg
Bündnisverpflichtungen
Frieden von Brest-Litowsk
Kriegseintritt der USA
Materialschlacht
Militärbündnisse
imperialistische Politik
Stellungskrieg
Vertrag von Versailles
Weltkrieg

Wege aus dem Krieg – Europa im Umbruch

Die Völker Europas litten unter dem Ersten Weltkrieg. Die Unzufriedenheit mit der Politik ihrer Regierungen wuchs. Die Revolution von 1917 beendete die Zarenherrschaft in Russland. Eine der ersten Maßnahmen der neuen Sowjetregierung war die Aufnahme von Friedensverhandlungen. In der Deutschen Revolution 1918/1919 zwang das Volk den Kaiser zum Rücktritt und ebnete den Weg zur ersten deutschen Demokratie. Im Jahr 1918 unterzeichneten die Kriegsteilnehmer den Waffenstillstand und sechs Monate später den Versailler Friedensvertrag, der den Ersten Weltkrieg endgültig beendete. Der neugegründete Völkerbund sollte einen weiteren Krieg verhindern.

Erste Sitzung des Völkerbundes in Genf am 15. November 1920.

Jullien
Genève

Russland im späten 19. Jahrhundert

M1 Zar Nikolaus II. (1868–1918) und Zarin Alexandra im Krönungsgewand.

Im 19. Jahrhundert nahm Russland unter den Staaten Europas eine Sonderstellung ein. Es war ein absolutistisch regierter Staat. An dessen Spitze stand der Alleinherrscher Zar Nikolaus II. – das Oberhaupt aller Russen. Seine Macht stützte er vor allem auf die Armee, eine Geheimpolizei und die oftmals korrupten Beamten, aber auch auf die einflussreiche russisch-orthodoxe Kirche. Unter dem Zaren gab es eine kleine Schicht adliger Gutsbesitzer, die riesige Ländereien besaßen. Diese Schicht festigte ebenfalls die Herrschaft des Zaren.

Im Unterschied zu den anderen europäischen Ländern gab es kein politisch und wirtschaftlich einflussreiches Bürgertum, obwohl Russland seit dem 19. Jahrhundert eine schnelle Entwicklung vom Agrarstaat zum Industriestaat durchgemacht hatte.

russisch-orthodoxe Kirche: im Jahr 988 entstandene christliche Kirche in Russland, die sich unabhängig von der katholischen Kirche entwickelte. Orthodox bedeutet strenggläubig.

M2 Russisches Flugblatt um 1900. „Gesellschaftspyramide". Die Übersetzung der Beschriftung lautet (von oben nach unten): „Wir sind die Herrschaft über euch", „Wir lenken euch", „Wir streuen euch Sand in die Augen", „Wir schießen auf euch", „Wir essen für euch". Auf der Fahne steht: „Wir arbeiten für euch, wir ernähren euch."

Die Lage in Russland

Überall im Land herrschte eine tiefe Kluft zwischen den Gesellschaftsschichten. Drei Viertel der Bevölkerung konnten weder lesen noch schreiben. Trotz der Abschaffung der Leibeigenschaft im Jahre 1861 lebten die Bauern weiter unter menschenunwürdigen Bedingungen. Über 100 Millionen Menschen, vor allem Bauern, aber auch adlige Großgrundbesitzer und reiche Bürger lebten auf dem Land, und nur ca. 14 Millionen Menschen wohnten in den russischen Städten wie Sankt Petersburg, Kiew und Moskau.

Der Beginn der Industrialisierung

Das Donezbecken und das Ölgebiet um Baku entwickelten sich wegen ihrer bedeutenden Bodenschätze zu ersten Industriezentren. Kohle und Erdöl wurden gefördert und nach dem Ausbau des Eisenbahnnetzes im Land transportiert. Der Bau der Transsibirischen Eisenbahn führte zur Modernisierung Russlands.

Durch diese Entwicklung stieg zwar die Zahl der Arbeiter auf ca. 2,5 Millionen, doch waren dies nicht mehr als 2 % der Bevölkerung. Es entstanden viele Fabriken, ein weiteres Merkmal für den industriellen Aufschwung des Landes.

Obwohl Zar Nikolaus II. (1894–1917) den wirtschaftlichen Aufschwung vorantrieb, war er nicht an politischen Reformen interessiert und unterdrückte das wirtschaftlich erstarkende Bürgertum.

M3 Russland um 1900.

ARBEITSAUFTRÄGE

1. ⇥ Erkläre mithilfe des Flugblattes den Gesellschaftsaufbau, den Staatsaufbau und die Machtverhältnisse in Russland im 19. Jahrhundert.
2. Nenne Konflikte, die aus dem Gesellschaftsaufbau entstehen konnten.
3. Beschreibe mithilfe der Karte M3 die Besiedlung Russlands.
4. ⇨ Vergleiche die wirtschaftliche und soziale Entwicklung Russlands am Ende des 19. Jahrhunderts mit der Entwicklung Großbritanniens und des deutschen Kaiserreiches.

⇥ zu 1.
An der Spitze des Staates und der Gesellschaft stand der … Seine Stellung wurde gestützt von …

Der Niedergang des Zarenreiches

Die Vorboten einer Revolution

In der zweiten Hälfte des 19. Jahrhunderts verschlechterten sich die Lebensverhältnisse des russischen Volkes immer mehr und die Unzufriedenheit über die Herrschaft des Zaren wuchs stetig. Politische Reformen lehnten die Herrschenden ab. Junge gebildete Adlige, vor allem Offiziere, die den Blick nach „draußen" hatten, fassten als Erste den Entschluss, das Land zu modernisieren und sich den westeuropäischen Verhältnissen anzunähern. Den jungen Offizieren folgten nach 1860 bürgerliche Studenten. „Land und Freiheit!", hieß die Parole.

In den Dörfern klärten die Studenten die Bauern über die Ursachen ihrer Not auf und versuchten das Volk zum Aufstand zu führen. Diese jungen Menschen waren zum Kampf für die Freiheit entschlossen. Nicht einmal vor einem Attentat auf den Zaren schreckten die jungen Adligen, Bürgerlichen und Offiziere zurück. Aber auch dadurch lösten sie keinen Umsturzversuch des Volkes aus.

Reihenweise wurden sie vor Gericht gestellt, verurteilt, ausgepeitscht, nach Sibirien in die Verbannung geschickt oder erhängt. Die Zarenherrschaft blieb bestehen.

Sibirien: unwirtliches und dünn besiedeltes Gebiet, wurde deshalb als Verbannungsort genutzt.

russisch-japanischer Krieg: Ursache war die expansive russische Fernostpolitik und das japanische Großmachtstreben in Ostasien. 1904 Zerstörung der russischen Kriegsflotte durch Japan, das den Krieg gewann.

Der „Blutsonntag" von Petersburg

Der russisch-japanische Krieg von 1904–1905 gefährdete die Versorgung der Städte mit Lebensmitteln immer mehr und die Unzufriedenheit des Volkes stieg weiter an. In Sankt Petersburg streikten die Arbeiter und zogen schließlich am 9. Januar 1905 unbewaffnet zum Palast des Zaren. Mit einer Bittschrift an den Zaren wollten sie auf ihre schlechte wirtschaftliche und soziale Lage aufmerksam machen. Als sie auf dem Gelände vor dem Palast zusammenströmten, schossen die Soldaten in die Menschenmenge. Über 1000 Menschen, darunter Frauen, Kinder und Arbeiter, wurden getötet, etwa 2000 verwundet.

Q1 Bittschrift an den russischen Zaren:

Wir, die Arbeiter der Stadt Petersburg, unsere Frauen, Kinder und hilflosen alten Eltern, sind zu dir, Herrscher, gekommen, um Gerechtigkeit und Schutz zu suchen. Wir sind verelendet, wir werden unterdrückt, über unsere Kraft mit Arbeit belastet, man verhöhnt uns, man lässt uns nicht als Menschen gelten. Man behandelt uns wie Sklaven … Hier suchen wir die letzte Rettung. Verweigere deinem Volk die Hilfe nicht … reiße nieder die Scheidewand zwischen dir und deinem Volke – mag es das Land zusammen mit dir regieren.

M1 Petersburger Arbeiter auf dem Weg zum Zarenpalast. Foto von 1905.

Die Zugeständnisse des Zaren

Nach diesem „Blutsonntag von Petersburg" kam Russland nicht mehr zur Ruhe. Zahlreiche Bauernaufstände und Streiks der Arbeiter folgten. Die Aufständischen erhielten von der Regierung des Zaren schrittweise Zugeständnisse. Bürgerliche Freiheitsrechte wie die Rede- und Pressefreiheit oder das Versammlungsrecht wurden verkündet. Eine gewählte Volksvertretung – die Duma – wurde zugelassen.

Oktobristen: Zarentreue.
Ziel: Erhaltung der Zarenherrschaft.

Russische Sozialdemokratische Arbeiterpartei: vor allem Arbeiter.
Ziel: Sturz des Zaren.
seit 1903 gespalten in Bolschewiki und Menschewiki.

Sozialrevolutionäre Partei: radikale Intellektuelle.
Ziel: Sturz des Zaren und Bauernrevolution.

M2 Ziele der Parteien.

Q2 In der Verfassung, die im Jahre 1906 folgte, waren die Rechte des Zaren und der Duma festgeschrieben:

17. Seine Majestät der Kaiser ernennt und entlässt den Vorsitzenden des Ministerrates, die Minister und die Hauptchefs der … Verwaltungen …

86. Kein neues Gesetz kann ohne Zustimmung … der Staatsduma erfolgen und ohne Bestätigung Seiner Majestät des Kaisers in Kraft treten …

105. Die Staatsduma kann vor Ablauf der fünfjährigen Dauer der Vollmacht ihrer Mitglieder durch eine Verordnung Seiner Majestät des Kaisers aufgelöst werden.

Von da an konnten die politischen Parteien im Land legal arbeiten. Das waren unter anderem: die zarentreuen, bürgerlichen und sozialistischen Parteien. Der Streik als Mittel zur Durchsetzung von politischen und wirtschaftlichen Forderungen blieb aber weiterhin verboten.

Die Bolschewiki und die Menschewiki

Da in Russland die Industrialisierung spät und nur in wenigen Zentren einsetzte, entwickelte sich erst um 1900 Widerstand der Arbeiter gegen die Zarenherrschaft. Die Russische Sozialdemokratische Arbeiterpartei wurde 1881 gegründet. Deren Ziel war der Sturz des Zaren und der Aufbau einer sozialistischen Gesellschaft. Ständige Konflikte zwischen den Parteimitgliedern über den Weg dorthin führten zur Trennung. Die Partei spaltete sich in Bolschewiki und Menschewiki. Die Partei der Bolschewiki führte Wladimir Iljitsch Lenin an. Er war ein Anhänger der Lehren von Karl Marx und Friedrich Engels. Lenin wollte die russischen Verhältnisse durch eine Revolution verändern. Die Menschewiki, die gemäßigten Sozialdemokraten, sahen in schrittweisen Reformen zur Verbesserung der Lage der Arbeiter ihr politisches Ziel. Sie traten für demokratische Grundsätze ein.

M3 Wladimir Iljitsch Lenin (1870–1924). Gemälde von 1930.

Bolschewiki: Partei der Mehrheitler.
Menschewiki: Partei der Minderheitler.

ARBEITSAUFTRÄGE

1. Schildere die Ereignisse des „Blutsonntages" in Petersburg.
2. Nenne Ziele, die das Volk mit seiner Bittschrift verfolgte.
3. Beschreibe die in M1 dargestellte Situation.
4. Begründe die Vorgehensweise des Zaren gegenüber den Demonstranten.
5. Vergleiche mithilfe von Q2 die Rechte des Zaren und der Duma, die in der Verfassung festgeschrieben waren.
6. Diskutiert die Folgen der Spaltung der Arbeiterpartei in Bolschewiki und Menschewiki.

zu 1.
Die Unzufriedenheit des Volkes nahm zu, weil … Am 9. Januar 1915 zogen daher … Sie wollten …

zu 2.
Nutze dazu Q1. Erläutere insbesondere, warum sich die Arbeiter als Sklaven fühlten.

Die Oktoberrevolution

Das Ende der Zarenherrschaft

Seit Beginn des Ersten Weltkrieges war Zar Nikolaus II. Oberkommandierender der Armee. Aus der Sicht des Volkes war der Zar für die militärischen Niederlagen verantwortlich. Anfang 1917 erhielten die Soldaten den Befehl, auf streikende Petersburger Rüstungsarbeiter zu schießen. Statt den Befehl auszuführen, verbündeten sich die Soldaten aber mit den Arbeitern, stürmten die Waffenlager und besetzten öffentliche Gebäude. Die Beamten des Zaren leisteten keinen Widerstand. Am 3. März 1917 dankte Zar Nikolaus II. ab und die Zarenherrschaft war beendet.

Die Doppelherrschaft

provisorisch: vorläufig.
Sowjet: russischer Begriff für Rat, staatliches oder gesellschaftliches Organ der Regierung in der ehemaligen UdSSR.

In dieser Situation bildeten die Abgeordneten der Duma eine provisorische Regierung. Die Mehrheit der Parlamentsmitglieder waren wohlhabende Bürger, wie Fabrikherren, Journalisten, Rechtsanwälte und Bankbesitzer. Sie wollten den Krieg gegen Deutschland weiterführen. Dagegen revoltierten die Arbeiter und Soldaten. In den Städten bildeten sie sogenannte Sowjets. Diese Räte riefen im Namen der Arbeiter und Bauern eine eigene Regierung aus. Es entstand eine Doppelherrschaft, die der Provisorischen Regierung auf der einen und die der Räte auf der anderen Seite.

Lenin und die Sowjets

Der Führer der Bolschewiki, Lenin, erfuhr von den Ereignissen in seinem Exil in der Schweiz. Er kehrte umgehend nach Russland zurück und verkündete im April 1917 in Petersburg die sozialistische Weltrevolution. Die Räte und Lenin griffen immer stärker die Politik der Provisorischen Regierung an. Sie versprachen die schnelle Beendigung des Krieges. Die Zahl ihrer Anhänger wuchs stetig.

Im Juni 1917 scheiterte eine Offensive der russischen Armee, woraufhin sich diese aufzulösen begann. Im August bereitete Lenin den Aufstand vor, weil sich die Machtverhältnisse zugunsten der Räte geändert hatten.

M1 Sturm auf das Winterpalais. Gemälde, 1917.

Der „Rote Oktober"

Am 7. November 1917 besetzten Soldaten und Matrosen der Räte alle wichtigen Straßenzüge in Sankt Petersburg. Das Signal zum Sturm auf das Winterpalais des Zaren, den Sitz der Provisorischen Regierung, gab der Panzerkreuzer „Aurora". Das Palais wurde umstellt, mit schweren Geschützen beschossen und nach Mitternacht von den Soldaten erstürmt. Die Minister der Provisorischen Regierung wurden verhaftet. Das Revolutionskomitee erklärte, dass es die Regierungsgewalt in Russland übernommen habe.

Auf dem folgenden 2. Allrussischen Rätekongress wurde der Rat der Volkskommissare unter Führung von Lenin bestätigt.

In Russland galt bis 1918 der julianische Kalender. Nach unserer Zeitrechnung fanden die revolutionären Ereignisse am 25. Oktober statt. Von diesem Datum leitet sich die Bezeichnung „Oktoberrevolution" her.

M2 Panzerkreuzer „Aurora".

Erste Maßnahmen

Der Rat der Volkskommissare leitete eine Vielzahl von Maßnahmen zur Veränderung der russischen Gesellschaft ein. Das „Dekret über den Frieden" und der Friedensvertrag von Brest-Litowsk mit den Mittelmächten gehörten zu den ersten Amtshandlungen. Das „Dekret über den Grund und Boden" enteignete die russischen Großgrundbesitzer entschädigungslos. Deren Land wurde an die verarmten Bauern verteilt. Im Dezember 1917 fanden die Wahlen zur verfassungsgebenden Versammlung statt.

Dekret: Gesetz.

ARBEITSAUFTRÄGE

1. Nenne den Anlass der Oktoberrevolution.

2. Schildere den Verlauf der Revolution und fasse deren Ergebnisse zusammen.

3. Erläutere die Rolle Lenins während der Ereignisse 1917.

4. Erkläre die ersten Maßnahmen der neuen Regierung und ihre Wirkung auf die wirtschaftlichen Verhältnisse im Land.

5. Noch heute bestehen Denkmäler, die an die Ereignisse der Oktoberrevolution erinnern. Der Panzerkreuzer „Aurora" ist nach wie vor eine Gedenkstätte. Diskutiert mögliche Gründe dafür.

zu 2.
Die Regierung wurde von … übernommen. Als erste Maßnahmen … Diese Maßnahmen waren der neuen Regierung besonders wichtig, weil …

zu 3.
Überlege, auf welche Weise es Lenin gelang, sich gegen die Provisorische Regierung durchzusetzen.

Die Verteidigung der Revolution

Die Revolutionsgegner formieren sich

Lenins Revolution war eingeleitet, gewonnen war sie noch nicht. Verschiedene Kräfte wollten einen Erfolg verhindern.

Nach dem Frieden von Brest-Litowsk wollten die Alliierten eine weitere deutsch-sowjetische Annäherung verhindern. Zudem sahen sie mit den Ergebnissen der Oktoberrevolution ihre Interessen in Russland gefährdet und wollten diese rückgängig machen. Daher rückten sie in Russland ein und besetzten strategisch wichtige Flottenstützpunkte.

Dazu kamen die Freiheitsbestrebungen der westlichen Völker des Reiches: der Polen, der Litauer, der Letten, der Esten, der Finnen sowie der Ukrainer. Sie hofften, von Russland unabhängig zu werden. Das Selbstbestimmungsrecht aller Völker, das der amerikanische Präsident Wilson verkündet hatte, war ihr gemeinsames Ziel im Kampf.

Alliierte: die gegen Deutschland verbündeten Mächte im Ersten Weltkrieg.
Weiße: Gegner der Oktoberrevolution.
Rote: Kämpfer für die Oktoberrevolution.

Die Gegner im eigenen Land

Im Land selbst gab es weitere Gegner: die Generäle, die Grundbesitzer, die bürgerlichen Schichten, alle, die nach dem Umsturz enteignet waren und das alte System wiederherstellen wollten. Am 18. Januar 1918 ließ Lenin die verfassungsgebende Nationalversammlung gewaltsam auflösen. Als Begründung für seine Entscheidung gab er an, dass sie die Interessen der Mehrheit des Volkes nicht mehr vertreten würde. Dabei waren die Wahlergebnisse vom November 1917 zugunsten der demokratischen Kräfte ausgefallen.

Der Aufbau der „Roten Arbeiter- und Bauernarmee“

Ein Bürgerkrieg brach aus, der bis 1921 dauerte. Während des Krieges schufen die Bolschewiki die „Rote Armee“, eine Armee aus Arbeitern und Bauern. Der Kampfgefährte Lenins, Leo Trotzki, wurde mit deren Aufbau betraut. Er sollte aus der im Januar 1918 gegründeten Freiwilligenarmee eine schlagkräftige Truppe machen. Dazu wurden ehemalige Offiziere des Zaren eingestellt und die allgemeine Wehrpflicht wieder eingeführt. So wuchs die Armee von 200000 Soldaten im Jahre 1918 auf 5,5 Millionen Soldaten 1920 an. Den „Roten“ standen die Truppen der „Weißen“ – verschiedene Gegner der Bolschewiki im Land – gegenüber. Sie erhielten Waffenlieferungen und militärische Unterstützung für den Bürgerkrieg durch England, Frankreich und die USA. Damit wurden sie neben den englischen und französischen Truppen zu einem weiteren starken Gegner der „Roten Armee“.

M1 Lagebesprechung bei den Weißgardisten. Foto, um 1920.

Der Bürgerkrieg tobt

In diesem Krieg gab es auf beiden Seiten brutalen Terror, der auf dem Rücken der russischen Bevölkerung ausgetragen wurde. Neben Misshandlungen und der Ermordung von gefangenen Soldaten gab es auch zahlreiche Opfer unter der Zivilbevölkerung. Wer der Feindunterstützung verdächtigt wurde, musste mit Folter und dem Tod rechnen. Es wurde geplündert und die Soldaten brannten Dörfer und Städte nieder. Die Abgaben, die die Bauern an die „Rote Armee“ und die Städte zu leisten hatten, waren so hoch, dass kaum etwas zum Überleben blieb. Hunger, Not und Elend bestimmte weiterhin den Alltag der Menschen.

Die Gründung der UdSSR

Der Bürgerkrieg hat etwa fünf Millionen Menschen das Leben gekostet. Lenin und seine Bolschewiki setzten sich mit grausamer Härte gegen ihre Gegner durch. Nur die Freiheitsbestrebungen der meisten westlichen Völker des Zarenreiches waren erfolgreich.

Im Jahr 1922 wurde Russland in die Union der Sozialistischen Sowjetrepubliken (UdSSR) umbenannt. Moskau wurde zum Regierungssitz.

M2 Der Bürgerkrieg in Russland 1918–1921.

→ zu 1.

Inland	Westliche Völker
– Generäle	– ...
– Grundbesitzer	– ...
– Unternehmer	– ...
Ziele: ...	– ...
	– ...
	– ...
	Ziele: ...

Bolschewiki

...
– ...
– ...
– ...
Ziele: ...

Nutze die Pfeile ⟶ ⟵, um zu zeigen, wer sich miteinander in Konflikt befand. Kennzeichne mit solch einem Pfeil ⟷, welche Gruppen einander unterstützten.

ARBEITSAUFTRÄGE

1. a) → Stelle die Gegner der Revolution in einem Schaubild dar.
b) → Ordne die Ziele der Gegner in das Schaubild ein.

2. → Erläutere die Folgen des russischen Bürgerkrieges.

3. ⇨ Diskutiert über mögliche Spannungsfelder, die aus dem Zusammenschluss zur UdSSR erwachsen sein könnten.

→ zu 2.
Die Zivilbevölkerung litt unter dem Bürgerkrieg, weil ... Auch Soldaten wurden ... 1922 wurde ...

Die Revolution 1918/1919 in Deutschland

Im Herbst 1918 begannen die Waffenstillstandsverhandlungen zwischen den Mittelmächten und der Entente zur Beendigung des Ersten Weltkrieges. Dennoch sollte die deutsche Hochseeflotte nach dem Willen ihrer Offiziere einen letzten Kampf gegen England bestehen. Aber die Matrosen weigerten sich, zu einem aussichtslosen Seegefecht auszulaufen. Daraufhin kam es zu gewaltsamen Auseinandersetzungen zwischen den Soldaten und Offizieren. Als sich auch Arbeiter den Aufständischen anschlossen und zum Generalstreik aufriefen, erfasste eine Welle revolutionärer Kämpfe weitere Städte in ganz Deutschland. Überall bildeten sich Arbeiter- und Soldatenräte, die ihre Forderungen durchsetzen wollten.

M1 Die Ausbreitung der Revolution in Deutschland 1918.

Die Abdankung des Kaisers

Die Arbeiter- und Soldatenräte forderten nicht nur ein Ende des Krieges, sondern auch die Abdankung des Kaisers. Weiterhin wurden die Rufe nach Demokratie und der Bildung einer Republik laut. Immer mehr Menschen wollten auch eine Räteregierung nach dem Vorbild Russlands.

Da der Kaiser Wilhelm II. seine Macht nicht freiwillig aufgab, verkündete der Reichskanzler Prinz Max von Baden am 9. November 1918 ohne Zustimmung dessen Rücktritt. Er ernannte Friedrich Ebert zum neuen Reichskanzler. Mit ihm hofften führende Politiker der alten Regierung, die Parteien, Adlige sowie auch viele Angehörige des Großbürgertums, ihre Macht zu erhalten und eine neue Regierung bilden zu können. Ebert erhielt dieses Amt, weil er der stärksten im Reichstag vertretenen Partei, der SPD, vorstand. Die linken Sozialdemokraten forderten den Aufbau einer sozialistischen Republik. Ebert und die gemäßigten Sozialdemokraten sahen die Bildung einer parlamentarischen Republik als ihr Ziel an. Dabei stand die Wahl einer verfassungsgebenden Nationalversammlung im Vordergrund.

sozialistische Republik: Staatsform, in der die Ideen von Karl Marx und Friedrich Engels verwirklicht werden sollten.
parlamentarische Republik: Staatsform, mit einem vom Volk gewählten Parlament als verfassungsgebendes Organ, Parlament und Regierung sind in ihren Entscheidungen voneinander abhängig.
verfassungsgebende Nationalversammlung: gewählte Volksvertretung, die mit der Ausarbeitung einer Verfassung beauftragt ist.

Zwei Republiken werden ausgerufen

Unmittelbar nachdem Ebert das Amt des Reichskanzlers übertragen bekommen hatte, wurde ohne sein Wissen am 9.11.1918 gleich zweimal eine deutsche Republik ausgerufen.

Q1 Gegen 14:00 Uhr rief der SPD-Politiker Scheidemann die Republik aus:

Das deutsche Volk hat auf der ganzen Linie gesiegt. Das alte Morsche ist zusammengebrochen; der Militarismus ist erledigt! Die Hohenzollern haben abgedankt! Es lebe die deutsche Republik! Der Abgeordnete Ebert ist zum Reichskanzler ausgerufen worden. Ebert ist damit beauftragt worden, eine neue Regierung zusammenzustellen. Dieser Regierung werden alle sozialistischen Parteien angehören. Jetzt besteht unsere Aufgabe darin, diesen glänzenden Sieg ... nicht beschmutzen zu lassen, und deshalb bitte ich Sie, sorgen Sie dafür, dass keine Störung der Sicherheit eintrete.

Q2 Zwei Stunden später rief der linke Politiker Karl Liebknecht ein weiteres Mal eine deutsche Republik aus:

Der Tag der Revolution ist gekommen. Wir haben den Frieden erzwungen. Der Friede ist in diesem Augenblick geschlossen. Das Alte ist nicht mehr. Die Herrschaft der Hohenzollern ... ist vorüber. In dieser Stunde proklamieren wir die freie sozialistische Republik Deutschland. ...
Wir müssen alle Kräfte anspannen, um die Regierung der Arbeiter und Soldaten aufzubauen und eine neue staatliche Ordnung des Proletariats zu schaffen, eine Ordnung des Friedens, des Glücks der Freiheit unserer deutschen Brüder und unserer Brüder in der ganzen Welt. Wir reichen ihnen die Hände und rufen sie zur Vollendung der Weltrevolution auf.

M2 Philipp Scheidemann ruft die Republik aus. Foto, 1918.

Die Nationalversammlung tagt in Weimar

Im Januar 1919 fanden Wahlen zur Nationalversammlung statt. Dabei galt das allgemeine, gleiche, geheime und direkte Wahlrecht für das gesamte deutsche Volk. Bei dieser Wahl trugen die Befürworter der parlamentarischen Republik den eindeutigen Sieg davon.

Die konstituierende Sitzung der Nationalversammlung fand in Weimar statt, um den Unruhen und Krawallen in Berlin zu entgehen. Die ersten Aufgaben der Nationalversammlung bestanden in der Ausarbeitung einer bürgerlichen Verfassung und im Abschluss eines Friedensvertrages.

ARBEITSAUFTRÄGE

1. Beschreibe die Ausbreitung der Revolution anhand von M1.
2. ⇥ Schildere den Verlauf der Revolution bis zur Abdankung des Kaisers.
3. ⇥ Begründe die Ausrufung von zwei deutschen Republiken.
4. ⇨ Diskutiert über mögliche Folgen der zweifachen Ausrufung der Republik.

⇥ zu 2.
Wähle historische Daten aus und ordne sie chronologisch.

⇥ zu 3.
Beachte die politischen Richtungen.

Der Versailler Vertrag

Vom Waffenstillstand zum Friedensvertrag

Am 11. November 1918 unterschrieben die deutschen Unterhändler den Waffenstillstandsvertrag zur Beendigung des Ersten Weltkrieges. Danach begannen die Siegermächte ohne deutsche Beteiligung über die Bestimmungen eines Friedensvertrages zu verhandeln. Sechs Monate später wurden die Vertreter des deutschen Staates in Versailles von den Alliierten empfangen. Am 28. Juni 1919, dem 5. Jahrestag des Attentats von Sarajewo, unterschrieben die Vertreter der USA, Frankreichs, Großbritanniens und Deutschlands den Friedensvertrag von Versailles.

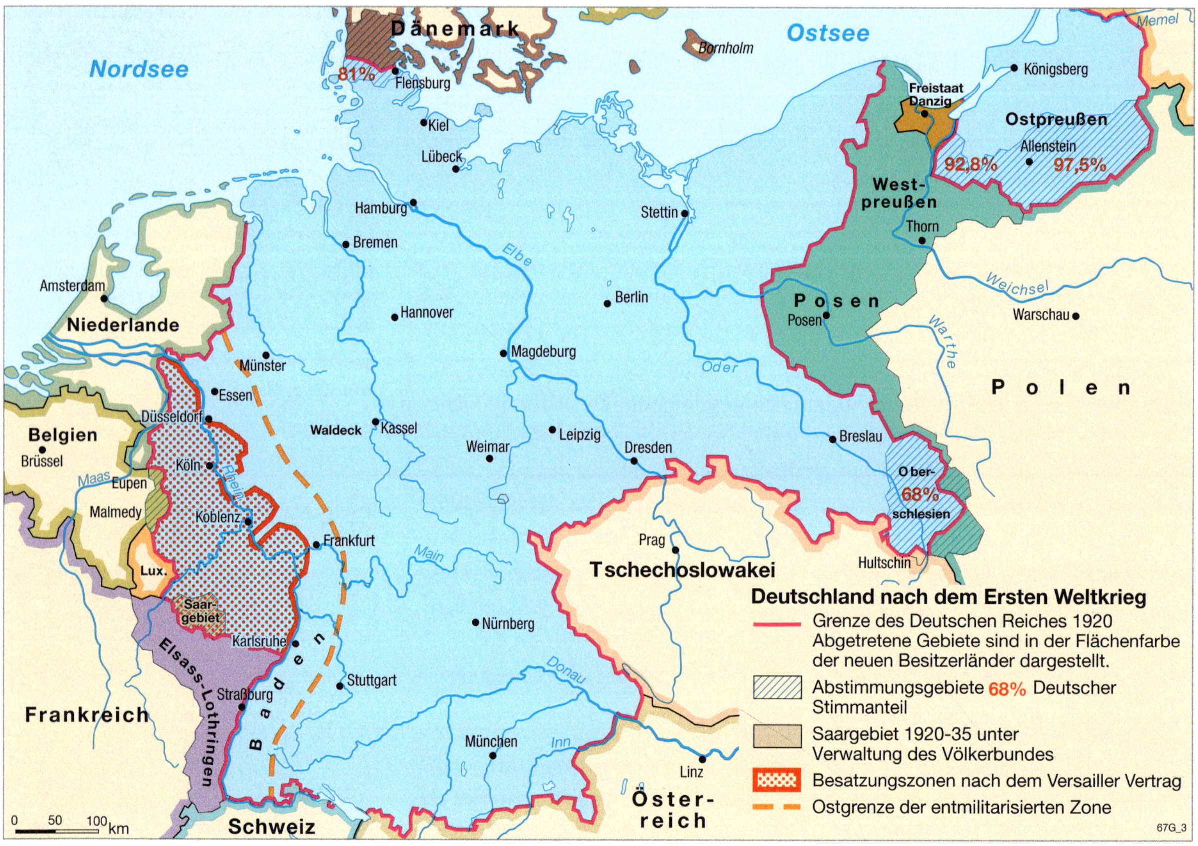

M1 Territoriale Veränderung Deutschlands nach dem Versailler Vertrag.

Die Bestimmungen des Versailler Vertrages

Der Versailler Vertrag zwang Deutschland zur Abtretung zahlreicher Gebiete und untersagte eine Vereinigung mit Österreich. Durch die Gebietsabtretungen verlor Deutschland neben wichtigen Rohstoffvorkommen und Industriestandorten auch landwirtschaftliche Anbauflächen. Der Vertrag begrenzte die deutsche Armee auf 100 000 Soldaten und verbot die allgemeine Wehrpflicht sowie den Besitz jeglicher schwerer Waffen wie Flugzeuge, Schlachtschiffe, U-Boote, Artillerie und Panzer. Weiterhin wurde Deutschland zur Wiedergutmachung der im Krieg entstandenen Schäden, zu Reparationen in Form von Geldzahlungen, Sachleistungen und Warenlieferungen verpflichtet. Die genaue Höhe der Leistungen blieb zunächst noch offen. Die Vertragsbestimmungen lösten in Deutschland heftige Proteste aus.

Der Paragraph 231

Dieser grundlegende Paragraph wies die Kriegsschuld einseitig Deutschland und den Mittelmächten zu. Deutschland musste damit anerkennen, dass es für alle Schäden verantwortlich war, die durch den Krieg entstanden waren. Es wurde zur Wiedergutmachung verpflichtet, zu Reparationen in Form von Geldzahlungen, Sachleistungen und Warenlieferungen. Die genaue Höhe der Reparationszahlungen bestimmten die Siegermächte in weiteren Verhandlungen.

„Der Friedensvertrag sei das Todesurteil"

Die Oberste Heeresleitung sah keine Möglichkeit, sich der Unterzeichnung mithilfe militärischer Gewalt zu widersetzen. Somit hatte die deutsche Regierung keine Alternative und musste den Vertrag unterschreiben. Die Nationalversammlung reagierte tief empört auf den Versailler Vertrag und löste sich auf.

Q1 Der Unternehmer und Politiker Walther Rathenau sagte über den Versailler Vertrag:

Deutschland gerät in einen Zustand gleich nach dem Dreißigjährigen Kriege. Es wird politisch schwach, industriell vernichtet sein. Ein Viertel der Bevölkerung wird entweder hungers sterben oder zur Auswanderung gezwungen sein. …
Berlin und die anderen größeren Städte werden verfallen und sich langsam mit Staub bedecken; die Mauern werden Risse zeigen, die Straßen bekommen Löcher, nichts wird instand gehalten …

Q2 Der sozialdemokratische Reichskanzler Phillip Scheidemann äußerte sich wie folgt:

Der Vertrag ist unerträglich und unerfüllbar. Welche Hand müsste nicht verdorren, die sich und uns in solche Fesseln legte?

Q3 Der Journalist Ernst Troeltzsch schrieb über den Vertrag:

Wo vor Kurzem noch überspannter Optimismus herrschte, grassiert nun schiere Verzweiflung: Armut, … verhüllte Fremdherrschaft …

M2 Deutsches Plakat zu den Beschlüssen der Friedenskonferenz von Versailles, 1919.

M3 Kundgebung in Berlin 1919. Demonstranten protestieren gegen den Versailler Vertrag.

ARBEITSAUFTRÄGE

1. Nenne wesentliche Bestimmungen des Versailler Vertrages.
2. Analysiert die Karte M1 und beschreibt die territoriale Neuordnung Europas.
3. Erläutere die deutsche Haltung zum Versailler Vertrag.
4. Erkläre den Begriff „Gewaltfrieden" im Zusammenhang mit dem Versailler Vertrag.
5. Diskutiert, inwieweit der Versailler Friedensvertrag den Frieden in Europa langfristig sichern konnte.

zu 3.
Nutze Q1 – Q3 und M2.

zu 4.
Nutze die Friedensbestimmungen.

Deutschlands Weg aus der Isolation

Der Erste Weltkrieg und seine Auswirkungen auf Europa

Die im Versailler Friedensvertrag beschlossenen Friedensbedingungen trafen das deutsche Volk politisch und wirtschaftlich hart. Die gewählten Vertreter der Weimarer Republik versuchten u.a. die Reparationszahlungen und die Festlegungen zur Besetzung des Ruhrgebietes zu mildern, um die wirtschaftliche Lage zu verbessern. Trotz dieser Bemühungen blieb Deutschland außenpolitisch isoliert. Die USA zogen sich nach dem Krieg aus Europa zurück. Großbritannien verfolgte das Ziel eines politischen Gleichgewichtes in Europa. Frankreich hingegen wollte Deutschland weiterhin politisch und wirtschaftlich isolieren, damit die Sicherheit des eigenen Landes gegeben war. So kam es zu keiner eindeutigen politischen Haltung im Umgang mit Deutschland. Durch das Verbot des Eintrittes in den Völkerbund war Deutschland nicht in der Lage, die Isolation zu durchbrechen.

Völkerbund: Organisation zur Sicherung des Friedens und der Völkerverständigung, die nach dem Ersten Weltkrieg 1920 gegründet wurde.

Ähnlich erging es Sowjetrussland, das den Sozialismus aufbauen wollte. Auch dieses Land isolierten die Siegermächte außenpolitisch, um ein Übergreifen der politischen Veränderungen auf ihre Länder zu verhindern.

Q1 Lenin auf einer Rede vor dem allrussichen Gesamtkongress im Dezember 1920 über die sowjetrussisch-deutschen Beziehungen:

Dieses Land, das durch den Versailler Vertrag gebunden ist, lebt unter Bedingungen, die es ihm nicht erlauben zu existieren. Und in dieser Lage wird Deutschland natürlicherweise zu einem Bündnis mit Russland gedrängt. ... Unsere Außenpolitik besteht – solange wir noch allein sind und die kapitalistische Welt stark ist – in dem Zwang, Uneinigkeiten auszunützen. Unsere Existenz hängt erstens von dem Bestehen einer radikalen Spaltung und zweitens von der Tatsache, dass der Sieg der Entente und der Versailler Frieden die große Mehrheit der deutschen Nation in eine Lage geworfen hat, in der sie nicht leben kann ... Die deutsche Bourgeois-Regierung hasst die Bolschewisten tödlich, aber die Interessen der internationalen Lage treiben sie gegen ihren eigenen Willen zum Frieden mit Russland.

Die Annäherung an die Sowjetunion

M1 Treffen der deutschen und sowjetischen Delegation in Rapallo (Italien), Foto, 1922.

Im Jahr 1922 schlossen die Weimarer Republik und Sowjetunion in Rapallo einen Vertrag. In diesem wurde die Aufnahme diplomatischer Beziehungen, der Verzicht auf Kriegsentschädigungen, die Aufnahme militärischer und die Verbesserung der wirtschaftlichen Kontakte festgeschrieben. Deutsche Industrieanlagen sollten zur Betreibung der Ölfelder von Baku geliefert werden und Deutschland verpflichtete sich, Ölprodukte zu vermarkten. Dieser Vertrag war politisch außergewöhnlich, da damit der kommunistische Staat anerkannt wurde. 1926 bekräftigten beiden Staaten nochmals ihre Zusammenarbeit.

Der Versailler Vertrag verbot Deutschland außerdem den Besitz schwerer Waffen und den Aufbau einer Luftwaffe. Auf dem Gelände einer Flugzeugfabrik in der Nähe von Moskau testeten die Deutschen ihre Neuentwicklungen und umgingen so das Verbot.

Die Annäherung im Westen

Der deutsche Außenminister Gustav Stresemann bemühte sich um eine Verbesserung im politischen Verhältnis mit den Alliierten. Die Außenminister Frankreichs und Großbritanniens, Aristide Briand und Joseph Austen Chamberlain reagierten auf die „Friedensoffensive" positiv. Im Jahr 1925 kam es zur Konferenz von Locarno. Vertreter Belgiens, Italiens, Polens und der Tschechoslowakei waren weitere Teilnehmer. Im Vertrag erkannten die Unterzeichner die bestehenden Grenzen im Westen an. Die Entmilitarisierung der deutschen Gebiete links des Rheines und die Besetzung des Ruhrgebietes bis 1935 wurden darin festgelegt. Weiter vereinbarten die Staaten, dass alle Grenzen im Osten nur friedlich verändert werden können. Auf Beschluss wurde Deutschland nach der Konferenz von Locarno 1926 in den Völkerbund aufgenommen. Mit der Unterzeichnung des Vertrages endete für Deutschland die außenpolitische Isolation. Für das Zustandekommen der Verständigung zwischen den Staaten erhielten Phillip Stresemann und Aristide Briand den Friedensnobelpreis.

M2 Verträge von Locarno
Gustav Stresemann (1878–1929) und Aristide Briand (1862–1932) nach der Unterzeichnung der Verträge, Fotografie von 1925.

Q2 Der Parteivorsitzende der SPD, Otto Wels, am 24.11.1925 zu den Verträgen in Locarno:

Wie man zu den Verträgen von Locarno und zu dem Eintritt Deutschlands in den Völkerbund stehen mag, dass fühlt ein jeder: Wir stehen jetzt am Scheidepunkte der europäischen Politik. Es fragt sich jetzt, ob eine neue Welt, in der der Gedanke des Friedens lebendige Kraft haben soll, das Leben der Völker Europas in Zukunft beherrschen wird, oder ob die Mächte, die, auf Gewalt und kriegerische Auseinandersetzung fußend, dem Fortschritt, dem moralischen und materiellen Wiederaufbau den Weg dauernd versperren sollen.

Der Weg aus der wirtschaftlichen Isolation

Eng verbunden mit der Politik der Verständigung war die Frage nach der Neuregelung der Zahlung der Reparationen. Der in den USA entwickelte Dawes-Plan versuchte die Forderungen der Alliierten an die Leistungskraft der deutschen Wirtschaft anzupassen. Er sah neben der Zahlung von Reparationen die Vergabe von Krediten nach Deutschland vor. Der Young-Plan 1929 legte eine jährliche Summe von Reparationen von 2 Milliarden Mark auf 59 Jahre an die Siegermächte fest. Als Gegenleistung wollten die Siegermächte das besetzte Rheinland räumen. Die Einigung darüber sollte allerdings noch bis 1932 andauern.

Dawes- Plan: Entwickelt von Charles Gate Dawes. Darlehnsplan im Wert von 800 Millionen Goldmark zum wirtschaftlichen Wiederaufbau Deutschlands mit dem Ziel die Reparationsforderungen der Alliierten aus dem Ersten Weltkrieg zu erfüllen.

ARBEITSAUFTRÄGE

1. Erkläre das Kräfteverhältnis nach dem Ende des Ersten Weltkrieges.

2. a) Nenne Ursachen für die Isolation der Weimarer Republik und der Sowjetunion.
b) Erläutere Gründe für die Annährung der beiden Staaten.

3. Skizziere den Weg der Weimarer Republik aus der wirtschaftlichen und politischen Isolation in Europa.

4. ⇨ Recherchiere, inwieweit sich die BRD heute noch mit Reparationsforderungen aus dem Ersten Weltkrieg auseinandersetzen muss.

Ein Versuch der Verständigung

M1 Der Philosoph Immanuel Kant (1724–1804) formulierte bereits im 18. Jahrhundert den Gedanken eines Völkerbundes zur Sicherung des Friedens. Gemälde von 1791.

Verheerende Kriege erschütterten in der Geschichte immer wieder die Welt. Bereits Philosophen des 18. Jahrhunderts hatten sich über eine Friedensordnung Gedanken gemacht. Immanuel Kant, ein bedeutender deutscher Philosoph, formulierte den Gedanken eines „Völkerbundes". In seiner 1794 veröffentlichten Schrift „Zum Ewigen Frieden" schlug er einen Bund von gleichberechtigten Staaten vor, der dazu dienen sollte, Konflikte ohne Gewalt zu lösen. Damals konnten die Ideen jedoch noch nicht umgesetzt werden.

Die Idee des Völkerbundes wird überdacht

Im 20. Jahrhundert griff der amerikanische Präsident Thomas Woodrow Wilson die Idee Kants erneut auf. Die USA entschieden 1917 mit ihrem Eintritt in den Ersten Weltkrieg den Kriegsverlauf zugunsten der Alliierten. Wilson sah es als seine Aufgabe an, Grundsätze für eine neue Staatenordnung zu entwickeln.

In seiner Rede am 18. Januar 1918 zu den Kriegszielen beim Kriegseintritt der USA, die als „14-Punkte-Programm" bezeichnet werden, schlug er die Gründung einer „Allgemeinen Vereinigung der Nationen", eines Völkerbundes, vor.

Der Völkerbund wird Realität

Der Vorschlag des amerikanischen Präsidenten Wilson zur Gründung des Völkerbundes wurde auf der Pariser Friedenskonferenz angenommen und in die späteren Friedensverträge zur Beendigung des Ersten Weltkrieges aufgenommen. Am 28. April 1919 nahmen die 32 Siegerstaaten die Völkerbundsatzung im Versailler Vertrag an. Am 16. Januar 1920 nahm der Völkerbund seine Arbeit auf.

Der amerikanische Senat verweigerte allerdings seinem Präsidenten Wilson die Zustimmung und somit wurden die USA nie Mitglied des Völkerbundes.

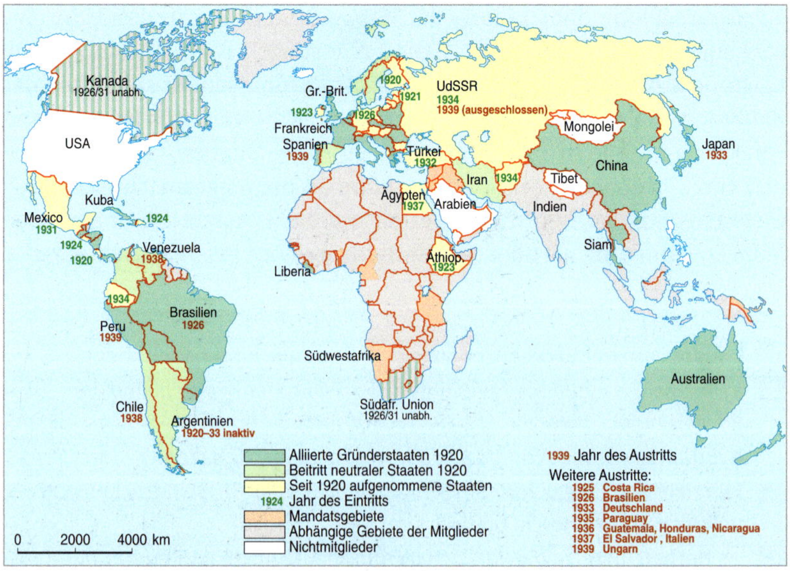

M2 Die Mitgliedsstaaten des Völkerbundes.

M3 Karikatur „Der Völkerbund ... und wie er in Wirklichkeit aussieht."

Der Völkerbund nimmt seine Arbeit auf

Der Sitz des Völkerbundes wurde Genf, deshalb wurde der Völkerbund oft auch als „Genfer Liga" bezeichnet. In den Anfangsjahren seiner Gründung hatte der Völkerbund kleine Erfolge bei der Friedenssicherung zu verzeichnen. Außerdem sammelten die Mitgliedsstaaten erste Erfahrungen in der Auseinandersetzung mit internationalen Problemen wie der beginnenden Aufhebung der Kolonialherrschaft, dem Aufbau der Unterstützung für Flüchtlinge, in der weltweiten Hungerbekämpfung und in der Gesundheitsvorsorge.

Der Völkerbund scheitert

Deutschland konnte erst 1926 in den Völkerbund eintreten. Obwohl Zweidrittel der Staaten der Welt Mitglied waren, traten Staaten wie Japan, Italien und das Deutsche Reich 1934 schon wieder aus. Die neue Weltmacht USA war dem Bund nie beigetreten. Die Sowjetunion hingegen wurde erst 1934 in den Bund aufgenommen.

Für das Scheitern des Bundes sind verschiedene Gründe verantwortlich. Es fehlte dem Bund an der nötigen Zwangsgewalt für die Beschlüsse. Die Satzung beinhaltete nur ein eingeschränktes Gewaltverbot. Kriege konnten nur durch Streitschlichtung verhindert werden.

Der Beginn des Zweiten Weltkrieges musste durch den Völkerbund tatenlos mit angesehen werden. So wurde der Völkerbund seiner Kernaufgabe nicht gerecht.

Q1 Aus der Völkerbundsatzung:

§ 26 Abänderungen der gegenwärtigen Satzung treten mit der Ratifizierung durch die Gesamtheit der im Rate und die Mehrheit der in der Bundesversammlung vertretenen Bundesmitglieder in Kraft.
Jedem Bundesmitglied steht es frei, Abänderungen abzulehnen; in diesem Falle scheidet es aus dem Bunde aus."

ARBEITSAUFTRÄGE

1. Erkläre die Idee des Völkerbundes.
2. Erläutere die Rolle von US-Präsident Wilson für die Gründung des Völkerbundes.
3. → Berichte über die Möglichkeiten und die Bedeutung des Völkerbundes für eine friedliche Auseinandersetzung zwischen den Staaten.
4. → Analysiere die Karikatur M3 und deren Aussagen zur Bedeutung des Völkerbundes. Was stellst du fest?
5. Diskutiert Gründe für das Scheitern des Völkerbundes.
6. ⇨ Informiere dich über gegenwärtige Organisationen mit dem Ziel zur Völkerverständigung.

→ zu 3.
Nutze M2 und Q1.

→ zu 4.
Der Engel symbolisiert den Völkerbund, die Schafe und die wilden Tiere stehen für die Mitgliedsstaaten.

Filme analysieren

Mit der Erfindung der Filmtechnik wurde es möglich, Geschehnisse in bewegten Bildern festzuhalten. Filme zeigen alle Bereiche des Alltags. Menschen drehen Filme, um besondere Erlebnisse und Ereignisse oder den ganz normalen Alltag zu dokumentieren und wieder erlebbar zu machen. Dabei verfolgen die Filmemacher unterschiedliche Ziele. Filme transportieren nicht nur Wissen sondern auch Gefühle. Sie sprechen das Unterbewusstsein an und provozieren bei den Zuschauern Gefühlsäußerungen.

Die Darstellung von Zeitgeschichte in Filmen ist sehr häufig journalistisch aufbereitetet. Filmdokumente werden mit erklärenden und nachgespielten Elementen gemischt. Musik und Kameraführung sollen den Zuschauer besonders ansprechen oder beeinflussen.

Schritte zur Analyse einer Dokumentation

1. → *Inhaltliche Analyse*

- *Sieh die gesamte Dokumentation oder den Ausschnitt aufmerksam an (eventuell mehrmals).*
- *Fasse den Inhalt zusammen.*
- *Benenne wichtige Personen, Orte und Ereignisse.*
- *Notiere die zentrale Aussagen von Sprechern, Zeitzeugen und Erzählern.*
- *Ordne die Dokumentation in den historischen Kontext ein.*

2. → *Gestalterische Analyse*

- *Unterscheide die Gestaltungselemente der Dokumentation (z. B. zeitgenössische Dokumente, Spielszenen, Kommentare, Moderation, Zeitzeugen, Musik, Zitate, Verfremdungen, Standbilder).*
- *Erkläre die Absicht, die mit der gewählten Darstellung erreicht werden soll (z. B. mit Bild, Ton, Farbe, Kameraführung, Filmschnitt, Musik).*

3. → *Beurteilung*

Beurteile den Aussagewert der Dokumentation, z. B.

- *„Was ist historisch belegt, was ist vermutet?"*
- *„Wer ist der Auftraggeber/Autor/Produzent der Dokumentation?"*
- *„Welche Zielsetzung wurde mit Dokumentation verfolgt?"*
- *„Wer ist der Adressat der Dokumentation?"*
- *„Werden Forschungsergebnisse und Quellen eindeutig benannt?"*

„Die Deutschen" – Geschichte interaktiv

Das ZDF begann 2008 mit der Ausstrahlung einer Serie von Dokumentationen zur Geschichte der Deutschen.

Q1 So lädt der Fernsehsender zu dieser Dokumentationsreihe ein:

Reisen Sie durch 1200 Jahre wechselvolle deutsche Geschichte! Erzählt in 20 Filmen, erläutert von Experten und illustriert mit interaktiven Karten. Deutsche Geschichte in wenigen Minuten oder vielen Stunden!

Die Revolution 1918 im Dokumentarfilm

Unter dem Titel „Rosa Luxemburg und die Freiheit“ werden die revolutionären Ereignisse von 1918/1919 in einer Folge der Dokumentation „Die Deutschen“ dargestellt.

__Nachgespielte Szenen__ halten sich selten an genaue Überlieferungen und dienen besonders der Anschaulichkeit.

Kommentare als __erklärende Elemente sind wie gesprochene Sachtexte__ und sollen das Thema erklären und den Zuschauer informieren.

„An den Fronten des Ersten Weltkrieges wird noch immer gestorben, als im Deutschen Kaiserreich die Revolution ausbricht. Dramatische Wochen und Monate, in denen sich entscheidet, welchen Weg Deutschland gehen wird … Doch kurz vor Kriegsende gibt die Leitung der Flotte auf einmal den Befehl, eine letzte große Schlacht zu schlagen, um der Ehre Willen. Die kriegsmüden Matrosen meutern. Sie verlangen ein Ende des Krieges und die Abdankung des Kaisers. Wie ein Flächenbrand breitet sich die Revolution in ganz Deutschland aus.“

__Kameraführung, Farbgestaltung und Musik__ können die Wirkung der Dokumentation auf den Zuschauer beeinflussen.

Zeitgenössische Film- und Bildaufnahmen als dokumentierende Elemente sind wie Quellen zu behandeln und können analysiert werden.

Originalton aus einer __zeitgenössischen Filmaufnahme:__
„Das alte und morsche, die Monarchie ist zusammengebrochen. Es lebe das Neue, es lebe die deutsche Republik.“
Kommentar: Am Mittag des 9. November ruft der SPD-Politiker Philipp Scheidemann am Reichstag die Republik aus. Etwa zwei Stunden später verkündet der Spartakistenführer Karl Liebknecht vor dem Berliner Schloss ebenfalls die Republik. Doch meint er eine sozialistische. Welche der beiden Staatsformen gilt nun?

ARBEITSAUFTRÄGE

1. Erkläre die Funktion verschiedener Gestaltungselemente einer filmischen Dokumentation.
2. Untersuche, inwieweit die vorgestellten bzw. weitere Elemente in der Dokumentation verarbeitet sind.
3. Recherchiere den Ursprung der Bilddokumente unter http://germanhistorydocs.ghi-dc.org/sub_imgs.cfm?section_id=12 .
4. Analysiere die Dokumentation „Gustav Stresemann und die Republik“. Nutze dazu http://www.zdf.de/Die-Deutschen/Gustav-Stresemann-und-die-Republik-5382658.html .

„Sie rührten an den Schlaf der Welt"

Lenin
Er rührte an den Schlaf der Welt
Mit Worten, die Blitze waren.
Sie kamen auf Schienen und Flüssen daher
Durch alle Länder gefahren.

(Text: Johannnes R. Becher)

ARBEITSAUFTRÄGE

1. Gestaltet eine Ausstellung zu „Sie rührten an den Schlaf der Welt".
a) Setzt euch mit den Inhalten der Collage auseinander.
b) Sammelt Informationen über die verschiedenen Persönlichkeiten, die die Zeit nach dem Ersten Weltkrieg maßgeblich beeinflussten.
c) Entscheidet euch für eine historische Persönlichkeit.
d) Gestaltet ihren Lebensweg in einer Zeitleiste.
e) Stellt das Wirken der Persönlichkeit vor.

2. Vergleicht die Lebenswege der Persönlichkeiten in einem Galeriespaziergang.

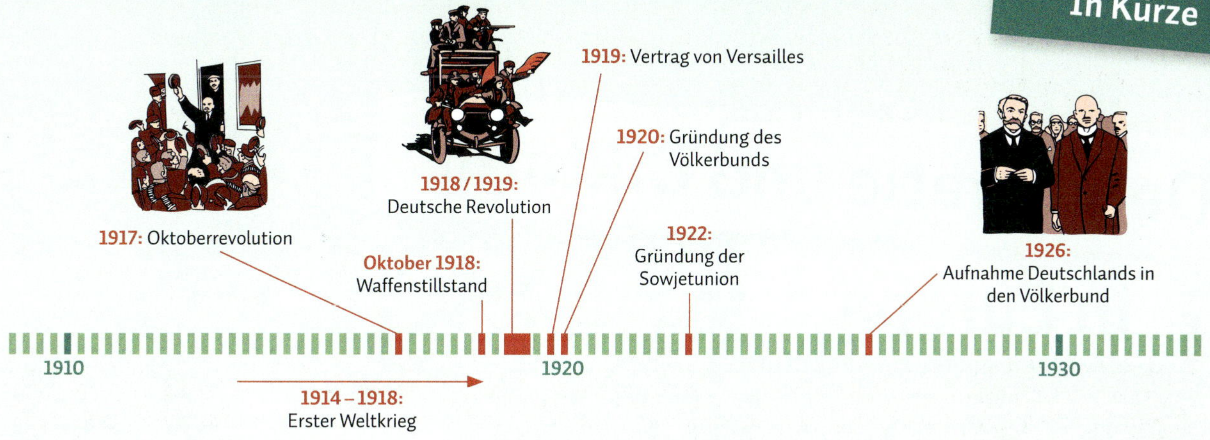

In Kürze:

Die Revolution von 1917 in Russland beendete die Herrschaft des Zaren. Die neu gegründete Regierung erließ als erste Maßnahme das „Dekret über den Frieden" und beendete somit den Ersten Weltkrieg für Russland. In der Oktoberrevolution und dem sich anschließenden Bürgerkrieg setzten sich die Bolschewiki unter der Führung Lenins durch und errichteten die Sowjetunion.

Im Herbst 1918 wehrten sich die deutschen Soldaten und Matrosen gegen das sinnlose Sterben und verweigerten den militärischen Gehorsam, da sie in dem schon längst entschiedenen Ersten Weltkrieg nicht mehr geopfert werden wollten. Es kam zur Deutschen Revolution 1918/1919. Während dieser Revolution dankte der deutsche Kaiser ab.

Zur Beendigung des Ersten Weltkrieges schlossen die Kriegsgegner zunächst einen Waffenstillstandsvertrag. Der Friedensvertrag wurde in Versailles 1919 unterschrieben. In diesem Vertrag wurde die alleinige Kriegsschuld Deutschlands festgeschrieben.

Der neu gegründete Völkerbund sollte die Völkerverständigung vorantreiben und Kriege in Zukunft verhindern.

WICHTIGE BEGRIFFE

Bürgerkrieg
Bolschewiki
Deutsche Revolution 1918/1919
Oktoberrevolution 1917
Lenin
Sowjetunion
„Dekret über den Frieden"
Versailler Vertrag
Völkerbund

Demokratie und Diktatur in Europa

Die Zeit zwischen den beiden Weltkriegen in Europa ist charakterisiert durch Erfahrungen der Menschen mit unterschiedlichen Herrschaftsformen.

Mit der Weimarer Republik entstand aus der Revolution 1918/19 heraus die erste Demokratie auf deutschem Boden, auf deren Tradition auch die Bundesrepublik Deutschland aufgebaut ist.

In der Sowjetunion wurde nach der Oktoberrevolution eine Diktatur der kommunistischen Partei errichtet, die in eine Terrorherrschaft Stalins mündete.

Puzzle-Collage zum Thema Demokratie und Diktatur.

ARTIKEL
48
SPD

M1 Collage zu Demokratie und Diktatur.

Eine Collage

Menschen leben in Staaten unterschiedlicher Herrschaftsformen zusammen. Zwei Grundformen der Herrschaft sind Demokratie und Diktatur. Während in einer Demokratie das Volk in unterschiedlicher Art und Weise die Macht ausübt, herrscht in einer Diktatur eine einzelne Person oder eine Gruppe von Personen mit unbeschränkter Macht. Die Geschichte bietet verschiedenste Ansätze zum Nachdenken über Demokratie und Diktatur.

ARBEITSAUFTRÄGE

1. Nenne Situationen, in denen dir die Begriffe Demokratie und Diktatur begegnet sind.
2. → Informiere dich in verschiedenen Lexika über die Begriffe Demokratie und Diktatur.
3. Ordne die Zitate und Abbildungen den Begriffen Demokratie und Diktatur zu.
4. Erkläre den Inhalt der Zitate und der Abbildungen.
5. ⇨ Erstelle je ein Akrostichon zu Demokratie und Diktatur, in dem jedem Buchstaben der Begriffe ein inhaltlich passendes Wort zugeordnet wird.

→ zu 2.
Informationen findest du auch unter: http://www.hanisauland.de/lexikon/

Die Verfassung der Weimarer Republik

Räterepublik: Staatsform, die unterprivilegierte Bevölkerungsschichten (z. B. Arbeiter, Bauern, Soldaten) direkt an der Macht beteiligt. Gewählte Delegierte bilden einen Rat, der alle Entscheidungsbefugnisse besitzt und ausführende, gesetzgebende und richterliche Gewalt in einer Hand vereinigt. Die Gewaltenteilung ist damit aufgehoben. Die Räte sind ihrer Wählerschaft direkt verantwortlich und jederzeit abwählbar. Das Rätesystem bildet ein Gegenmodell zur parlamentarischen Demokratie.
KPD: Kommunistische Partei Deutschlands (kommunistisch).
USPD: Unabhängige Sozialdemokratische Partei Deutschlands (sozialistisch).
DDP: Deutsche Demokratische Partei (linksliberal).

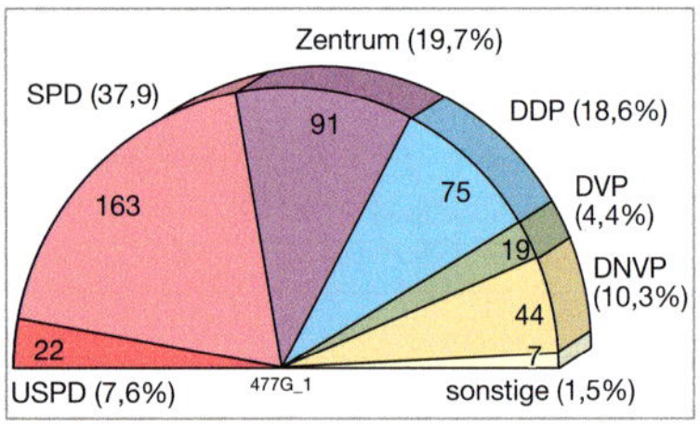

M1 Sitzverteilung in der Nationalversammlung am 19.01.1919.
Die Prozentzahlen geben die Anteile an den Wählerstimmen an.

M2 Der SPD-Politiker Friedrich Ebert war von 1919-1925 Reichspräsident. Foto, 1924.

Eine Revolution stellt die Weichen

Deutschlands militärischer Zusammenbruch im Ersten Weltkrieg, die langjährige Verweigerung innerer Reformen sowie die wirtschaftliche Notlage waren Ursachen für Aufstände im November 1918. Diese Aufstände führten zum Ende der Monarchie und leiteten den Übergang zur parlamentarischen Republik ein.

Meuternde Matrosen und aufständische Arbeiter in Kiel und Wilhelmshaven lösten die Revolution aus, die rasch auf die großen Städte übergriff. Spontan gebildete Arbeiter- und Soldatenräte trieben die Revolution voran. Sie bildeten am 10.11.1918 einen „Rat der Volksbeauftragten“ als Reichsregierung. Der Streit, ob der revolutionäre Weg zu einer Räterepublik oder einer verfassungsgebenden Nationalversammlung führen sollte, wurde im Dezember 1918 zugunsten der parlamentarischen Lösung entscheiden. Während die SPD die Entscheidung befürwortete, verfochten Teile der USPD und die Spartakusgruppe eine Räterepublik.

Die Wahlen zur Nationalversammlung

Der Jahreswechsel 1918/1919 war geprägt vom Wahlkampf aller Parteien für die Wahlen zur Nationalversammlung. Die neu gegründete KPD beteiligte sich nicht. Am 19. Januar 1919 fanden die Wahlen statt. Dabei galt das allgemeine, gleiche, geheime und direkte Wahlrecht für das gesamte deutsche Volk. Zum ersten Mal hatten auch Frauen das Recht zu wählen. Bei dieser Wahl trugen die Befürworter der parlamentarischen Republik den eindeutigen Sieg davon.

Die Konstituierung der Nationalversammlung

Die konstituierende Sitzung der Nationalversammlung fand im thüringischen Weimar statt, um den Unruhen und Krawallen in Berlin zu entgehen. Die ersten Aufgaben der Nationalversammlung waren die Ausarbeitung einer bürgerlichen Verfassung, die Besetzung der Staatsämter und der Abschluss eines Friedensvertrages.

Die demokratischen Parteien schlossen sich zur „Weimarer Koalition“ von SPD, Zentrum und DDP zusammen und bildeten unter dem Reichskanzler Philipp Scheidemann eine Regierung. Am 11. Februar wurde Friedrich Ebert zum ersten Präsidenten der ersten deutschen Republik gewählt.

Q1 Ansprache des Reichspräsidenten Friedrich Ebert am 11. Februar 1919:

... Mit all meinen Kräften und mit voller Hingabe werde ich mich bemühen, mein Amt gerecht und unparteiisch zu führen ... Ich gelobe, dass ich die Verfassung der Deutschen Republik getreulich beachten und schützen werde. Ich gelobe und werde als Beauftragter des ganzen Volkes handeln, nicht als Vormann einer einzelnen Partei.
Ich bekenne aber auch, dass ich ein Sohn des Arbeiterstandes bin, aufgewachsen in der Gedankenwelt des Sozialismus, und dass ich weder meinen Ursprung noch meine Überzeugung jemals zu verleugnen gesonnen bin.

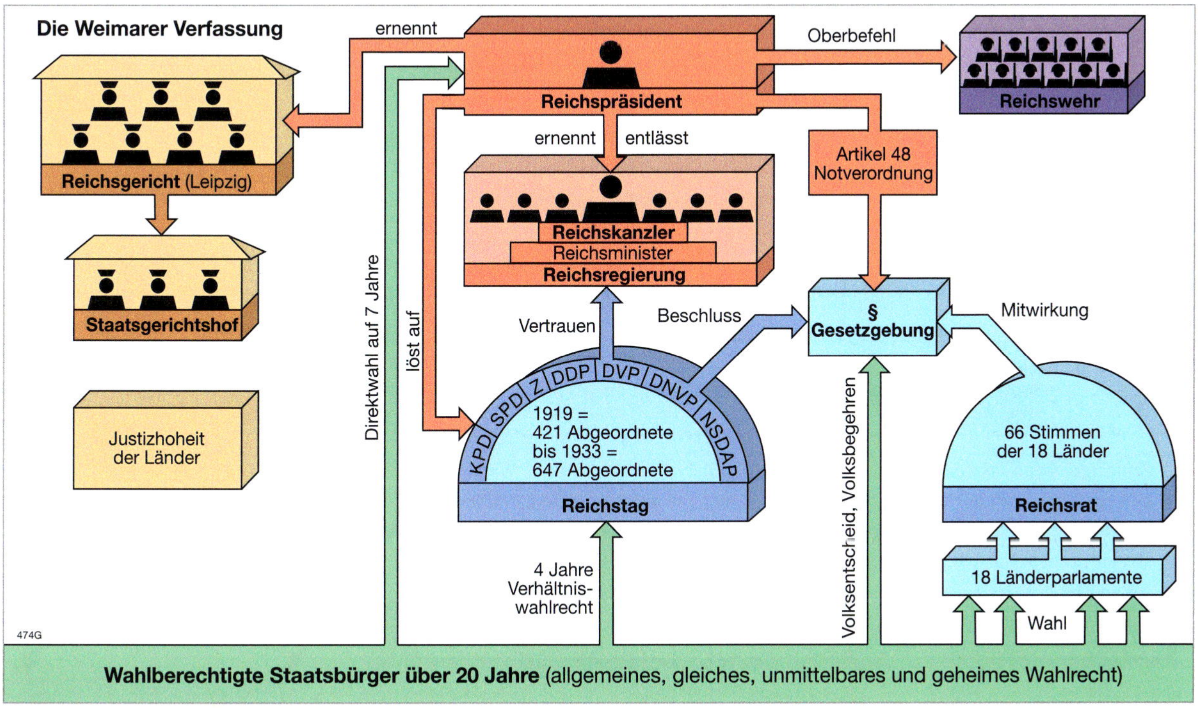

M3 Die Weimarer Verfassung. Das allgemeine Wahlrecht schloss zum ersten Mal in der deutschen Geschichte auch Frauen mit ein.

Die Weimarer Verfassung

In der am 31. Juli 1919 verabschiedeten Verfassung wurden die Gewaltenteilung, das Verhältniswahlrecht, Bürger- und Menschenrechte und die Bundesstaatlichkeit als Grundsätze festgeschrieben. Damit war die erste demokratische Republik auf deutschem Boden entstanden. Eine besondere Bedeutung bekam der Artikel 48, der auch als „Notstandsartikel" bezeichnet wurde.

Q2 Artikel 48 der Weimarer Verfassung:

Der Reichspräsident kann, wenn im Deutschen Reiche die öffentliche Sicherheit und Ordnung erheblich gestört oder gefährdet wird, die zur Wiederherstellung der öffentlichen Sicherheit und Ordnung nötigen Maßnahmen treffen ... Zu diesem Zwecke darf er vorübergehend die ... Grundrechte ganz oder teilweise außer Kraft setzen.

ARBEITSAUFTRÄGE

1. Nenne Gründe für den Ausbruch der Novemberrevolution.
2. Skizziere die Schritte zur Bildung der Nationalversammlung.
3. Erläutere das Zustandekommen des Namens „Weimarer Republik".
4. ⇥ Beschreibe mithilfe von M3 den Staatsaufbau der Weimarer Republik.
5. Begründe die Bezeichnung „Notstandsartikel" für den Artikel 48 der Verfassung.
6. ⇨ Beurteile Gefahren, die sich aus dem Staatsaufbau für die demokratische Republik ergaben.

⇥ **zu 4.**
Beachte die Schritte zur Auswertung eines Schaubildes:
1 Thema des Schaubildes benennen
2 Art des Schaubildes beschreiben
3 Ausgestaltung des Schaubildes beschreiben
4 Informationen verknüpfen
5 Schaubild kritisch hinterfragen

Die Gegner der Republik

Anhänger des alten Kaiserreiches
Sie wollten ihren Kaiser und dessen Reich zurück. Der Erste Weltkrieg war für sie nur durch die Novemberrevolution 1918 / 1919 verloren worden. Die neue Regierung unter Ebert bezeichneten sie als „Novemberverbrecher“ und „Vaterlandsverräter“.

Anhänger des Sozialismus
Um die Jahreswende 1918 / 1919 erhoben sich die Spartakisten, um die Wahlen zur Nationalversammlung zu verhindern. Angehörige der Freikorps ermordeten die Anführer Rosa Luxemburg und Karl Liebknecht. Sie wollten einen sozialistischen Staat nach dem Vorbild der Sowjets errichten. Die Kommunisten bezeichneten die Reichsregierung als „Arbeiterschlächter“ und „Spartakusmörder“.

Die Gegner der

Anhänger eines „Führerstaates“
Diese wollten den Kaiser zwar nicht zurück, aber einen „starken Mann“ an der Spitze des Staates. Sie lehnten die bürgerlich-demokratische Republik ab.

Der Kapp-Lüttwitz-Putsch
Unter der Führung von Generallandschaftsdirektor Kapp und Reichswehrgeneral Lüttwitz wollten Soldaten im März 1920 die Reichsregierung stürzen. Sie besetzten das Regierungsviertel und erklärten Kapp zum Reichskanzler. Ein Generalstreik der Arbeiter im Land ließ den Putschversuch scheitern. Die von Arbeitern gebildete „Rote Armee“ verwickelte die Reichswehr in schwere Kämpfe.

Kommunistische Aufstände 1920 / 1921
Der Aufstand der Arbeiter im Ruhrgebiet erfolgte zunächst zur Abwehr des rechtsgerichteten Kapp-Lüttwitz-Putsches und wurde von unterschiedlichen politischen Schichten getragen. Im Verlauf strebten linksgerichtete Arbeiter einem anderen Ziel entgegen. Sie wollten die „Diktatur des Proletariats“ errichten. Der Aufstand wurde nach Beendigung des Kapp-Lüttwitz-Putsches von Reichswehr und Freikorps niedergeschlagen.

Die „Dolchstoßlegende“

Hindenburg erklärte am 18.11.1919 vor dem Reichstag, dass ein englischer General mit Recht gesagt hatte, dass die deutsche Armee am Ende des Ersten Weltkrieges von hinten erdolcht worden sei. Die Regierung und die Bevölkerung hätten die deutsche Armee in ihrem Kampf gegen die Alliierten nicht länger unterstützt. Alle Gegner der Republik griffen diese „Dolchstoßlegende“ auf. Somit galt die Reichsregierung als „Verräter“ an einem Sieg der Deutschen über die Alliierten.

Politische Morde

Ein Offizier ermordete 1919 auf offener Straße den Journalisten und Vorsitzenden der USPD Kurt Eisner. Matthias Erzberger, Vizekanzler und Finanzminister, wurde 1921 ermordet. Ihm gab man die Schuld an der Unterzeichnung des Versailler Friedensvertrages. Im Juni 1922 ermordeten rechtsradikale Terroristen den Außenminister Walther Rathenau.

Weimarer Republik

Artikel 48 der Weimarer Verfassung

Der Reichspräsident konnte durch den Artikel die bürgerlich-demokratischen Grundrechte ohne Zustimmung des Reichstages außer Kraft setzen, was das Bestehen der Weimarer Republik gefährdete.

Der Hitler-Ludendorff-Putsch

Adolf Hitler wollte in Bayern gemeinsam mit General Ludendorff einen Staatsstreich durchführen. Am 8. November 1923 erklärten sie die Reichsregierung für abgesetzt und riefen eine provisorische deutsche Nationalregierung aus. Die bayrische Polizei beendete den Putsch und Hitler wurde zu fünf Jahren Haft verurteilt. Davon verbüßte er aber nur neun Monate im Gefängnis. Ludendorff wurde von einem Gericht freigesprochen.

ARBEITSAUFTRÄGE

1. Ordne den Gegnern der Weimarer Republik deren politische Richtungen und Ziele zu.
2. Erläutere mögliche Gefahren der „Dolchstoßlegende“.
3. ⇥ Beurteile die Stabilität der Weimarer Republik.
4. ⇨ Gestaltet und präsentiert einen Kurzvortrag zum Thema der Seite.

⇥ zu 3.
Bedenke die historischen Bedingungen für die Entstehung der Republik. Stelle auch Verbindungen zum Staatsaufbau her. Beachte die Anzahl der Gegner.

Die junge Republik in Gefahr

Attentate und Aufstände

Obwohl mit der Weimarer Verfassung die Grundlage für eine demokratische Entwicklung Deutschlands geschaffen wurde, verhinderten gerade in den ersten Jahren Aufstände gegen die Republik und Attentate auf deren führende Vertreter eine Stabilisierung der politischen Verhältnisse.

In den Jahren 1920 und 1923 wurden Putschversuche gegen die junge Republik durchgeführt. Dabei versuchten verschiedene politische Gruppen die Staatsgewalt zu übernehmen.

Republikfeindliche Freikorps wagen den Putsch

Im März 1920 löste der Kapp-Lüttwitz-Putsch eine Staatskrise aus. Anlass des Putsches war eine Verfügung der Regierung, gemäß den Bestimmungen des Versailler Vertrages, die Freikorpsverbände aufzulösen. Mit der Bildung einer neuen Armee, der Reichswehr, begann die Auflösung der Freikorps. Zahlreiche Freikorpsmitglieder, die in der Mehrzahl republikfeindlich eingestellt waren, traten später der rechtsradikalen Formation SA bei.

Freikorps: Ein aus Freiwilligen bestehender Kampfverband, der nicht zur regulären Armee zählt.
SA: Sturmabteilung. Militärisch organisierter Kampfverband der Nationalsozialisten.

Viele Freikorps wollten sich aber nicht entwaffnen und auflösen lassen. Um die Regierung zu zwingen, den Auflösungsbefehl rückgängig zu machen, marschierte die Brigade Erhardt auf Befehl von General Walther von Lüttwitz nach Berlin. Da die neu gebildete Reichswehr zunächst der Reichsregierung den Schutz versagte, floh diese nach Dresden. Wolfgang Kapp, ein Politiker der deutschen Vaterlandspartei, bildete daraufhin eine neue Regierung, in der er selbst das Reichskanzleramt und Lüttwitz das Wehrministerium übernahm.

M1 Putschisten auf dem Pariser Platz vor dem Brandenburger Tor mit der Reichskriegsflagge, Fotografie vom 13.3.1920.

Der Putschversuch scheitert

Die neue Regierung musste bereits nach vier Tagen wieder aufgeben. Ihr fehlte die Unterstützung. Sie konnte weder die Arbeiterschaft noch die Beamtenschaft für sich gewinnen. Ein Generalstreik führte zum Zusammenbruch des Aufstandes. Zwar war damit der Kapp-Lüttwitz-Putsch gescheitert, doch zeigte er deutlich die Gefährdung der Weimarer Republik durch radikale politische Kräfte.

Weitere Republikgegner machen mobil

Den Kern der Republikgegner bildeten einerseits die vaterländischen Verbände, zu denen auch die Nachfolgeorganisation der Freikorps zählten. Andererseits stand die 1920 in München gegründete Nationalsozialistische Deutsche Arbeiterpartei (NSDAP) mit ihrem Führer Adolf Hitler der Republik feindlich gegenüber.

Adolf Hitler versuchte gemeinsam mit General Erich Ludendorff, am 8. und 9. November 1923 in Bayern die Macht an sich zu reißen. Anschließend planten sie, mit einem Marsch auf Berlin die Reichsregierung um Gustav Stresemann zu stürzen. Die bayrische Regierung gab in der Nacht zum 9. November den Befehl zur Unterdrückung dieses Staatsstreiches. Der Marsch der Putschisten durch die Münchner Innenstadt wurde vor der Feldherrenhalle durch die bayrische Polizei gewaltsam aufgelöst.

Der Prozess gegen Hitler

Hitler wurde verhaftet und Anfang April 1924 zusammen mit einigen Mitverschwörern wegen Hochverrats vor Gericht gestellt.

Q1 Folgendes Urteil fällte das Gericht über die am Hitler-Ludendorff-Putsch Beteiligten:

H i t l e r, W e b e r, K r i e b e l, und P ö h n e r
jeder wegen eines Verbrechens des Hochverrats je zu fünf Jahren Festungshaft,
ab bei Hitler vier Monate zwei Wochen, Weber vier Monate // drei Wochen, Kriebel und Pöhner je zwei Monate zwei Wochen Untersuchungshaft,
sowie jeder zur Geldstrafe von Zweihundert Goldmark, Ersatzweise zu je weiteren zwanzig Tagen Festungshaft;
B r ü c k n e r, R ö h m, P e r n e t, W a g n e r und F r i c k
jeder wegen eines Verbrechens der Beihilfe zu einem Verbrechen des Hochverrats zu je einem Jahr drei Monate Festungshaft, ab bei Brückner vier Monate eine Woche, Röhm und Frick je vier Monate drei Wochen, Pernet und Wagner je 2 Monate 3 Wochen Untersuchungshaft, sowie jeder zur Geldstrafe von einhundert Goldmark ersatzweise zu je weiteren zehn Tagen Festungshaft, sowie endlich alle zu den Kosten.
II. L u d e n d o r f f wird von der Anklage einen Verbrechens des Hochverrats unter Überbürdung der ausscheidbaren Kosten auf die Staatskasse freigesprochen.
III. Die Haftanordnungen gegen Frick, Röhm und Brückner werden aufgehoben.

M2 Aufruf der Hitler-Ludendorff-Putschisten, 9. November 1923.

Der Richter behandelte die Putschisten außerordentlich milde. Adolf Hitler wurde aus der Festungshaft schon nach einigen Monaten wieder entlassen. Während er in Landsberg einsaß, schrieb er „Mein Kampf“, ein Buch, in dem er seine politischen Ziele offenbarte. Zu diesem Zeitpunkt hatten die Nationalsozialisten die Ergebnisse des Putschversuches bereits für ihre Propagandazwecke uminterpretiert. Die NSDAP, die nach dem gescheiterten Putschversuch vorübergehend verboten wurde, machte den 9. November später zu einem Feiertag der Partei.

Ende 1923 hatte die junge Demokratie ihre bislang schwersten Herausforderungen überstanden. Dauerhaft gesichert war sie allerdings noch nicht.

ARBEITSAUFTRÄGE

1. Schildere den Verlauf des Kapp-Lüttwitz-Putsches und des Hitler-Ludendorff-Putsches.

2. Begründe, inwiefern dir die Urteile im Prozess gegen die Beteiligten am Hitler-Ludendorff-Putsch gerecht erscheinen.

3. Beurteile, inwiefern die junge Demokratie durch diese Aufstände in Gefahr war.

4. ⇨ Vergleiche den Kapp-Lüttwitz-Putsch und den Hitler-Ludendorff-Putsch nach selbst gewählten Kriterien.

Das Jahr der Inflation – 1923

Die enorme Höhe der Reparationszahlungen und Warenlieferungen aus dem Versailler Friedensvertrag verschärften die ohnehin angespannte wirtschaftliche Lage des Landes zu Beginn des Jahres 1923. Die ständigen Unruhen und Streiks lähmten die Wirtschaft, sodass dem Staat geringere Steuern zuflossen. Aus den Steuereinnahmen mussten aber die hohen Kriegsschulden beglichen sowie die Kriegswaisen und Witwen, die Kriegsversehrten, die Alten und Erwerbslosen versorgt werden.

Der Wert des Geldes sinkt

Als Ausweg aus der Situation ließ die Reichsregierung mehr Papiergeld drucken. Aber die Goldreserven, die die Banknoten vor dem Krieg deckten, waren aufgebraucht. Das vermehrte Papiergeld besaß keine Deckung und verlor an Wert. Im Jahre 1913 entsprach ein Dollar einem Wert von 4,20 Mark. Im November 1923 kostete ein Dollar 4 200 000 000 Mark.

Deckung: Man spricht von Währungsdeckung, wenn die Summe des umlaufenden Geldes vollständig den Werten der Edelmetalle oder Fremdwährungen entspricht, die im Besitz der eigenen Notenbank sind.

Die Notenpresse konnte mit der Geschwindigkeit der Entwertung nicht mehr Schritt halten. Der Wert der Geldscheine wurde durch Aufdruck zum Beispiel in Milliarden-Markscheine umbewertet.

M1 Geldschein aus der Zeit der Inflation.

Das Leben der Menschen verändert sich

Die Geldentwertung stieg 1923 so rasch an, dass jede Woche und schließlich sogar jeden Tag Löhne und Preise neu festgesetzt werden mussten. Im Herbst zahlten die Betriebe und Fürsorgestellen jeden Nachmittag das Geld aus. Kinder und Mütter standen schon an der Straßenecke bereit, um das Geld der Väter und Männer sofort in Ware umzusetzen, da es bereits am nächsten Tag so gut wie wertlos war.

Im November musste ein Arbeiter für ein Pfund Roggenbrot 24 Milliarden Mark bezahlen. Viele Kinder waren unterernährt. Immer wieder kam es zu Hungerkrawallen. Die Menschen konnten nur überleben, wenn sie Sachwerte wie Werkzeug oder Schmuck gegen Lebensmittel eintauschten.

Q1 Lebensmittelpreise aus der Inflationszeit (Juni 1923):

1 Pfund Rindfleisch	*8500 – 12000 Mark*
1 Pfund Molkereibutter	*3000 – 15000 Mark*
1 Pfund Margarine	*7600 – 9600 Mark*
1 Pfund Schmalz	*12000 – 12400 Mark*
1 Pfund Speisekartoffeln	*112 – 130 Mark*
1 Pfund Kaffee, geröstet	*26000 – 36000 Mark*
1 Pfund Tee	*30000 – 48000 Mark*
1 Pfund Kakao	*7500 – 14000 Mark*
1 Liter Milch	*1440 Mark*
1 Pfund Zucker	*1400 – 1550 Mark*
1 Pfund Weizenmehl	*1900 – 2600 Mark*
1 Markenschrippe (Brötchen)	*80 Mark*
Briefporto:	*Berlin 40 Mark, außerhalb 100 Mark*
Straßenbahn:	*600 Mark, Kind 300 Mark*

M2 Da das Geld nichts mehr wert war, wurden während der Inflation selbst Theaterkarten mit Eiern und Butter bezahlt.

Die Folgen der Inflation

Die Inflation verschärfte die Spannungen innerhalb der Gesellschaft. Wer Sachwerte und Devisen besaß, konnte mit dem wertlosen Geld seine Schulden bezahlen. Dies waren Gutsbesitzer, Großbauern, die Besitzer von Betrieben und Werkstätten, denn Grundbesitz, Maschinen und Wohnhäuser blieben wertbeständig. Großindustrielle boten ihre Waren auf dem Weltmarkt zu Schleuderpreisen gegen ausländische Währungen an. Sie erzielten hohe Gewinne, vor allem weil sie die Arbeiter schlecht bezahlten und die einheimischen Rohstoffe zu geringen Preisen bekamen.

Aber auch der Staat zog einen Nutzen aus der Situation. Er konnte seine Kriegsanleihen aus dem Krieg bei den Bürgern ablösen, und zwar zum alten Kaufpreis.

Die „kleinen" Sparer hingegen hatten ihre Guthaben verloren, ganz gleich, ob sie das Geld bei der Sparkasse, in einer Lebensversicherung oder in Staatspapieren angelegt hatten. Die Menschen, deren Ersparnisse entwertet waren, waren von der Republik enttäuscht. Sie gaben ihr die Schuld an der Inflation. Viele von ihnen wurden sogar zu Gegnern der Republik. So erhielten die radikalen Parteien am linken und rechten Rand enormen Zulauf von unzufriedenen und verzweifelten Menschen.

Im November 1923 war das Geld vollkommen wertlos und eine neue Währung, die Rentenmark, musste geschaffen werden. Jetzt gab es einen kontrollierten Geldumlauf und die Wirtschaft begann sich zu erholen.

Devisen: Geld in ausländischer Währung.

1 Billion Mark = 1 Rentenmark, Ende 1923.

ARBEITSAUFTRÄGE

1. Nenne Ursachen der Inflation.
2. ⇥ Beschreibe den Verlauf der Inflation.
3. ⇥ Erkläre die politischen, wirtschaftlichen und sozialen Folgen der Inflation.
4. ⇨ Verfasse für eine historische Tageszeitung einen Artikel über die Auswirkungen der Inflation.

⇥ zu 2.
Beginne so:
Ausgangspunkt für die Inflation waren …
Daraufhin …

⇥ zu 3.
Ordne die Folgen zunächst tabellarisch und stelle sie dann in den historischen Zusammenhang.

Die Jahre der Stabilisierung

Die deutsche Außenpolitik

Seit 1924 änderte sich die deutsche Außenpolitik gegenüber den Siegermächten des Weltkrieges. Außenminister Stresemann suchte den Weg der Gespräche und Verständigung. Er zeigte den Siegermächten nicht nur die Notlage der Republik, sondern erreichte in zahlreichen Konferenzen die Senkung der Reparationszahlungen für Deutschland. Neue Handels- und Wirtschaftsverträge wurden abgeschlossen.

Im Jahr 1922 unterzeichneten die Sowjetunion und Deutschland den Rapallo-Vertrag über die Aufnahme diplomatischer Beziehungen zwischen beiden Staaten. Der Locarno-Vertrag garantierte die Westgrenzen Deutschlands. Außerdem schlossen die Sowjetunion und Deutschland 1926 den Vertrag über Freundschaft und Zusammenarbeit ab. Somit durchbrach die Regierung der Weimarer Republik die politische Isolation. Doch nicht alle Deutschen werteten dies positiv. Die Verträge riefen Widerstand von rechts und links hervor.

Der Dawes-Plan

Obwohl es in Deutschland mit der Rentenmark eine neue Währung gab, stieg die wirtschaftliche Leistungsfähigkeit nach der Inflation nur sehr langsam. Die Reparationen konnte Deutschland aber nur an die Alliierten bezahlen, wenn die Wirtschaftskraft anstieg. Genauso sahen es die Sachverständigen der Reparationskommission.

Aufgrund fehlender Absatzmärkte für ihre Wirtschaft waren die Amerikaner gezwungen, zurück in das verarmte Europa zu gehen. Der Aufschwung der USA war somit mit dem Aufschwung in Deutschland verbunden. So sah es auch Charles Gate Dawes. Er entwickelte einen Darlehensplan, den Dawes-Plan, der nach ihm benannt wurde. Im Plan war vorgesehen, ein Darlehn von 800 Millionen Goldmark zu vergeben und die Wirtschaftseinheit Deutschlands wieder herzustellen.

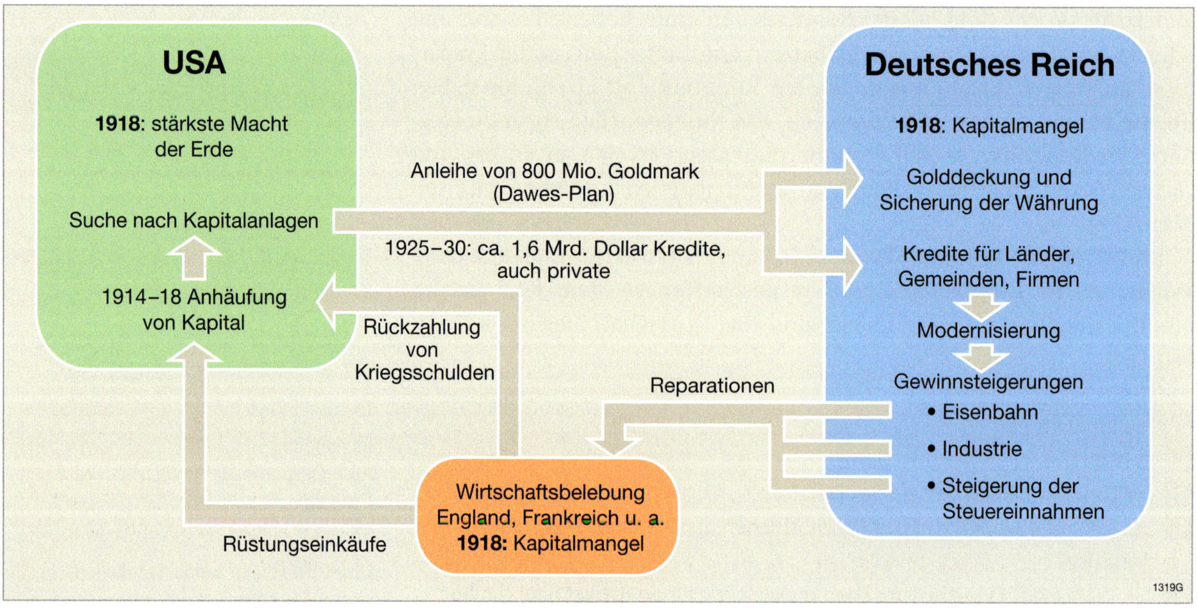

M1 Schaubild zum Dawes-Plan.

Die Reaktion auf den Dawes-Plan

Der Plan sah ausländische Kontrollen der Geldgeber vor und beschnitt somit die Selbstständigkeit Deutschlands. Die deutsche Wirtschaft benötigte aber dringend das Geld. Vor allem Außenminister Gustav Stresemann kämpfte um das Zustandekommen des Planes für Deutschland und erreichte, dass der Reichstag den Bestimmungen des Dawes-Planes zustimmte. Mit dessen Einführung und den damit verbundenen Krediten blühte die Wirtschaft auf und die Arbeitslosigkeit sank. Immer mehr Unternehmer investierten wieder in Deutschland.

M2 Paul von Hindenburg (1847–1934).

Die Wahl zum Reichspräsidenten

Der Dawes-Plan brachte der Weimarer Republik für die Jahre 1924–1928 politische Stabilität. Reichstag und Regierung konnten die bürgerlich-demokratische Verfassung umsetzen. Nach dem Tode Eberts im Jahre 1925 wählte das Volk erstmals direkt den neuen Reichspräsidenten gemäß der Verfassung der Weimarer Republik. Paul von Hindenburg entschied diese Wahl knapp für sich.

Mehr Rechte der Frauen

Die Weimarer Republik räumte den Frauen mehr politische Rechte ein. Sie durften bei Wahlen und politischen Entscheidungen ihre Stimme abgeben und konnten auch selbst in die Nationalversammlung gewählt werden. 1919 saßen in der Nationalversammlung 41 Frauen als Abgeordnete. Dies war das Ergebnis des Kampfes von Frauenrechtlerinnen um die Gleichberechtigung der Frau in der Gesellschaft. Während des Krieges hatten die Frauen ihren „Mann" stehen müssen und drängten stärker in das Erwerbsleben. Die Frauen erlernten Berufe, um wirtschaftlich selbstständig zu sein. 1925 waren mehr als ein Drittel aller Berufstätigen Frauen.

Q1 Eine Abiturientin des Jahrganges 1927 erinnert sich an ihre Schulzeit:

... Und mir wurde zum ersten Mal klar, dass Frauen auch etwas werden können. Da beschloss ich, ... aufs Knabengymnasium zu gehen ... Mein Wunsch nach Schulwechsel wurde dann ein richtiges Politikum. Zwar waren meine Eltern auf meiner Seite, doch musste der Stadtrat zu dieser unerhörten Sache seine Einwilligung geben. ... Die Sozialdemokraten, die in der Mehrheit waren, dachten fortschrittlicher. Sie erlaubten mir ... den Übertritt ins Knabengymnasium.

ARBEITSAUFTRÄGE

1. Beschreibe die Politik Stresemanns und deren Folgen für die Weimarer Republik.
2. Erkläre unter Nutzung von M1 den Dawes-Plan.
3. Erläutere die Folgen des Dawes-Planes.
4. Stelle die veränderte Rolle der Frau in der Weimarer Republik dar.
5. Begründe, inwiefern die Kriegserfahrungen dazu beigetragen haben, dass Frauen in der Weimarer Republik mehr Rechte erhielten.

zu 3.
Verwende u. a. die Begriffe Wirtschaft, Arbeitslosigkeit, Unternehmer, Investitionen, Stabilität.

zu 4.
Nutze auch Q1.

Die Goldenen Zwanziger

Der wirtschaftliche Aufstieg

Mithilfe des Dawes-Planes und der damit verbundenen Stabilisierung der Währung begann sich die Wirtschaft in Deutschland zu erholen. In die Industriebetriebe wurde investiert. Es entstanden große Konzerne, unter anderen IG Farben, AEG und Siemens. In Deutschland produzierte Elektrogeräte wurden in die ganze Welt verkauft. In der Elektrotechnik und der Chemieindustrie wurde Deutschland führend auf dem Weltmarkt. Neue Maschinen ermöglichten die Fließbandarbeit, die Serienproduktion und enorme Gewinne für die Unternehmen. Auch die Industrialisierung in der Landwirtschaft erreichte 1929 das Vorkriegsniveau.

Der Ausbau der Verkehrswege

Verkehrsverbindungen wurden ausgebaut und ermöglichten so schnellere Transporte von Gütern und Rohstoffen. Der Bau des Mittellandkanales bot eine günstige Verbindung für die Schifffahrt quer durch Deutschland. Der Autoverkehr entwickelte sich. Die Serienproduktion in der Autoindustrie begann mit der Herstellung des Personenwagens, der den Spitznamen „Kommissbrot“ bekam. Der Bau von Ganzmetallflugzeugen beflügelte den Ausbau der Luftfahrt. Luftschiffflüge nach Amerika boten eine Alternative zur Schiffsreise.

Luftschiffe: So wurden Zeppeline genannt.

M1 Personenwagen, genannt „Kommissbrot“, weil er dem Kommissbrot in der Form glich.

M2 Flughafen „Tempelhof“.

Bildung, Wissenschaft und Kunst

Schon 1925/26 hatte die Republik für die Förderung der Volksbildung, für Kunst und Wissenschaft doppelt so viel ausgegeben wie das Kaiserreich 1913/1914. Für alle Kinder gab es fortan eine gemeinsame Grundschule. Bisher hatten die Gymnasien eigene Vorschulen. Jetzt sollte es gleiche Aufstiegsmöglichkeiten für alle geben. Volkshochschulen und Volksbühnen entstanden, um das Volk an Künste und Wissenschaften heranzuführen. In der Zeit von 1919–1927 erhielten neun deutsche Gelehrte wissenschaftliche Nobelpreise, unter anderem Albert Einstein.

Deutsche Dichter, Musiker, Maler und Bildhauer fanden für ihre Leistungen großes Ansehen in der Welt. Die jährlich stattfindenden Buchmessen in Leipzig waren ein Anziehungspunkt für viele nationale und internationale Verlage. Zeitungen, Zeitschriften und Illustrierte eroberten sich einen Platz im Leben der Menschen, denn sie informierten über das aktuelle Geschehen und die interessantesten Neuigkeiten der Gesellschaft.

Neue Medien entwickeln sich

Nach dem Ersten Weltkrieg wurde das Telefon als Verständigungs- und Nachrichtenübertragungsmittel immer wichtiger. Der technische Fortschritt machte es nun auch möglich, internationale Telefongespräche zu führen. Zunächst diente das Telefon vor allem für geschäftliche Zwecke. Aber bald schon war das „Fräulein vom Amt", welches die Gespräche vermitteln musste, ein fester Begriff im Alltagsleben.

Schon um 1900 hatten Forscher damit begonnen, eine Technik zu entwickeln, um Schallwellen ohne Einsatz von Drähten zu übertragen und zu empfangen. Im Oktober 1923 strahlte der Rundfunk zum ersten Mal eine Unterhaltungssendung in Deutschland aus. Damit begann die Entwicklung des heutigen Massenmediums Radio. 1924 wurden neue Sender in den Großstädten Hamburg, München, Stuttgart und Frankfurt am Main eröffnet. In Leipzig kam es zur Gründung der mitteldeutschen Rundfunk AG. Im gleichen Jahr fand die erste Berliner Funkausstellung statt.

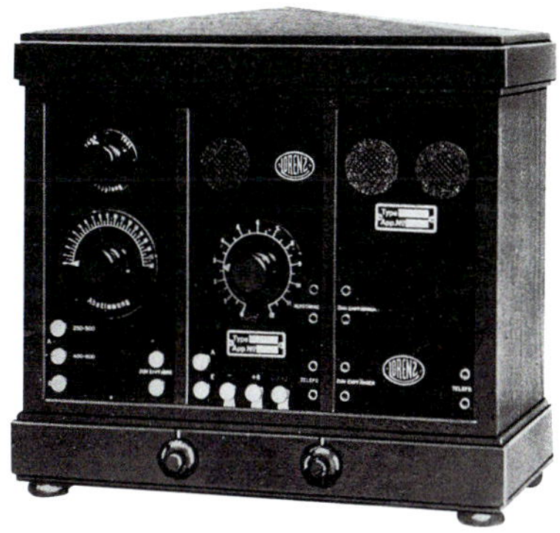

M3 Radio, Lorenz 1924.

Der Film zieht die Menschen in seinen Bann

In den frühen 1920er-Jahren entstanden in den Städten gewaltige Filmpaläste, in denen Spielfilme zunächst als Stummfilme zu erleben waren. Seit 1927 trat der Tonfilm seinen Siegeszug durch die Kinos an. Zu dieser Zeit strömten fast zwei Millionen Deutsche täglich in die Kinos. Ein Jahrzehnt später gab es die ersten Farbfilme. 1929 existierten 3200 Kinos in Deutschland, allein 350 in Berlin. Charlie Chaplin und Marlene Dietrich entwickelten sich zu den ersten Weltstars in der Filmgeschichte. 1930 hatte sich die Technik so weit entwickelt, dass die erste vollelektronische Fernsehübertragung möglich geworden war.

Ein neues Lebensgefühl entsteht

Auch heute noch stößt man auf den Begriff „Goldene Zwanziger", der die Veränderung des Lebensgefühls nach dem Ersten Weltkrieg und den ersten Jahren der Weimarer Republik bezeichnet. Vor allem in den großen Städten entwickelte sich rasant eine Vergnügungsindustrie. Die Menschen wollten alles Versäumte nachholen. Immer mehr Tanzlokale, Revuetheater, neue Hotels, Kabaretts und vornehme Restaurants eröffneten. Varietees, Theater mit wechselnden unterhaltsamen Programmen, genossen große Beliebtheit und entstanden in einer Vielzahl. Sie trugen zu den Veränderungen in Kunst und Kultur bei.

Jazz, Tango und Charleston waren die Modetänze der damaligen Zeit. Der „Eintänzer" als Unterhalter für die Frauen war in Mode gekommen. Diese betonten ihr neues Selbstbewusstsein. Frauen prägten das neue kulturelle Leben in Berlin ebenso mit, zum Beispiel Else Lasker-Schüler im Romanischen Café, die erfolgreiche Schriftstellerin Vicki Baum oder auch die beliebte Regisseurin Leni Riefenstahl.

Eintänzer: Arbeitsloser, oftmals ehemaliger Offizier, der pro Tanz von Frauen bezahlt wurde und sich damit seinen Lebensunterhalt verdiente.

ARBEITSAUFTRÄGE

1. Beschreibe das Leben in den 1920er-Jahren.

2. Erstelle eine bebilderte Mindmap oder eine Collage zum Thema „Goldene Zwanziger".

3. Erörtert, inwiefern es gerechtfertigt ist, die Zeit der Stabilisierung als „Goldene Zwanziger" zu bezeichnen.

zu 2.
Hauptäste der Mindmap könnten sein: Wirtschaft, Verkehr, Bildung/Wissenschaft/Kunst, Neue Medien, Lebensgefühl. Beachte, dass bei einer Collage verschiedenste Materialien benutzt werden.

Zwischen Fortschritt und Stagnation

Der soziale Fortschritt

Der wirtschaftliche Aufstieg begünstigte soziale Verbesserungen. Die Sicherung des Arbeitsfriedens und der Ausbau der sozialen Fürsorge waren beachtenswerte Leistungen. Die Betriebe verkürzten die Arbeitszeit auf acht Stunden an sechs Tagen die Woche. Die Arbeitgeber erkannten die Gewerkschaften als Vertreter der Arbeitnehmer an. Sie handelten mit den Gewerkschaften allgemeine Tarifverträge aus. Schlichtungsstellen und Arbeitsgerichte sorgten für friedliche und gerechte Beilegung von Konflikten. 1927 führte der Staat die gesetzliche Arbeitslosenversicherung ein.

Die Fürsorge der Weimarer Republik

Der Staat leistete nach dem Ersten Weltkrieg für viele Arme Hilfe. Das waren 1,4 Millionen Kriegsverletzte, die nur noch zum Teil arbeiten konnten. Außerdem musste der Staat die Versorgung für 2,5 Millionen Witwen und Waisen übernehmen. Für über 300 000 Kleinrentner, deren mühsam gespartes Alterskapital in der Inflation zerflossen war, musste ebenfalls Geld zur Verfügung gestellt werden. Die Arbeiterschutzgesetze Bismarcks fanden eine entscheidende Fortführung in dem Ausbau der Sozial- und Krankenversicherung. Die Hilfe für werdende Mütter, für Säuglinge, Krüppel und andere Hilfsbedürftige hatte auch der Staat zu tragen. Die Sterblichkeit der Säuglinge und der Tuberkulosekranken sank durch die besseren Vorsorgemaßnahmen. Die Jugendfürsorge wurde ausgebaut und es entstanden Jugendherbergen, Sport- und Spielplätze.

Der „soziale" Wohnungsbau

Wichtig wurde die Schaffung neuen Wohnraumes für die Menschen. Viele Wohnviertel in unseren heutigen Städten stammen aus dieser Zeit. Statt der alten Mietskasernen planten die Architekten großzügiger und mit mehr Raum für die Natur. Gegen den Preiswucher im Wohnungsbau wurden Mieterschutzgesetze erlassen, welche die Mietpreise festsetzten und den Mietern Rechte zusicherten.

M1 Beispiel für sozialen Wohnungsbau in Leipzig-Lößnig, „Rundling", heutiges Foto.

Die Vergessenen des sozialen Fortschrittes

Etwa 700000 Heimarbeiter mit ihren Familien gehörten zu den Menschen, die nicht am sozialen Fortschritt teilhatten. Ihre Produkte wurden gegenüber den industriell hergestellten Waren immer weniger konkurrenzfähig, die Preise fielen und die Armut nahm zu. Im Sommer 1930 berichtete der Schriftsteller Alexander Stenbock-Fermor über deren Leben.

Q1 Spielzeugschnitzer und Holzarbeiter im sächsischen Erzgebirge:

In den Wohnstuben sitzen die Alten und Jungen, Männer, Frauen und Kinder über den Holzsachen gebückt; sie schnitzen, leimen, malen, drechseln. ... Für diese kleinen Holzkunstwerke erhalten die Arbeiter 1 bis 10 Pfennig, je nach Größe. Der wöchentliche Durchschnittsverdienst während der Zeit der Arbeitsaufträge liegt um 16 Mark herum.

Q2 Korbflechter im Frankenland:

Wir kommen in ein uraltes baufälliges Haus. In sieben dunklen Räumen wohnen sechs Familien in drückender Enge. Im oberen Stock treten wir in ein schmales Zimmer. Ein Bett nimmt fast die Hälfte des Raumes in Besitz. Im Bett liegt eine Frau. Im ersten Augenblick glaube ich: eine Leiche. Aber die Frau, die 35-jährige Frau eines Schanzenbinders, hat die Lungentuberkulose.

In dem Raum arbeitet der Mann vom frühen Morgen bis in die Nacht. Die Frau ist in keiner Krankenkasse und erhält nicht einen Pfennig Unterstützung. Der Mann verdient in der Woche 4 bis 5 Mark! ... Die Luft im Zimmer ist zum Erbrechen.

Q3 Glasbläser und Christbaumschmuckhersteller in Thüringen:

Ich fahre nach Lauscha und in die Gegend der Glasbläser, der Christbaumschmuckindustrie. In Lauscha sind vier Glashütten, sie liefern den Heimarbeitern die dünnen Glasröhren, aus denen Christbaumkugeln und Augen geblasen werden. Der Christbaumschmuck wird hauptsächlich nach Amerika versendet. Amerika liebt bunten Baumschmuck. Täglich werden 15 Stunden gearbeitet, auch der Sonntag muss herhalten. Bis spät in die Nacht zischen in allen Häusern die Gasflammen. Die alten Frauen schleppen täglich die Lieferkörbe mit den Christbaumschmuckschachteln zu den Verlegern, vier Stunden über die Berge. Verdienst pro Korb 1,80 Mark.

M2 Spielzeugschnitzerin.

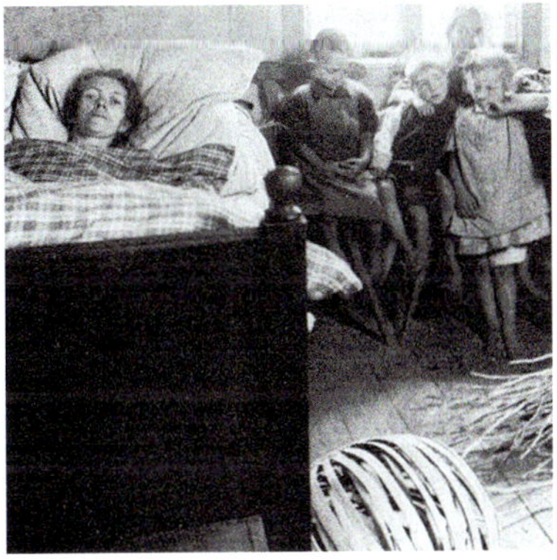

M3 In der Wohnung eines Korbflechters.

M4 Eine alte Frau transportiert Christbaumschmuck.

ARBEITSAUFTRÄGE

1. Nenne Gründe für den sozialen Fortschritt.
2. Berichte über die sozialen Maßnahmen der Weimarer Republik in den 1920er-Jahren.
3. Analysiere die Quellen hinsichtlich der Probleme der Heimarbeiter.

zu 2.
Nutze u. a folgende Begriffe: Arbeitslosenversicherung, Tarifverträge, Fürsorge, Sozial- und Krankenversicherung, Vorsorgemaßnahmen, Jugendfürsorge, Wohnraum, Mieterschutzgesetze

Sachsen in der Zeit der Weimarer Republik

Geburt des Freistaats Sachsen

Nach dem Ende der Monarchie in Deutschland wurde am 10. November 1918 in Dresden die Republik Sachsen ausgerufen. Im Jahr 1920 gab sich der Freistaat Sachsen eine neue Verfassung. Als Teil der Weimarer Republik war Sachsen allerdings eng an das Reich gebunden und verlor unter anderem seine Militär-, Eisenbahn- und Finanzhoheit.

Freistaat: andere Bezeichnung für Republik. In der Weimarer Reichsverfassung bezeichneten sich die meisten Länder selbst als Freistaat. In der Bundesrepublik Deutschland tragen Bayern, Sachsen und Thüringen diesen Beinamen in der Länderbezeichnung.

Q1 Geleitwort zur Verfassung des Freistaates Sachsen von 1920:

Zum Geleit ! Die durch den Vereinigten revolutionären Arbeiter- und Soldatenrat am 15. November 1918 berufenen Volksbeauftragten schrieben als Gesamtministerium durch Verordnung vom 27. Dezember 1918 die Wahlen zur Volkskammer der Republik Sachsen für den 2. Januar aus.
Das von allen über 20 Jahre alten Männern und Frauen gewählte Parlament, das aus 42 Sozialdemokraten, 22 Demokraten, 15 unabhängigen Sozialdemokraten, 13 Deutschnationalen und 4 Mitgliedern der Deutschen Volkspartei bestand, hatte als vornehmste Aufgabe die Herstellung einer Verfassung, eines Grundgesetzes für den neuen Volksstaat zu erledigen.
So wie Artikel 1 der Reichsverfassung verkündet: „Die Staatsgewalt geht vom Volke aus", tut es auch in der Sächsischen Verfassung Artikel 2.

M1 Landeswappen des Freistaats Sachsen heute und zur Zeit der Weimarer Republik.

Auflehnung Sachsens gegen die Reichsgewalt

Unter dem Einfluss antidemokratischer und partikularistischer Kräfte kam es neben Bayern auch in Sachsen 1923 zu einem schweren Konflikt zwischen Reichsgewalt und Landeshoheit.

partikularistisch: abgeleitet von Partikularismus: Streben staatlicher Teilgebiete, ihre besonderen Interessen gegen allgemeine Interessen durchzusetzen.

Q2 Brief Stresemanns an den sächsischen Ministerpräsidenten Zeigner vom 27.10.1923:

Die Propaganda der Kommunistischen Partei hat unter Führung der ihrem Kabinett angehörenden kommunistischen Mitglieder Formen angenommen, die den gewaltsamen Sturz der Reichsverfassung und ihre Zertrümmerung zum Ziele haben und herbeiführen können...
Der Geist der Widersetzlichkeit und Gewalttätigkeit der Kommunistischen Partei zeigt sich in den Ausführungen des Leiters ihrer Staatskanzlei, Herrn Ministerialdirektor Brandler, der in Chemnitz am 21. Oktober öffentlich zum Kampf gegen die Reichswehr aufgefordert hat. ...
Es wird weiter (in einem Flugblatt der KPD) aufgereizt zur Mobilisierung der Massen, zur Aufstellung neuer Hundertschaften, zur Bildung von Aktionsausschüssen. ...
Die Ansagen des offenen Kampfes an die Reichsregierung muss notwendig das Ziel der Regierung, Ruhe, Ordnung und Sicherheit im lande aufrechtzuerhalten, stören und unmöglich machen. Die Beseitigung des Zustandes ist unerlässlich. Im Auftrage der Reichsregierung fordere ich Sie deshalb hierdurch auf, den Rücktritt der sächsischen Landesregierung zu vollziehen, weil Teilhabe kommunistischer Mitglieder an der Landesregierung angesichts dieser Vorgänge mit verfassungsmäßigen Zuständen unvereinbar ist.

„Reichsexekution" gegen Sachsen

Die linke Koalitionsregierung aus Sozialdemokraten und Kommunisten ignorierte aber die Anordnung aus Berlin. Daraufhin wurde am 29. Oktober 1923 durch eine Notverordnung von Reichspräsident Friedrich Ebert die Maßnahme der Reichsexekution gegen das Land Sachsen angewandt. In Zeiten der Weimarer Republik konnte die Reichsregierung nach Artikel 48 Absatz 1 der Verfassung Maßnahmen gegen einzelne Gliedstaaten anwenden, um die staatliche Einheit durchzusetzen.

Die Reichswehr marschierte ein, um die öffentliche Ordnung wieder herzustellen. Sechs Tage später wurde die Landesregierung unter dem sozialdemokratischen Ministerpräsidenten Erich Zeigner (1886–1949) auf Grundlage der Notverordnungen ihres Amts enthoben.

M3 Vorgehen der Reichswehr gegen die kommunistischen Hundertschaften in Sachsen. Abriegeln einer Straße durch Reichswehr mit gefälltem Bajonett in Freiberg in Sachsen, Oktober 1923.

Die Wahlen zum Sächsischen Landtag von 1919–1930

Landtagswahlen in Sachsen (Mandatsverteilung)

Partei	1919	1920	1922	1926	1929	1930
KPD	-	6	*10*	14	12	13
USPD	15	*13*	-	-	-	-
SPD	*42*	*27*	*40*	31	33	32
DDP	*22*	8	*8*	*5*	*4*	3
Zentrum	0	1	0	0	0	-
DVP	4	18	*19*	*12*	*13*	8
DNVP	13	20	19	*14*	*8*	5
NSDAP	-	-	-	2	5	14
Wirtschaftspartei	-	0	0	*10*	*11*	10
ASPD*	-	-	-	*4*	*2*	0
sonstige	-	3	-	4	8	11

Regierungspartei | zeitweilig in der Regierung | *ASPD = Alte Sozialdemokratische Partei

M2 Ergebnisse der Landtagswahlen in Sachsen 1919–1930.

Lehre und Forschung

Unbeeindruckt von den politischen Auseinandersetzungen und unterschiedlichen Formen staatlichen und parteilichen Lebens entfalteten sich wissenschaftliche Lehre und Forschung in Sachsen. Die Universität Leipzig und die sächsischen Hochschulen waren Wirkungsstätten bekannter und geachteter Wissenschaftler. Zu ihnen gehörten in Leipzig der Physiker Werner Heisenberg und der Germanist Theodor Frings, der Literaturwissenschaftler Hermann August Korff und der Kirchenhistoriker Heinrich Boehmer, der Chirurg Erwin Payr und der Röntgenologe Wilhelm Eduard Baensch.

ARBEITSAUFTRÄGE

1. a) Analysiere das Geleit zur Sächsischen Verfassung in Q1.
b) Stelle die Sitzverteilung des sächsischen Parlaments von 1920 grafisch dar.

2. a) Erarbeite aus Q2 Gründe für den Konflikt zwischen Reichsgewalt und Landeshoheit.
b) Beschreibe den Vorgang der „Reichsexekution" gegen Sachsen.

3. Erläutere Parallelen der deutschen und sächsischen Geschichte zur Zeit der Weimarer Republik.

4. Recherchiere zu den sächsischen Wissenschaftlern. Informiere deine Mitschüler in einem Kurzvortrag.

zu 1 a).
Wann wurde der erste sächsische Landtag gewählt?
Welche Parteien waren vertreten?
Wodurch wird der demokratische Charakter der Verfassung deutlich?
Wodurch wird deutlich, dass Sachsen ein Teil Deutschlands war?

zu 3.
Vergleiche z.B. die Ergebnisse der Landtagswahl (M2) mit denen der Reichstagswahlen. Nutze die Seiten 74–93 im Lehrbuch.

Das Krisenjahr 1929

„Aufschwung mit gepumptem Geld"

Im Deutschen Reich hatte durch den Dawes-Plan eine Stabilisierung der wirtschaftlichen Verhältnisse eingesetzt. Die Menschen nahmen die „goldenen Zwanziger" als positive Jahre wahr, in denen der einfache Mann, wenn er Arbeit hatte, sich einen gewissen Luxus ermöglichen konnte. Aber die Politiker sahen die wirtschaftliche Entwicklung des Landes mit großer Sorge. Der Aufschwung basierte auf Krediten, die vor allem aus den USA flossen. Keiner schien sich Gedanken darüber zu machen, was passieren würde, wenn die Kredite plötzlich zurückgezahlt werden müssten.

M1 Gustav Stresemann (1878–1929), war einer der bedeutendsten Politiker der Weimarer Republik. Er gehörte der Deutschen Volkspartei (DVP) an.

Q1 Stresemann betrachtete die Entwicklung mit Sorge:

... Ich möchte Sie bitten, bei Ihren Beurteilungen der wirtschaftlichen Lage Deutschlands und auch der anderen hiermit zusammenhängenden Fragen den Gedanken zugrunde zu legen, dass wir in Deutschland in den letzten Jahren von gepumptem Geld gelebt haben. Wenn einmal eine Krise bei uns kommt und die Amerikaner ihre kurzfristigen Kredite abrufen, dann ist der Bankrott da. Was wir an Steuern erheben, geht bis an die Grenze dessen, was ein Staat überhaupt tun kann. Ich weiß nicht, woher neue Steuern geholt werden können. Die Statistiken zeigen, ... wie viel fremdes Geld wir überhaupt aufgenommen haben, um uns aufrechtzuerhalten. Wir sind nicht nur militärisch entwaffnet, wir sind auch finanziell entwaffnet. Wir haben keinerlei eigene Mittel mehr ...

Die Weltwirtschaftskrise

Im Oktober 1929 trat ein, was Stresemann befürchtet hatte. Die Überproduktion in der US-Wirtschaft führte zum Börsencrash. Dieser löste eine schwere Wirtschaftskrise aus. Zunächst hatte die Wirtschaft der USA geboomt. Plötzlich wurde die Nachfrage nach Gütern aus allen Bereichen der Produktion sehr gering. Die Unternehmen gerieten in Schwierigkeiten und es kam zu unkontrollierten Aktienverkäufen, weil jeder sein Geld sichern wollte. Da auch die Banken von den Aktieneinbrüchen nicht verschont blieben, begannen diese, ihre Gelder aus den Krediten zurückzufordern. Deutschland geriet in den Sog der tiefen Krise in den USA.

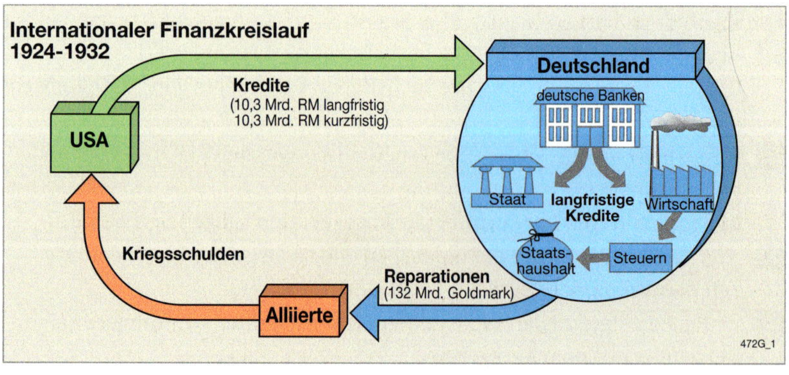

M2 Der Kreislauf des Geldes.

M3 Ein Berliner Hinterhof: Eine alte Frau näht Säcke und junge Arbeitslose stehen herum.

Die Folgen der Weltwirtschaftskrise

In Deutschland wurde das Geld knapp. Die Unternehmer und Handwerker erhielten von den Banken keine Betriebsdarlehen mehr, um Maschinen und Rohstoffe zu kaufen. Sie verringerten ihre Produktion oder stellten diese ganz ein. Der Absatz der Waren ins Ausland begann überall zu stocken. Private wie auch staatliche Investitionen fielen vor allem im Bauwesen, das den Großteil der Arbeiter beschäftigte, weg. Jetzt waren die Arbeitgeber gezwungen den Arbeitern und Angestellten zu kündigen.

Aufgrund fehlender Nachfrage und der weltweiten Überproduktion fielen die Preise für landwirtschaftliche Produkte. Viele Bauern konnten ihre Schulden nicht mehr bezahlen, sodass es zu zahlreichen Zwangsversteigerungen von Höfen kam.

Die Krise breitete sich weltweit aus. Die schlechte wirtschaftliche Lage setzte sich auch im Jahr 1930 fort. Die Zahl der Arbeitslosen wuchs weiter. Für Sozialleistungen (z. B. Arbeitslosengeld) musste der Staat ständig mehr Geld ausgeben.

Viele Menschen, die arbeitslos waren oder denen Arbeitslosigkeit drohte, schlossen sich den linken oder rechten Parteien an. Die Gegner der Weimarer Republik nutzten die Folgen der Weltwirtschaftskrise für ihre politischen Ziele aus.

ARBEITSAUFTRÄGE

1. Erkläre unter Nutzung von Q1 die Warnung Stresemanns vor dem sorglosen Umgang mit den Krediten aus den USA.

2. Beschreibe unter Nutzung von M2 den Internationalen Finanzkreislauf.

3. → Erläutere das Zustandekommen der Weltwirtschaftskrise.

4. Fasse die Folgen der Weltwirtschaftskrise zusammen.

5. → Beurteile, inwiefern die Regierung mit einer veränderten Steuer- und Investitionspolitik die Krise hätte verhindern können.

→ zu 3.
Nutze folgende Begriffe: Börsencrash, USA, Nachfrage nach Gütern, Unternehmen, Schwierigkeiten, Aktienverkäufe, Rückforderung, Kredite

Der Niedergang (1930 – 1933)

Die Republik in Gefahr

Die Gegner der Republik lieferten sich nicht nur Straßenkämpfe, sondern trugen ihre politischen Auseinandersetzungen auch ganz offen im Reichstag aus.

Q1 Zeitungsbericht über die Ereignisse am 7. Dezember 1932, als ein kommunistischer Zuhörer die Debatte durch Zwischenrufe störte:

… Das war das Signal für eine Massenschlägerei, bei der Aschenbecher, Pultdeckel und aus der Wand gerissene Telefonapparate als Waffen eingesetzt wurden. Die Glasscheiben der Verbindungstüren gingen zu Bruch, ein Kronleuchter stürzte ab. Schließlich wurden die Kommunisten von den Nationalsozialisten bis in den Wandelgang zurückgedrängt, in dem diese sich gewöhnlich aufhielten. Im Laufe des Handgemenges erlitten mehrere Abgeordnete blutige Verletzungen.

1930
5 Notverordnungen

1932
66 Notverordnungen

Beispiele:

18.7.1932
Die Reichsregierung erlässt ein Verbot von Demonstrationen unter freiem Himmel.

09.08.1932
Einrichtung von Sondergerichten und Festlegung, politische Morde zukünftig mit Todesurteil zu ahnden. Es dürfen keine Rechtsmittel eingelegt werden.

04.11.1932
Autodiebstahl wird mit hoher Gefängnisstrafe belegt. In Berlin werden täglich 10 Autos gestohlen.

28.12.1932
Die deutsche Margarineproduktion muss inländische Produkte benutzen.

M1 Anzahl der Notverordnungen in den Jahren 1930 – 32.

Die Arbeiterbewegung

Reichspräsident Hindenburg war nicht in der Lage, die Situation durch politische Entscheidungen zugunsten der Republik zu stabilisieren. Seine Politik war oft widersprüchlich.

Die Führer der Arbeiterbewegung konnten sich nicht auf ein gemeinsames Vorgehen gegen die Feinde der Demokratie einigen.

Die Arbeiterbewegung war gespalten. Die Anhänger der SPD wollten die parlamentarische Demokratie. Die KPD strebte ein „Sowjetdeutschland" und die Weltrevolution an. Dabei übersahen die Führer der Arbeiterbewegung, dass sie durch ihr Verhalten den gemeinsamen Feind, die rechtsradikale NSDAP, stärkten. Währenddessen änderten sich die politischen Verhältnisse immer mehr zugunsten der NSDAP.

Der neue Reichskanzler von Papen

Die Weltwirtschaftskrise hatte auch Folgen für die Arbeit der Regierung. Die politischen Parteien waren nicht in der Lage, die Probleme zu lösen. Der Reichspräsident erließ immer mehr Notverordnungen, um die innenpolitische Lage zu stabilisieren.

Reichspräsident Hindenburg setzte am 1. Juni 1932 Franz von Papen als neuen Reichskanzler ein. Von Papen konnte, vorbereitet von seinem Vorgänger Reichskanzler Brüning, die Reparationszahlungen aus dem Ersten Weltkrieg durch einen Einmalbetrag ablösen. Gleichzeitig hob von Papen das SA-Verbot auf, um von den Mitgliedern der NSDAP toleriert zu werden. Die Absetzung der Regierung unter Führung der SPD und des Zentrums begründete von Papen mit der Behauptung, die Ruhe und Ordnung im Reich sei gefährdet. Die Reichswehr besetzte daraufhin die Ministerien, und alle demokratisch gewählten Beamten wurden entlassen. Da kein Widerstand aus ihren Reihen kam, sahen selbst die Anhänger der Republik dies als Schwäche an, und der Unmut gegenüber der Republik wuchs. Der Ruf nach einem starken Mann an der Spitze der Regierung wurde immer lauter.

SA: Abkürzung für Sturmabteilung; eine Kampfgruppe der NSDAP.

Reichstagswahlen 1932

Die Wahlen zeigten, dass sich die Mehrheit der Wähler links und rechts orientierten. Die KPD und die NSDAP besaßen gemeinsam die absolute Mehrheit. Eine gemeinsame Regierungsbildung zwischen beiden Parteien kam aber nicht in Betracht, weil sie politische Gegner waren. Der Reichstag war nicht mehr handlungsfähig.

Reichskanzler von Papen entschloss sich daraufhin, Hitler ein Angebot für ein Regierungsbündnis zu machen, um eine handlungsfähige Regierung zu bilden. Er bot Hitler das Reichsernährungsministerium und das Auswärtige Amt an. Hitler lehnte ab, weil er und die NSDAP andere Ziele verfolgten. Am 13. August erschien Hitler beim Reichspräsidenten Hindenburg und forderte die Übertragung der Regierung auf die Nationalsozialisten. Hindenburg beantwortete Hitlers Ansinnen aber mit einem klaren „Nein".

Q2 Antwort Hindenburgs auf Hitlers Ansinnen:

Er könne es vor Gott, seinem Gewissen und dem Vaterland nicht verantworten, einer Partei die gesamte Regierungsgewalt zu übertragen, noch dazu einer Partei, die einseitig gegen Andersdenkende eingestellt wäre.

M2 Collage von John Heartfield „Der Reichstag wird eingesargt". 1932.

ARBEITSAUFTRÄGE

1. Beschreibe die Situation Deutschlands im Jahr 1932.

2. Erkläre die verstärkte Hinwendung der Wähler zu radikalen Parteien.

3. Begründe die Haltung Hindenburgs gegenüber Hitlers Forderung, die Regierung auf die Nationalsozialisten zu übertragen.

4. Interpretiere die Collage von John Heartfield.

zu 2.
Die Politik Hindenburgs war oft …
Die Arbeiterbewegung konnte sich nicht … Sie war … Sie stärkten durch ihre Uneinigkeit …

zu 3.
Nutze Q2.

Radikalisierung der Politik

M1 Wahlplakat KPD, 1932.

M2 Wahlplakat NSDAP, 1932.

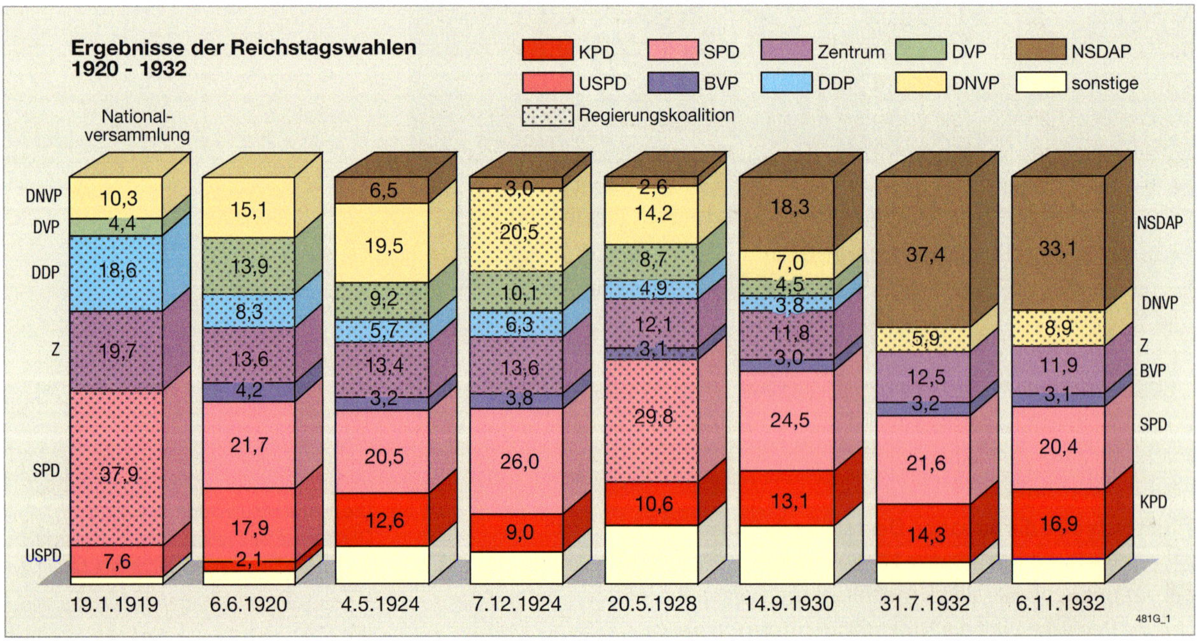

M3 Ergebnisse der Reichstagswahlen 1920–1932.

M4 Straßenkämpfe in der Weimarer Republik zwischen der Polizei und Arbeitern, die sich über das Demonstrationsverbot zum 1. Mai 1929 in Berlin hinwegsetzten.

Straßenkämpfe toben in Deutschland

Nach dem Ausbruch der Weltwirtschaftskrise im Jahr 1929 wurde immer deutlicher, dass die Gegner der Republik erstarkten. Die Weltwirtschaftskrise belastete den mühsam aufgebauten Sozialstaat enorm. Sechs Millionen Menschen waren arbeitslos und auf die Wohlfahrtsunterstützung angewiesen.

Der Reichstag, in dem rechte und linke Extremisten die Mehrheit hatten, war handlungsunfähig geworden. Seit 1930 war es nicht mehr gelungen, eine Regierung durch freie Wahlen zu bilden. Das Ansehen der Republik und des Parlaments sank im Volk. Die Wahlkämpfe verschärften die Auseinandersetzungen zwischen den Parteien und ihren Mitgliedern. Immer häufiger musste die Polizei Wahlveranstaltungen der Parteien schützen. Es kam es zu heftigen Straßenkämpfen zwischen den Kommunisten und Nationalsozialisten.

Reichskanzler Franz von Papen erkaufte sich die parlamentarische Duldung seiner Regierung durch die NSDAP, die zur stärksten Rechtspartei aufgestiegen war. Am 16. Juni 1932 hob er das Verbot der SA auf. Die SA marschierte sofort zum Kampf gegen den „Roten Frontkämpferbund" der KPD auf. In Berlin und anderen Großstädten tobten Straßenkämpfe. Das Jahr 1932 war gekennzeichnet durch Terror von bei den Seiten. Bei den Auseinandersetzungen und Morden, die politisch motiviert waren, gab es 300 Tote und 1 200 Verletzte.

Diese Spannungen und Konflikte waren mit den Möglichkeiten, die die Verfassung bot, nicht mehr beherrschbar. Die Weimarer Republik stand kurz vor dem Kollaps.

ARBEITSAUFTRÄGE

1. → Analysiere die Wahlplakate.
2. Interpretiere die Wahlstatistik.
3. ⇒ Diskutiert, inwiefern die Weimarer Republik trotz ihres Scheiterns auch positive Entwicklungen für Deutschland auf den Weg brachte.

→ zu 1.
Mögliche Analysefragen:
Welche Partei stellt sich zur Wahl? Welche Wählergruppe soll das Plakat vermutlich ansprechen? Mit welchen Aussagen werben die Parteien für sich? Welche Gestaltungselemente (Form, Farbe, Sprache, Schrift, Symbolik) werden verwendet? Wie wird das Plakat auf Zeitgenossen gewirkt haben?

Ein Diktator übernimmt die Macht

Lenins Nachfolger

Lenins Gesundheitszustand verschlechterte sich ab 1922 rapide. Die besten Aussichten, Lenin als Führer der Bolschewiki zu beerben, hatten Leo Trotzki und Josef Stalin. Vor seinem Tod formulierte Lenin seine Gedanken über die Weiterführung der bolschewistischen Politik.

M1 Leo Trotzki (1879–1940).

ZK: Zentralkomitee. Oberstes Entscheidungsgremium der kommunistischen Partei.

Q1 Nach einem Schlaganfall diktierte Lenin zwischen dem 23. Dezember 1922 und 4. Januar 1923 Briefe an den Parteitag (Lenins „Testament"):

Genosse Stalin hat, nachdem er Generalsekretär geworden ist, eine unermessliche Macht in seinen Händen konzentriert, und ich bin nicht überzeugt, dass er immer verstehen wird, von dieser Macht vorsichtig genug Gebrauch zu machen. Andererseits zeichnet sich Genosse Trotzki nicht nur durch hervorragende Fähigkeiten aus. Persönlich ist er wohl der fähigste Mann im gegenwärtigen ZK, aber auch ein Mensch, der ein Übermaß an Selbstbewusstsein ... hat ...

Q2 Ergänzung zum Brief vorn 24. Dezember 1922:

„Stalin ist zu grob, und dieser Mangel der in unserer Mitte und (dem) Verkehr zwischen uns Kommunisten durchaus erträglich ist, kann in der Funktion des Generalsekretärs nicht geduldet werden. Deshalb schlage ich den Genossen vor, sich zu überlegen, wie man Stalin ablösen könnte und jemand anderen an diese Stelle zu setzen, der sich in jeder Hinsicht von Genosse Stalin nur durch einen Vorzug unterscheidet nämlich dadurch, dass er toleranter, loyaler, höflicher und den Genossen gegenüber aufmerksamer, weniger launenhaft ist. ...

M2 Josef Dschugaschwili, genannt Stalin (1879–1953).

Stalin setzt sich durch

Stalin war der Sohn eines kleinstädtischen Schusters in der georgischen Stadt Tiflis und sollte Priester werden. Wegen seiner sozialistischen Einstellung geriet er, wie Lenin, früh in Konflikt mit den zaristischen Behörden und brachte insgesamt fast sieben Jahre in Gefängnissen, in der sibirischen Verbannung oder auf der Flucht zu.

Mit der Wahl zum Generalsekretär der Kommunistischen Partei der Sowjetunion gelang es Stalin, die Oberhand in der Partei und in der Staatsführung zu gewinnen. Er drängte vor allem seinen Gegner Leo Trotzki aus dessen Ämtern. Ihre verschiedenen Ansichten über die Weiterführung der Revolution hatten zum Zerwürfnis zwischen den beiden Politikern geführt. Trotzki forderte eine Weltrevolution, während Stalin den Sozialismus zunächst in der Sowjetunion aufbauen wollte. Im Januar 1929 setzte sich Stalin endgültig durch und erreichte die Ausweisung Trotzkis aus dem Land.

Sozialismus: Gesellschaftssystem, in dem das Land, die Fabriken und die Rohstoffe allen gemeinschaftlich gehören.

Die Leistungen Trotzkis für die Partei und die bedeutende Rolle, die er beim Oktoberaufstand und im Bürgerkrieg gespielt hatte, wurden geleugnet oder verschwiegen. Trotzki musste letztlich nach Mexiko fliehen, wo ihn Stalin 1940 ermorden ließ.

Von der Revolution zur Diktatur

Die Regierung der UdSSR begegnete nach Beendigung des Bürgerkrieges allen Widerständen mit Terror und Gewalt. Eine Geheimpolizei, die Tscheka, bespitzelte und terrorisierte die Bürger. Hausdurchsuchungen, Verhaftungen und Erschießungen gehörten zu ihren Aufgaben. Die Tscheka verfolgte und ermordete die Zarenfamilie. Aber nicht nur Anhänger der alten Ordnung fielen dem Terror zum Opfer, sondern auch Bolschewisten, die mit der Politik der Regierung nicht einverstanden waren.

Stalin ließ alle Mitglieder der ersten Sowjetregierung, zum Teil durch große Schauprozesse, beseitigen. An anderen wichtigen Stellen setzte er seine Gefolgsleute ein. So stieg er schließlich zum Alleinherrscher, zum Diktator, in der Sowjetunion auf.

Die Folge war ein brutales Terrorregime, das seine Ziele mit Schauprozessen, Liquidierungen, Deportationen und „Säuberungen" durchsetzte.

UdSSR: Union der Sozialistischen Sowjetrepubliken (1922 – 1991).
Schauprozesse: auf propagandistische Massenwirkung angelegtes öffentliches Gerichtsverfahren.
Liquidierung: Beseitigung, Zerstörung (hier: Tötung).
Deportation: Aberkennung des Bürgerrechts sowie Verbannung an einen entlegenen Ort.

Stalins Vorstellung vom „Sozialismus in einem Land"

Q3 Stalin in einer Rede aus dem Jahr 1930:

Ja, sie ist möglich. Und sie ist nicht nur möglich, sondern auch notwendig und unausbleiblich. Denn wir bauen bereits den Sozialismus auf, indem wir die nationalisierte Industrie entwickeln und sie mit der Landwirtschaft zusammenschließen, indem wir das Genossenschaftswesen auf dem Lande entfalten und die bäuerliche Wirtschaft in das allgemeine System der sowjetischen Entwicklung einbeziehen, indem wir die Sowjets beleben und den Staatsapparat mit den Millionenmassen der Bevölkerung verschmelzen, indem wir eine neue Kultur aufbauen und ein neues gesellschaftliches Leben entfalten. Es besteht kein Zweifel, dass unsere Aufgabe von Grund auf erleichtert würde, wenn uns der Sieg des Sozialismus im Westen zu Hilfe käme. Aber erstens wird der Sieg des Sozialismus im Westen nicht so schnell zustande gebracht, wie wir das wünschten, und zweitens lassen sich diese Schwierigkeiten überwinden und wir überwinden sie bekanntlich schon. …
Bauen wir für den Sozialismus auf, den Sieg des sozialistischen Aufbaus voraussetzend, oder bauen wir aufs Geratewohl, ins Blinde hinein, um, in Erwartung der „sozialistischen Revolution in der ganzen Welt" den Boden für die bürgerliche Demokratie zu düngen. …

ARBEITSAUFTRÄGE

1. ⇥ Untersuche Q1 und Q2 hinsichtlich der Aussagen Lenins zu seinen möglichen Nachfolgern.
2. Beschreibe die Auseinandersetzung um die Nachfolge Lenins.
3. ⇥ Erläutere die Vorstellungen Stalins zum „Sieg des Sozialismus" in der Sowjetunion.
4. ⇨ Entwickle einen Sachtext unter dem Titel „Ein Diktator übernimmt die Macht".

⇥ zu 1.
Stalin wird beschrieben als …
Trotzki ist einerseits …, hat aber andererseits ein Übermaß an …

⇥ zu 3.
Nutze Q3.

Historische Fotos als Quelle analysieren

Mit der Erfindung der Fotografie war es möglich, Ereignisse im Moment des Geschehens festzuhalten. Trotzdem vermitteln Fotografien immer die subjektive Sichtweise des Fotografen.

Fotos zeigen Vergangenes und sind deshalb Geschichtsquellen. Da mit der Verbreitung der Fotografie zunehmend auch der Alltag der Menschen festgehalten wurde, sind sie häufig Quellen der Alltagsgeschichte. Ein Foto zeigt nur einen ausgewählten Ausschnitt der Vergangenheit. Deshalb muss es als Quelle kritisch hinterfragt werden. Fotos wurden und werden auch gezielt zur Meinungsbildung eingesetzt. Manipulationen, wie zum Beispiel nachträgliches Retuschieren, wurden bewusst genutzt, um Wirkung zu erzielen.

Fehlende, ungenaue oder falsche Bildunterschriften können die Analyse historischer Fotos erschweren.

Fragen zur kritischen Analyse historischer Fotografien

1. → ***Welchen Eindruck macht das Foto auf dich?***
2. → ***Welche Informationen bietet die Bildunterschrift für die Analyse des Fotos?***
   a) ***Wann und wo wurde das Foto gemacht?***
   b) ***Wer ist der Fotograf?***
   c) ***Gibt es weiterführende Informationen zum dargestellten Sachverhalt, zum Beispiel wie das Foto entstanden ist?***
3. → ***Welche Einzelheiten zeigt das Foto?***
4. → ***Gibt es Anhaltspunkte für eine nachträgliche Verfälschung des Bildes?***
5. → ***Welche Deutung der Vergangenheit ist aus diesem Bild zu gewinnen?***
6. → ***Hat sich dein erster Eindruck nach der Analyse des Fotos bestätigt oder verändert?***

Original oder Fälschung?

Dasselbe Foto – einmal mit sieben Personen, einmal mit sechs Personen? Was ist der Grund für diese zwei Varianten?

Q1 Bilder, die lügen: „Stalins Retuschen" im Bonner Haus der Geschichte, titelte die FAZ in ihrem Feuilleton am 15.02.1999:

Der junge Mann mit dunklem Haar, sorgfältig ausrasiertem Vollbart und ernstem Blick unter schweren Lidern ist verschwunden. ... Alexander Maltschenko, aufgenommen als Mitglied des „Kampfbundes zur Befreiung der Arbeiterklasse" 1897 in Sankt Petersburg, wurde 1929 der Sabotage bezichtigt und im November 1930 hingerichtet. Eine 1939 gedruckte Version des alten Petersburger Fotos zeigt seine gründliche schattenlose Löschung aus dem offiziellen Gedächtnis des Sowjetreichs an. ...

M1 Petersburger revolutionärer Klub, 1897, kurz vor der Festnahme durch die russische Geheimpolizei; unbekannter russischer Fotograf.

M2 Petersburger revolutionärer Klub, 1897, kurz vor der Festnahme durch die russische Geheimpolizei; unbekannter russischer Fotograf; Version von 1939.

ARBEITSAUFTRÄGE

1. Analysiere die Fotos in M1 und M2 vergleichend. Nutze die Fragen zur kritischen Analyse historischer Fotografien von Seite 98.
2. Beurteile den Wert historischer Fotografien als Quelle.

Kollektivierung und Industrialisierung

Die Umgestaltung der Landwirtschaft

Nach dem Ende des Bürgerkrieges begann die Regierung die UdSSR nach ihren Ideen umzugestalten und erstmals in einem Staat den Sozialismus zu verwirklichen. Nach den Enteignungen der Großgrundbesitzer und der Landverteilung an die verarmten Bauern stellte die Regierung fest, dass die Versorgung der Bevölkerung vor allem in den Städten nicht gewährleistet war. Die Produktion der Landwirtschaft sollte effektiver werden. Das konnte nur durch eine Umgestaltung der Eigentumsverhältnisse geschehen, indem die Kleinbauern ihre Wirtschaften wieder zu Großbetrieben zusammenschlossen. Dazu war es notwendig, das erhaltene Land zusammenzulegen und gemeinschaftlich zu bewirtschaften. Dies sollte unter staatlicher Kontrolle geschehen. Die entstehenden kollektiven Landwirtschaftsbetriebe nannte man Kolchosen oder Sowchosen.

Kolchosen: landwirtschaftliche Betriebe unter staatlicher Kontrolle.
Sowchosen: direkt staatlich geführte landwirtschaftliche Betriebe.

Die Kollektivierung

Die Kollektivierung fand unter den Bauern nur wenige Anhänger, da sie ihr gerade erhaltenes Land nicht wieder hergeben wollten. In ihrer Verzweiflung töteten die Bauern sogar ihr Vieh und bauten weniger Getreide an, um den sozialistischen Aufbau und die landwirtschaftlichen Großbetriebe zu verhindern. Im Jahre 1929 wurden die Bauern gegen alle Widerstände kollektiviert. Erschießungen oder Verbannungen nach Sibirien sollten die Gegner abschrecken. Der Staat setzte bewaffnete Arbeiter ein, um die Kollektivierung durchzusetzen. Etwa drei Millionen Menschen wurden verbannt, wobei viele Menschen starben. Die „Zwangskollektivierung“ und die Engpässe in der Versorgung, vor allem in den Städten, hatten eine Hungersnot zur Folge, der mehrere Millionen Menschen zum Opfer fielen.

Von 1929 bis 1931 wurde die Hälfte der Bauernwirtschaften zusammengeschlossen. Ende der 30er-Jahre spielte das Privateigentum in der Landwirtschaft keine Rolle mehr.

M1 Russische Bäuerinnen stimmen bei einer öffentlichen Versammlung der Kollektivierung ihrer Höfe zu.

M2 Strafgefangene bauen in Zwangsarbeit einen Kanal, 1931.

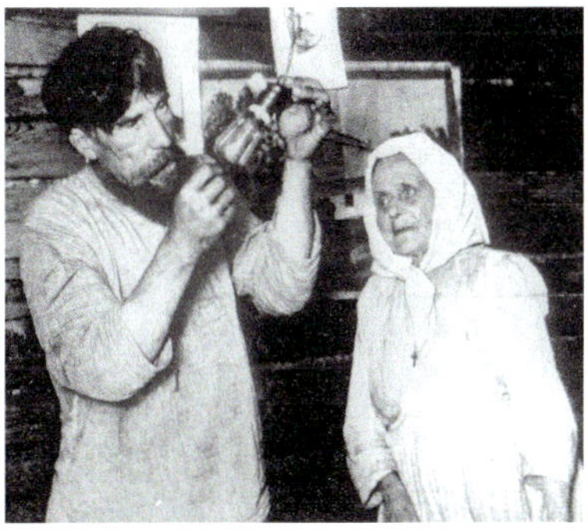

M3 Das elektrische Licht kommt in die Dörfer, Foto von 1926.

Die Industrialisierung

Obwohl Russland über zahlreiche Bodenschätze verfügte, entstanden bis um 1900 nur wenige Fabriken und Industriezentren. Der Bürgerkrieg und die Hungersnöte verhinderten die geplante Industrialisierung unter den Sowjets. Um die Entwicklung der Industrie voranzutreiben, musste das Land zunächst elektrifiziert werden. Flüsse wurden gestaut, Wasserkraftwerke in den Bergen gebaut und Hochspannungsleitungen errichtet, um den Strom zu den neu entstandenen Fabriken und Industriegebieten zu leiten. Es entstanden große Kombinate durch den Zusammenschluss vieler Betriebe. Neue Straßen, Eisenbahnen und Kanäle ermöglichten den Transport und die Zulieferung von Bodenschätzen und Material. In der Tundra und im unzugänglichen Sibirien erschlossen die Menschen die Bodenschätze. Die Ströme des Landes wurden reguliert, um eine moderne Schifffahrt aufzubauen. So entwickelten sich Industriegebiete und Städte, wo bisher niemand gelebt und produziert hatte.

Die Sowjetregierung enteignete die Besitzer von Fabriken, handwerklichen Betrieben, Bergwerken, Transport- und Handelsunternehmen, um die Wirtschaft zu starken. Alles wurde zum Volkseigentum erklärt und der Regierung unterstellt.

ARBEITSAUFTRÄGE

1. Beschreibe die Durchführung der Kollektivierung und der Industrialisierung.
2. ⇥ Bewerte die Methoden zur Umsetzung von Kollektivierung und Industrialisierung. Nutze M1 – M3.
3. a) ⇥ Erläutere den Begriff „Zwangskollektivierung".
   b) ⇥ Analysiere das Foto in M1.
4. ⇨ Diskutiert, inwieweit die wirtschaftlichen Veränderungen zu einer Verbesserung der Lebensbedingungen der Bevölkerung führten.

⇥ zu 2.
Beachte dabei sowohl positive als auch negative Aspekte.

⇥ zu 3. a)
Wie verhielten sich die Bauern? Warum verhielten sie sich so?

⇥ zu 3. b)
Nutze die Fragen zur kritischen Analyse historischer Fotografien der Seite 98.

Gewaltverbrechen unter Stalin

M1 Karikatur von Brigitte Schneider, 1990.

Stalinismus – Terror und Unterdrückung

Stalins Terror richtete sich anfangs gegen seine direkten politischen Konkurrenten um die Macht, dann gegen weitere führende Parteifunktionäre und Offiziere der Armee. Sie wurden ermordet oder in Schauprozessen zu langen Haftstrafen, Arbeitslager oder Tod verurteilt. Diese sogenannten „Säuberungen“ der Partei machten im weiteren Verlauf auch nicht vor einfachen Bürgern halt. Wer öffentlich oder im Freundeskreis Kritik an der Kommunistischen Partei äußerte oder sich über Parteifunktionäre, die Sowjetunion oder die Person Stalins lustig machte – und sei es auch nur in einem harmlosen Witz – musste damit rechnen, bespitzelt und als Volksfeind angeklagt zu werden.

Die Menschen in der Sowjetunion lebten in der Zeit des Stalinismus unter der steten Angst vor Bespitzelung und willkürlicher Verhaftung. Historiker schätzen, dass von 1925 bis 1953 etwa eine Million Menschen getötet und etwa acht Millionen zur Arbeit in Straflagern verurteilt wurden.

Q1 Ein Historiker schreibt zum Terror Stalins:

Neben diesen zentralen Tribunalen fanden unzählige in der Provinz statt, denen die lokalen Führer zum Opfer fielen. Noch weit größer war die Zahl der Erschossenen, die stillschweigend verschwanden, nachdem sie als „Volksfeinde“ Ihre Position verloren hatten. Auf diese Weise vernichtete das NKDW Stalins in den Jahren 1936 bis 1938 fast die gesamte Führungsgruppe der KP aus der Zeit Lenins. ... Von den 32 Mitgliedern des Politbüros zwischen 1919 und 1938 fielen nicht weniger als 17 der Säuberung zum Opfer. 40 Mitglieder des Zentralkomitees wurden liquidiert. 18 frühere Volkskommissare (d.h. Regierungsmitglieder), 16 Botschafter und 10 gesandte, fast sämtliche Vorsitzende der einzelnen Republiken wurden erschossen oder verschwanden in Sibirien. ... Ohne große Schauprozesse aber wurden Zehntausende alter Kommunisten erschossen oder in die Verbannung geschickt, wovon die Öffentlichkeit kaum etwas erfuhr. Auch in der Armee wütete die Säuberung, ihr fielen fast alle 80 Mitglieder des 1934 geschaffenen Kriegsrates und vermutlich 35 000 Offiziere zum Opfer. ...

Terror der Geheimpolizei

Zum gefürchteten Terrorinstrument wurde vor allem die Geheimpolizei „Tscheka“. Sie war keine Polizei im rechtsstaatlichen Sinn, sondern unterstand direkt der Kommunistischen Partei. Gefangene konnten daher nicht mit einem unabhängigen Verfahren rechnen. Anklage, Verteidigung und Verurteilung lagen allein in den Händen der Kommunistischen Partei und wurden von ihr gesteuert. Um zu Geständnissen zu gelangen, wurden die Angeklagten brutal gefoltert. Da es zum Geständnis aber auch gehörte, weitere Personen zu denunzieren und angeblicher Verbrechen zu bezichtigen, wurden immer mehr Menschen verhaftet, die wiederum gefoltert und gezwungen wurden, andere zu denunzieren.

M2 Arbeit im Gulag um 1932.

Straf- und Arbeitslager

In der Sowjetunion Stalins entstanden im ganzen Land Straf- und Arbeitslager, auch Gulag genannt. Zu dieser Form von Gefängnisstrafe konnten bereits zwölfjährige Kinder verurteilt werden. Im Gulag mussten schwerste körperliche Arbeiten unter unmenschlichen Bedingungen verrichtet werden: in Kohle- oder Erzbergwerken, beim Bau von Kanälen, Staudämmen, Eisenbahnen oder sonstigen Projekten.

Viele der Straflager waren in Sibirien, wo Temperaturen bis zu −50° C herrschten. Unterbringung, Nahrung und Kleidung der Gefangenen, die Grundbedürfnisse jedes Menschen, interessierte die Partei dabei kaum. Nach heutigen Schätzungen starben mehrere Millionen Menschen an Unterernährung, Erschöpfung durch Überarbeitung, Erfrieren, Krankheit und drakonischen Strafen in den Straf- und Arbeitslagern. Erst nach Stalins Tod 1953 wurden die Gulags aufgelöst.

M3 Mahnmal „Trauermaske", für die Opfer der Gulag in Sibirien. Magadan, 2005.

Q2 Der russische Schriftsteller Alexander Solschenizyn war von 1945 bis 1953 in einen Gulag verbannt. Seine Erinnerungen verarbeitete er in einem Buch.

Geprügelt wird mit Gummiknüppeln, geprügelt wird mit Teppichklopfern, geprügelt wird mit Sandsäcken. Arg ist der Schmerz, wenn sie auf Knochen schlagen …
Oder auch noch so: Die Hände des Untersuchungshäftlings werden in einer Sondervorrichtung festgeschraubt, sodass die Handflächen fest am Tisch aufliegen, und dann hauen sie mit der scharfen Kante eines Lineals auf die Gelenke. Da heulst du auf! Soll beim Prügeln das Zähneausschlagen gesondert angeführt werden?

ARBEITSAUFTRÄGE

1. Analysiere die Karikatur in M1.
2. ⇥ Kennzeichne „Volksfeinde" aus Stalins Sicht.
3. Nenne Menschenrechte, die den Bürgern unter Stalins Herrschaft vorenthalten wurden.
4. ⇥ Berichte über die Gulags.
5. ⇨ Bewerte die Gewaltherrschaft Stalins.

⇥ zu 2.
Nutze den Abschnitt „Stalinismus – Terror und Unterdrückung".

⇥ zu 4.
Gulags waren … In ihnen mussten die Gefangenen … Viele der Lager befanden sich in …
Nutze auch die Informationen aus Q2.

Festigung der Sowjetherrschaft

Bildung und Erziehung formen den Sowjetmenschen

Anfang des 20. Jahrhunderts war das Analphabetentum unter den Menschen in Russland weit verbreitet. Seit der Gründung der UdSSR besuchten alle Kinder die Schule. Über den Besuch einer weiterführenden Schule oder das Studium an der Universität entschied nicht mehr das Geld der Eltern, sondern die Intelligenz, der Lerneifer, aber vor allem die Einsatzbereitschaft für Partei und Staat.

Nur eine breite Volksbildung ermöglichte die Erziehung vor allem der Jugend als Nachwuchs für die Partei, für den Staat und die Wirtschaft. Das Land benötigte gut ausgebildete Facharbeiter und Techniker, um die Industrialisierung voranzutreiben, aber auch Menschen, die bedingungslos und gehorsam die Befehle der Partei ausführten.

Analphabeten: Menschen, die weder schreiben noch lesen können.
KPdSU: ab 1933 einzige Partei in der UdSSR mit 3,5 Millionen Mitgliedern.

M1 „Unsere Heimat soll blühen und gedeihen", Plakat mit Stalin, 1930.

Die Staatstruktur der UdSSR

Stalin ließ 1936 die neue Verfassung für die UdSSR festschreiben, die durch den Sowjetkongress bestätigt wurde. Das Wahlrecht erhielten alle Staatsbürger ab achtzehn Jahren.

Die Union der Sozialistischen Sowjetrepubliken war zwar ein Zusammenschluss von elf demokratischen Sowjetstaaten, in der Verfassung wurde jedoch die Führungsrolle der KPdSU verankert. Damit entstand eine Parteidiktatur. Verfolgung, Terror und Unterdrückung von Andersdenkenden waren durch die Formulierung „in Übereinstimmung mit den Interessen der Werktätigen" gesetzlich möglich. Somit garantierte die Verfassung zwar die Grundrechte, aber deren Durchsetzung war eine Frage der Auslegung.

M2 Staatswappen der UdSSR. Die roten Bänder mit der Aufschrift „Proletarier aller Länder, vereinigt euch!" symbolisieren die Unionsrepubliken. Hammer und Sichel stehen für das Bündnis von Arbeitern und Bauern, die Erdkugel zeigt den Weltanspruch des Sozialismus und die Weltrevolution.

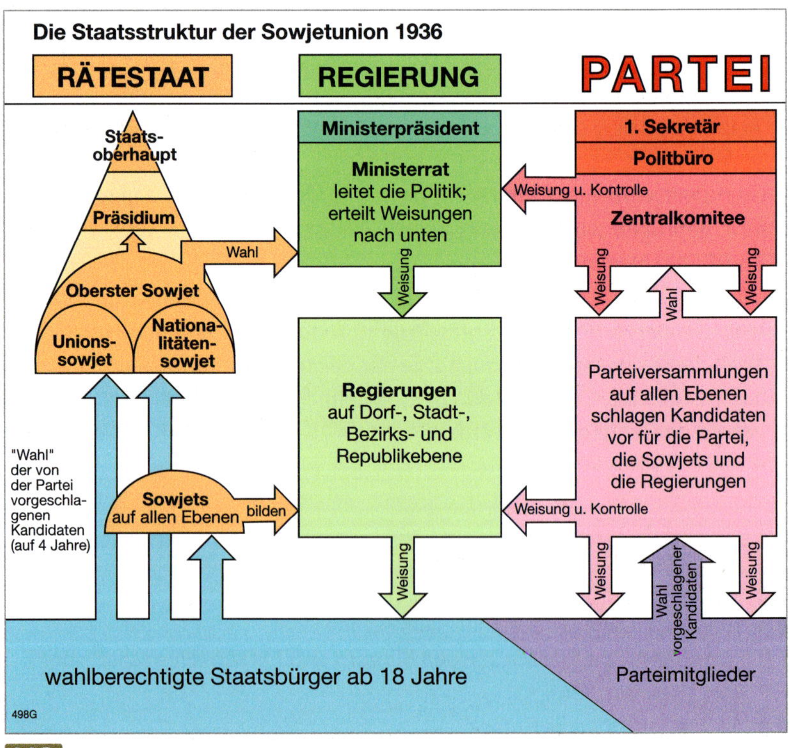

M3 Die Staatsstruktur der Sowjetunion 1936.

Der Personenkult um Stalin

Die Bürger der Sowjetunion sollten Stalin genauso verehren wie Lenin. Unablässige Propaganda auf Spruchbändern an Häuserfronten, bei Aufmärschen und Versammlungen vermittelte der Bevölkerung das Bild vom treu sorgenden „Väterchen Stalin". Kino, Theater, Rundfunk, Zeitungen, Illustrierte und Bücher unterstützten diese Wirkung. Es gab politische Schulungen im Unterricht, in Betrieben und Verbänden. Überlebensgroße Denkmäler wurden nicht nur in der Sowjetunion errichtet, sondern auch in den anderen kommunistischen Staaten.

Personenkult: die übergebührliche Verehrung und Verherrlichung einer Person, besonders eines politischen Führers.

M4 „Der Kapitän des Sowjetlandes führt uns von einem Sieg zum anderen Sieg!" sowjetisches Propagandaplakat von 1933.

M5 Ende des Stalinkults in der Geburtsstadt des Diktators: In der georgischen Stadt Gori haben die Behörden das Bronzedenkmal des früheren sowjetischen Machthabers Josef Stalin abmontiert.

Stalin – ein schwieriges Erbe

Stalin prägte die Geschichte so nachhaltig, dass die Zeit zwischen 1927 und 1953 als Ära des Stalinismus bezeichnet wird. Während des Stalinismus wurden Menschen grundlos verhaftet, deportiert und ermordet. Millionen starben in sibirischen Straf- und Gefangenenlagern.

Dennoch wird Stalin immer noch von vielen Russen verehrt. Unter seiner Herrschaft entwickelte sich die Sowjetunion von einem rückständigen Agrarstaat zu einem modernen Industriestaat. Obwohl nach dem Tode des Diktators das Ausmaß seiner Terrorherrschaft bekannt wurde, wird seine Rolle in der Geschichte daher nach wie vor im In- und auch im Ausland kontrovers diskutiert. Hierbei gibt es zwei extreme Positionen: Während seine Bewunderer in ihm einen großen Staatsmann sehen, betrachten andere den Diktator schlicht als Verbrecher und Massenmörder.

Stalinismus: von Stalin geprägtes Herrschaftssystem, das sich Gewalt und Terror bediente und von etwa 1927 bis zu Stalins Tod 1953 währte.

ARBEITSAUFTRÄGE

1. Beschreibe die Erziehung junger Menschen zu „Sowjetbürgern".
2. ⇥ Erkläre anhand des Schaubildes M3 die Staatsstruktur der UdSSR.
3. Erläutere den Personenkult um Stalin.
4. a) Beschreibe die Plakate in M1 und M4.
   b) Beurteile die Darstellung Stalins.
5. ⇨ Diskutiert, inwiefern der Personenkult im gesellschaftlichen Leben des 21. Jahrhunderts noch eine Rolle spielt.

⇥ zu 2.
Nutze die Schritte zur Analyse eines Schaubildes:
- *Thema benennen*
- *Art des Schaubildes beschreiben*
- *Ausgestaltung des Schaubildes beschreiben*
- *Informationen verknüpfen*
- *Schaubild kritisieren*

Wir machen uns stark für Demokratie!

Q1 „TOLERANZ FÖRDERN – KOMPETENZ STÄRKEN“

Das Bundesprogramm „TOLERANZ FÖRDERN – KOMPETENZ STÄRKEN“ des Bundesministeriums für Familie, Senioren, Frauen und Jugend führt seit dem 1. Januar 2011 die erfolgreiche Arbeit der beiden Bundesprogramme „VIELFALT TUT GUT. Jugend für Vielfalt, Toleranz und Demokratie“ und „kompetent. für Demokratie – Beratungsnetzwerke gegen Rechtsextremismus“ unter einem gemeinsamen Dach fort. Es zielt darauf ab, ziviles Engagement, demokratisches Verhalten und den Einsatz für Vielfalt und Toleranz zu fördern. Hierfür stehen bis 2013 jährlich 24 Millionen Euro an Bundesmitteln zur Verfügung.

Q2 Projekt „Werkstatt Junge Demokratie“

Das Projekt „Werkstatt Junge Demokratie“ (Laufzeit: 2012 – 2015) nimmt junge Menschen als die entscheidenden Gestalter nicht nur der Zukunft, sondern bereits im aktuellen gegenwärtigen Beteiligungsprozess von Demokratie vor Ort wahr. An den Projektstandorten Limbach-Oberfrohna (Landkreis Zwickau) und Burgstädt (Landkreis Mittelsachsen) bieten sich jungen Menschen wenige Beteiligungsmöglichkeiten. Die Folgen des demographischen Wandels, verbunden mit einer hohen Abwanderungsquote junger Menschen aus dem Gebiet (Überalterung, Binnenwanderungsverluste, Geburtenrückgang) verschärfen die Situation in dieser ländlichen Region Ostdeutschlands.

Q3 Landespräventionsrat im Freistaat Sachsen

Über 3 Millionen Euro für „Weltoffenes Sachsen“
Der Innenausschuss des Sächsischen Landtags hat am 22.11.2012 die Ausweitung des Landesprogramms „Weltoffenes Sachsen für Demokratie und Toleranz“ beschlossen. Für die Haushaltsjahre 2013 und 2014 stehen jeweils 3,26 Millionen Euro zur Verfügung. Über die Förderung von Projekten der Kommunen, freien Trägern, Vereinen und Verbänden hinaus sollen zukünftig auch Demokratie-Projekte bei Jugendfeuerwehren, Sportvereinen, im Katastrophenschutz, bei der Wasserrettung und anderen Trägern unterstützt werden.

Q4 Das Jugendprogramm Zeitensprünge

Geschichte wird von Menschen gemacht! Wer die Geschichte der eigenen Heimat kennt, kann die Gegenwart und Zukunft mitgestalten …
Erfragen – Entdecken – Dokumentieren – das ist das Motto des Jugendprogramms „Zeitensprünge“ der Stiftung Demokratische Jugend. Jedes Jahr von April bis Oktober machen sich junge Menschen aus den neuen Bundesländern auf die Reise zurück in die Vergangenheit. Im Mittelpunkt der Projektarbeit steht dabei immer die Geschichte der eigenen Heimatregion. Wie sah es in meiner Region mal aus? Was hat die Menschen beschäftigt? Wie war die Lebens- und Arbeitssituation?

ARBEITSAUFTRÄGE

1. Informiert euch über die einzelnen Projekte.
2. Erarbeitet Gemeinsamkeiten und Unterschiede der Projekte.
3. Diskutiert Möglichkeiten, Jugendliche für Demokratie zu sensibilisieren.
4. Beteiligt euch an einem aktuellen Wettbewerb.
5. Präsentiert eure Ergebnisse in der Schule, vor euren Eltern oder in eurem Wohnort.

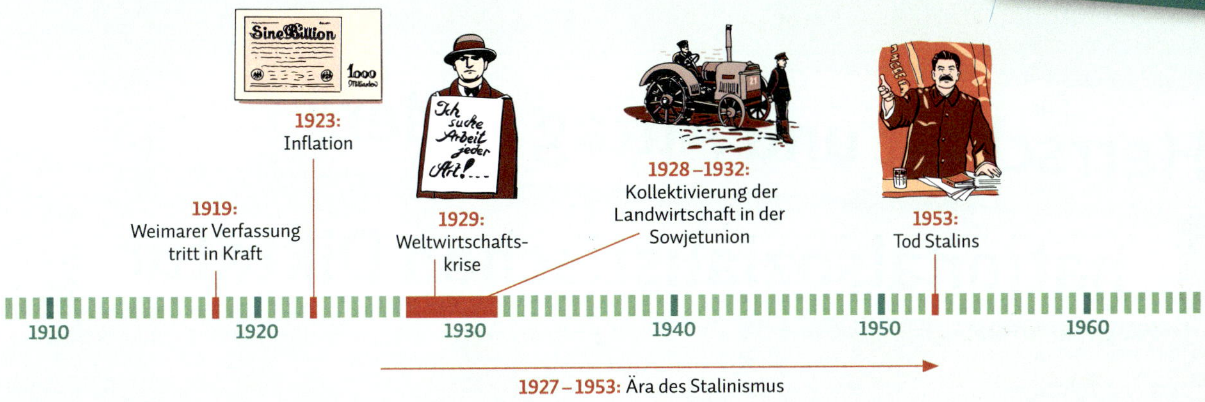

In Kürze:

Demokratie und Diktatur sind zwei unterschiedliche Staatsformen.

Eine Demokratie lebt von der Gewaltenteilung. Die staatliche Herrschaft ist in drei Gewalten unterteilt. Parlament, Regierung und Rechtssprechung kontrollieren sich gegenseitig. Freiheit und verfassungsmäßig garantierte Menschenrechte kennzeichnen das Leben in einem demokratischen Staat. Die maßgebliche Initiative zur politischen Willensbildung geht vom Volk aus.

Durch die Deutsche Revolution 1918/1919 wurde in Deutschland die Monarchie beendet. Mit der Weimarer Republik entstand der erste demokratische Staat auf deutschem Boden. Obwohl die Weimarer Republik scheiterte, stellt ihre politische Ordnung die Grundlage unseres Staates dar.

In einer Diktatur herrscht eine einzelne Person oder eine Gruppe. Sie bestimmen, wie eine Gesellschaft sich organisiert und geben Rechte und Pflichten der Bürger vor.

Die Sowjetunion nach 1924 ist ein Beispiel für eine Diktatur. Unter der Terrorherrschaft Stalins wurde der Grund und Boden zwangskollektiviert und die Wirtschaft industrialisiert. Stalin setzte seine Ziele mit aller Gewalt durch. Politische Konkurrenten, führende Parteifunktionäre, Offiziere, Andersdenkende, Kritiker des Systems aber auch ganze Bevölkerungsgruppen wurden verfolgt und getötet. Alltäglicher Terror, Schauprozesse, politische Säuberungen und Gulags zerstörten das Leben von Millionen Menschen.

WICHTIGE BEGRIFFE

Demokratie
Diktatur
Industrialisierung
Kollektivierung
Deutsche Revolution 1918/19
Schauprozesse
Sowjetunion
Terrorherrschaft
Weimarer Republik

Herrschaft und Alltag in der nationalsozialistischen Diktatur

Innerhalb weniger Monate verwandelten die Nationalsozialisten Deutschland in eine Diktatur. Durch Manipulation und Propaganda beeinflusst, fühlte sich die Mehrheit der Deutschen in der nationalsozialistischen Volksgemeinschaft geeint. Für alle Menschen, die von der nationalsozialistischen Ideologie als "Feinde des Volkes" ausgegrenzt wurden, war der 30. Januar 1933 der Auftakt zu Verfolgung, Terror und Unterdrückung, welche von einem Großteil der Bevölkerung getragen oder geduldet wurde.

Adolf Hitler auf dem Reichsparteitag 1933 in Nürnberg.

Die nationalsozialistische Weltanschauung

Der 1889 im österreichischen Braunau geborene Adolf Hitler hatte im ersten Weltkrieg als Freiwilliger in der bayrischen Armee gekämpft. Im Jahr 1919 wurde er Mitglied in der rechtsradikalen Deutschen Arbeiterpartei (DAP) und sorgte durch seine hetzerischen Reden schnell für Aufmerksamkeit. Als sich die DAP im Februar 1920 in Nationalsozialistische Deutsche Arbeiterpartei (NSDAP) umbenannte, verstärkte Hitler sein Engagement für die Partei. Ende des Jahres 1920 hatte die NSDAP schon über 2000 Mitglieder.

M1 Undatiertes Porträt von Adolf Hitler (1889–1945).

Q1 Aus dem Parteiprogramm der NSDAP von 1920:

1. *Wir fordern den Zusammenschluss aller Deutschen aufgrund des Selbstbestimmungsrechtes der Völker zu einem Groß-Deutschland.*
2. *... die Gleichberechtigung des deutschen Volkes gegenüber den anderen Nationen, Aufhebung der Friedensverträge von Versailles ...*
3. *... Land und Boden ... zur Ernährung unseres Volkes und Ansiedlung unseres Bevölkerungsüberschusses.*
4. *Staatsbürger kann nur sein, wer Volksgenosse ist. Volksgenosse kann nur sein, wer deutschen Blutes ist ... Kein Jude kann ... Volksgenosse sein. ...*
9. *Alle Staatsbürger müssen gleiche Rechte und Pflichten besitzen.*
10. *Erste Pflicht ... muss es sein, geistig oder körperlich zu schaffen ...*

Daher fordern wir:

14. *... Gewinnbeteiligung an Großbetrieben ...*
16. *... die Schaffung eines gesunden Mittelstandes und seine Erhaltung ...*
21. *Der Staat hat für die Hebung der Volksgesundheit zu sorgen ...*

Der Aufstieg der NSDAP

Die NSDAP wählte Adolf Hitler 1921 zu ihrem Führer. Auf Kundgebungen hörten mehrere Tausend Menschen die Ziele der Partei. Im November 1923 wollte Hitler seine Macht demonstrieren. Er wagte den Putsch gegen die bayrische Regierung und die Reichsregierung. Der Putschversuch scheiterte. Obwohl Hitler ohnehin nur zu fünf Jahren Haft verurteilt wurde, entließ man ihn bereits nach gut acht Monaten. Sofort wurde Hitler wieder politisch aktiv und machte sich an die Neuorganisation seiner noch verbotenen Partei. Im Februar 1925 kam es zur Wiedergründung der NSDAP, deren Mitglieder Hitler in seiner Führerrolle bestätigten.

Die im Jahr 1929 beginnende Wirtschaftskrise bewirkte in weiten Teilen der Bevölkerung eine Ablehnung des bestehenden politischen Systems und der demokratischen Parteien. Dies brachte der NSDAP, die zuvor bei Wahlen auf nationaler Ebene keine bedeutende Rolle gespielt hatte, erstmals eine große Wählerschaft.

Das Recht des Stärkeren

Während seiner Haft 1924 schrieb Hitler das Buch „Mein Kampf“. Hier war die Weltanschauung des Nationalsozialismus dargelegt und die Wertvorstellungen sowie die Ziele der NSDAP deutlich formuliert.

Hitler übertrug Schlussfolgerungen Charles Darwins auf die menschliche Gesellschaft. Durch Beobachtungen der Tierwelt hatte Darwin erkannt, dass nur die Individuen den Kampf um das Dasein überleben können, die am besten an ihre Umwelt angepasst sind. Kerngedanke des Sozialdarwinismus war, dass das stärkere Volk das Recht und die Pflicht hat, sich gegen schwächere durchzusetzen. Damit war eine scheinbar wissenschaftliche Rechtfertigung für die Rassentheorien gegeben.

Sozialdarwinismus: Anwendung der Lehren Darwins auf die menschliche Gesellschaft.

Q2 In „Mein Kampf“ legte Adolf Hitler seine Grundgedanken offen:

Die völkische Weltanschauung glaubt keineswegs an eine Gleichheit der Rassen, sondern erkennt mit ihrer Verschiedenheit auch ihren höheren oder minderen Wert und fühlt sich durch diese Erkenntnis verpflichtet, ... den Sieg des Besseren, Stärkeren zu fördern, die Unterordnung des Schlechteren und Schwächeren zu verlangen. Sie huldigt damit prinzipiell dem ... Grundgedanken der Natur.

M2 Bilder deutscher Rasse. Schautafel um 1935.

Höherwertige „Herrenmenschen“

Die nationalsozialistische Rassentheorie ging davon aus, dass verschiedene biologische Merkmale die Eigenschaften des Menschen und damit seinen Wert bestimmen. Sie stützte die Ansicht, dass es höherwertige und minderwertige Rassen gäbe. Von diesen habe allein die „arische“ Rasse in der Geschichte die großen Leistungen vollbracht und gelte daher als „Herrenrasse“. Der Kern dieser arischen Rasse waren die Germanen, aus denen wiederum die Deutschen als Kernvolk hervorgegangen seien.

Aus der Gleichsetzung „arisch = germanisch = deutsch“ leiteten die Nationalsozialisten die Führungsrolle des deutschen Volkes in der Welt ab. Aufgrund ihrer angeblichen Überlegenheit sollten die Deutschen andere Rassen beherrschen. Die Reinhaltung und Vermehrung der als „Herrenmenschen“ angesehenen arischen Rasse war eine wichtige Aufgabe, die die NSDAP mit unterschiedlichsten Mitteln verfolgte.

ARBEITSAUFTRÄGE

1. Beschreibe M1 und erläutere, welche persönlichen Eigenschaften Hitlers in diesem Porträt ausgedrückt werden sollen.

2. a) Analysiere Q1. Ordne die Forderungen nach politischen und wirtschaftlichen Aspekten.
b) Nenne die Bevölkerungsschichten, die durch die einzelnen Forderungen besonders angesprochen werden sollten.

3. Erkläre mithilfe von Q2 und M2 Grundideen des Sozialdarwinismus und der Rassenlehre.

4. Erläutere die politischen Ziele, die sich aus der Rassenlehre ableiten lassen.

zu 1.
Betrachte das Bild sehr aufmerksam. Untersuche zum Beispiel Körperhaltung, Mimik, Kleidung u. a.

zu 3.
Formuliere mithilfe von Text, Q2 und M2 Stichpunkte zu beiden Begriffen. Schreibe nun zu jedem einen erklärenden Text.

Die Idee von der „Volksgemeinschaft"

M1 Plakat für eine „große politische Schau" im Deutschen Museum München 1937.

„Die Juden sind Deutschlands Unglück"

Als besondere Bedrohung für die „deutsche Herrenrasse" sah die NSDAP die Juden an. Sie wurden als „Schmarotzer und Ungeziefer" beschimpft, die das deutsche Volk ins Verderben stürzen würden.

Q1 Adolf Hitler über die Juden:

... So ist der Jude heute der große Hetzer zur restlosen Zerstörung Deutschlands. ... Die Gedankengänge des Judentums sind dabei klar die Bolschewisierung Deutschlands, das heißt die Ausrottung der nationalen völkischen deutschen Intelligenz und die dadurch ermöglichte Auspressung der deutschen Arbeitskraft im Joche der jüdischen Weltfinanz ...
Hätte man zu Kriegsbeginn (Erster Weltkrieg) und während des Krieges einmal zwölf- oder fünfzehntausend dieser hebräischen Volksverderber so unter Giftgas gehalten, wie Hunderttausende unserer allerbesten deutschen Arbeiter aus allen Schichten und Berufen es im Felde erdulden mussten, wäre das Millionenopfer der Front nicht vergeblich gewesen.

Die Deutschen – ein „Volk ohne Raum"

Die NSDAP sprach auch das nationalgesinnte Bürgertum an, das nicht bereit war, die Niederlage und die Verluste aus dem Ersten Weltkrieg zu akzeptieren. Die Überschätzung der eigenen Nation bedeutete gleichzeitig die Abwertung anderer Nationen. Dies sollte den Anspruch auf die Eroberung neuen Lebensraums für das deutsche Volk rechtfertigen.

Q2 Adolf Hitler über die Notwendigkeit eines Krieges gegen Russland:

... müssen wir ... an unserem außenpolitischen Ziele festhalten, nämlich dem deutschen Volk den ihm gebührenden Grund und Boden auf dieser Erde zu sichern. ...
Damit ziehen wir Nationalsozialisten bewusst einen Strich unter die außenpolitische Richtung unserer Vorkriegszeit. Wir stoppen den ewigen Germanenzug nach Süden und Westen Europas und weisen den Blick nach dem Land im Osten.
Wenn wir aber heute in Europa von neuem Grund und Boden reden, können wir in erster Linie nur an Russland und die ihm untertanen Randstaaten denken. ...
... Staatsgrenzen werden durch Menschen geschaffen und durch Menschen geändert. Die Tatsache des Gelingens eines unmäßigen Bodenerwerbs durch ein Volk ist keine höhere Verpflichtung zur ewigen Anerkennung desselben. Sie beweist höchstens die Kraft der Eroberer und die Schwäche der Dulder. Und nur in dieser Kraft allein liegt dann das Recht. ...

„Du bist nichts, dein Volk ist alles"

Die NSDAP versprach, eine Gesellschaft zu schaffen, in der es keine sozialen Unterschiede und keine Klassenschranken geben sollte. Sie wollte eine „Volksgemeinschaft", die durch Blutsbande verbunden ist.

Q3 Aus einem nationalsozialistischen Lehrbuch von 1938:

Die Gemeinschaft des Volkes:
Das Dritte Reich beseitigt grundsätzlich alle Unterschiede zwischen Ständen, Klassen und Parteien.
1. *Die soziale Frage des 19. Jahrhunderts wird gelöst. Für alle Berufe und Ämter entscheiden nur Befähigung und Leistung.*
2. *Die Einheit der Erziehung schafft ein neues Volk.*
3. *Das deutsche Volk ist eine Schicksalsgemeinschaft.*
4. *Ihren Ausdruck findet die Volksgemeinschaft in den Festen der Nation.*

Die NSDAP führte 12 politische Feiertage ein. Diese wurden mit großen Aufmärschen und Festen begangen und sprachen viele Deutsche an.

Zum Beispiel:
30. Januar: Tag der Machtergreifung
24. Februar: Parteigründungsfeier
letzter Märzsonntag: Aufnahme der 14-Jährigen in die Hitlerjugend und den Bund Deutscher Mädchen
1. Mai: Tag der Nationalen Arbeit
21. Juni: Sommersonnenwende
Anfang September: Reichsparteitag
9. November: Gedenktag an die Blutzeugen der Bewegung

M3 Nationalsozialistische Feiertage.

„Führer befiehl, wir folgen dir"

Wie in der NSDAP sollte sich auch im Staat alles den Ideen und Entscheidungen Hitlers als Führer unterordnen. Bald vereinte er alle wichtigen politischen Funktionen des Landes in seiner Person. Hitler vermittelte den Deutschen ein Bild von einer strahlenden Zukunft. Menschen aus allen Teilen der Bevölkerung folgten kritiklos seinen Ideen.

M2 Hitler begrüßt die Bevölkerung. Foto, 1936.

ARBEITSAUFTRÄGE

1. ⇥ Nenne Eigenschaften, die die NSDAP durch ihre Propaganda den Juden zuschreiben wollte.
2. Erläutere die politischen Ziele, die mit den Judendarstellungen durch die NSDAP verfolgt wurden.
3. Arbeite aus der Quelle Q2 die außenpolitischen Ziele der NSDAP heraus.
4. Erkläre die Idee der Volksgemeinschaft. Nutze M3 und Q3.
5. ⇥ Bewerte die Aussage aus Q3: „Das deutsche Volk ist eine Schicksalsgemeinschaft".
6. ⇨ Beurteile, inwieweit die Darstellung in M2 die Idee der Volksgemeinschaft verdeutlichen soll.

⇥ zu 1.
Nutze M1 und Q1.

⇥ zu 5.
Erkläre zunächst den Begriff Schicksalsgemeinschaft.

Hitler wird Reichskanzler

Bei den Reichtagswahlen im Juli 1932 hatte die NSDAP und KPD gemeinsam deutlich mehr als 50 Prozent der Stimmen erhalten. Die demokratischen Parteien, die die Republik befürworteten, waren im Reichstag in der Minderheit. Als bereits im November 1932 erneut gewählt werden musste, wurde die NSDAP wiederum stärkste Kraft im Reichstag. Hitlers Partei hatte im Vergleich zum Juli allerdings mehr als zwei Millionen Wählerstimmen verloren. Dennoch ernannte Reichspräsident Hindenburg am 30. Januar 1933 Adolf Hitler zum Reichskanzler. Damit beugte er sich den Forderungen verschiedener Kräfte aus Wirtschaft und Politik.

M1 „Der Sinn des Hitlergrußes". Fotomontage von John Heartfield, 1932.

„Wir haben uns Hitler engagiert"

Hitler stand nun einer Regierung vor, in der es nur drei nationalsozialistische Minister gab. Die acht konservativen Minister glaubten, Hitler für ihre politischen Zwecke benutzen zu können. Er sollte ihnen Mehrheiten im Reichstag ermöglichen, politisch aber keinen Einfluss ausüben.

Q1 Industrielle an den Reichspräsidenten im November 1932:

... Mit Eurer Exzellenz bejahen wir die Notwendigkeit einer vom parlamentarischen Parteiwesen unabhängigen Regierung, wie sie in den ... Gedanken eines Präsidialkabinetts zum Ausdruck kommt ... Gegen das bisherige parlamentarische Parteiregime sind nicht nur die Deutschnationale Volkspartei ..., sondern auch die NSDAP grundsätzlich eingestellt. ... Wir erkennen in der nationalen Bewegung ... einen verheißungsvollen Neubeginn ... Wir wissen, dass dieser Aufstieg noch viele Opfer erfordert. Wir glauben, dass diese Opfer nur dann willig gebracht werden können, wenn die größte Gruppe der nationalen Bewegung führend an der Regierung beteiligt wird. ... Die Übertragung der verantwortlichen Leitung eines mit den besten Kräften ausgestatteten Präsidialkabinetts an den Führer der größten nationalen Gruppe wird die Schwächen und Fehler, die jeder Massenbewegung notgedrungen anhaften, ausmerzen und Millionen Menschen ... mitreißen.

Q2 Ein Bankier über ein Gespräch mit Hitler und von Papen am 4.1.1933:

Papen führte aus, dass er es für das Beste halte, eine Regierung zu formen, bei der die konservativen und nationalen Elemente ...zusammen mit den Nazis vertreten seien ...
Hitler skizzierte Änderungen, einschließlich der Entfernung aller Sozialdemokraten, Kommunisten und Juden von führenden Stellungen in Deutschland. ...
Die allgemeinen Bestrebungen der ... Wirtschaft gingen dahin, einen starken Führer in Deutschland an die Macht kommen zu sehen, der eine Regierung bilden würde, die lange an der Macht bleiben würde ...

Inszenierung der Macht

Am 30. Januar 1933 verließ Hitler etwa um 12.00 Uhr als neuer Reichskanzler den Sitz des Reichspräsidenten Hindenburg. Am gleichen Tag gegen 20.00 Uhr marschierte ein gewaltiger Zug von Angehörigen der SA und der Hitlerjugend im Fackelschein durch das Brandenburger Tor. Jubelnde Massen begleiteten sie.

Q3 Aus einer Rundfunkreportage vom 30.1.1933:

... Sie hören jetzt immer Jubel zu den Fenstern herauf, immer weiter die Fackeln, der ganze Kaiserplatz wie in Taghelle getaucht! ...
Ein wunderbares Bild, ein Bild, das man so bald nicht wieder erleben wird! Diese gestreckten Arme, diese Heil-Rufe. ...
Ungeheuerlich! Man muss direkt Angst haben, wie die Menschen dort draußen sich drängen ... trotzdem geht alles in vollständiger Ordnung vor sich. ...
Aber man muss doch bedenken, dass der Fackelzug erst in zwei oder drei Stunden organisiert worden ist als ein ganz spontaner Ausdruck der Freude ...

M2 Fackelzug aus Anlass der Ernennung Hitlers zum Reichskanzler. Hitler grüßt vom Fenster der Reichskanzlei. Foto vom 30.1.1933.

M3 Filmausschnitt, Nachstellung des NSDAP-Aufmarsches vom 30. Januar 1933. Szenenfoto vom Sommer 1933.

ARBEITSAUFTRÄGE

1. Erkläre mithilfe von Q1 und Q2, welche Kräfte eine Regierung unter Hitler wünschten und welche Ziele diese verfolgten.
2. Interpretiere M1.
3. Vergleiche die Darstellung des 30. Januar 1933 in M2 und Q3.
4. Beschreibe die Nachstellung des Fackelzugs vom 30.1.1933 in M3.
5. Erläutere mögliche Gründe für die Nachstellung des Fackelzuges vom 30. Januar 1933.
6. Erkläre, ob der Begriff „Machtergreifung" den historischen Geschehnissen entspricht.

zu 1.
Beachte die Einleitung der Quellen.

zu 2.
Erläutere dabei die Doppeldeutigkeit der Aussage „Millionen stehen hinter mir."

zu 4.
Folgende Punkte kannst du untersuchen: Zeit und Ort der Entstehung, Bildinhalt, Bildausschnitt, Stimmung, Schnappschuss oder gestelltes Foto ...

Das Ende der Demokratie

M1 Das brennende Reichstagsgebäude in der Nacht des 27. Februars 1933. Koloriertes Foto.

Angriff auf die Verfassung

Als erste Amtshandlung ließ Hitler am 31. Januar 1933 den Reichstag auflösen. Mit Neuwahlen am 5. März wollte er die NSDAP zur absolut stärksten Partei machen. In einem aufwändigen Wahlkampf reiste er durch Deutschland, um bei Aufmärschen und auf Kundgebungen um Stimmen zu werben. Gleichzeitig drängte Hitler den Reichspräsidenten am 4. Februar, die „Verordnung zum Schutz des Deutschen Volkes" zu erlassen, die die Presse-, Rede- und Versammlungsfreiheit stark einschränkte.

Q1 Joseph Goebbels, späterer Propagandaminister Hitlers, legte schon 1928 seine Vorstellungen von Demokratie dar:

Wir gehen in den Reichstag hinein, um uns im Waffenarsenal der Demokratie mit deren eigenen Waffen zu versorgen. Wir werden Reichstagsabgeordnete, um die Weimarer Gesinnung mit ihrer eigenen Unterstützung lahmzulegen. Wenn die Demokratie so dumm ist, uns für diesen Bärendienst Freifahrtkarten und Diäten zu geben, so ist das ihre eigene Sache. ... Uns ist jedes gesetzliche Mittel recht, den Zustand von heute zu revolutionieren. ... Wir kommen als Feinde! Wie der Wolf in die Schafherde einbricht, so kommen wir. ...

Q2 Aus einer Absprache zwischen Hitler und von Papen am 31.1.1933:

Der Stellvertreter des Reichskanzlers führt aus, es sei am besten, schon jetzt festzulegen, dass die kommenden Wahlen zum Reichstag die letzten sein sollen und eine Rückkehr zum parlamentarischen System für immer zu vermeiden sei.
Der Reichskanzler erklärte, er wolle folgende bindende Versprechen abgeben: a) Der Ausgang einer Neuwahl zum Reichstag solle keinen Einfluss auf die Zusammensetzung der jetzigen Reichsregierung haben. b) Die nun bevorstehende Wahl zum Reichstag solle die letzte Neuwahl sein ...

M2 Wahlplakat der NSDAP nach dem Reichstagsbrand.

Der Reichstag in Flammen

Mitten im Wahlkampf brannte in der Nacht des 27. Februar das Reichstagsgebäude. Die NSDAP verkündete, noch bevor der Brand gelöscht war, dass die Kommunisten für das Feuer verantwortlich wären. In derselben Nacht zogen SS-Truppen durch Berlin und andere Städte und verhafteten etwa 4000 Kommunisten unter dem Vorwand, sie hätten einen Umsturzversuch vorbereitet.

Hitler nutze den Reichtagsbrand, um die rechtsstaatliche Verfassung der Weimarer Republik zu untergraben. Am folgenden Tag wurde die „Verordnung zum Schutz von Volk und Staat" zur „Abwehr kommunistischer staatsgefährdender Gewaltakte" erlassen. Mit dieser sogenannten „Reichstagsbrandverordnung" setzte die NSDAP weitere Grundrechte außer Kraft.

Die Folgen der Reichstagswahlen

Am 21. März 1933 eröffnete Hitler gemeinsam mit Hindenburg die Sitzungsperiode des Reichstags mit einem Staatsakt. Nur zwei Tage später legte Hitler dem Reichstag das „Gesetz zur Behebung der Not von Volk und Reich" vor. Die Abgeordneten der KPD sowie ein Teil der Abgeordneten der SPD waren als Folge des Reichtagsbrandes verhaftet worden. Das „Ermächtigungsgesetz" wurde mit 441 zu 94 Stimmen angenommen. Nur die verbliebenen SPD-Abgeordneten hatten es gewagt, dagegen zu stimmen.

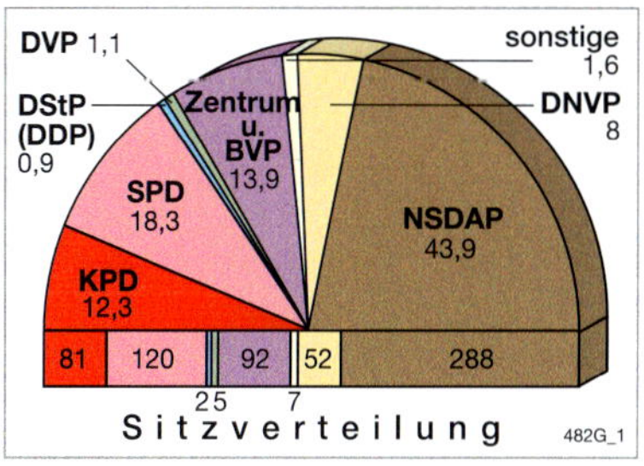

M3 Ergebnis der Reichstagswahlen vom 5.3.1933 (Stimmen in %).

Q3 Ein Abgeordneter der SPD erinnert sich an die erste Reichstagssitzung vom 23. März 1933:

Als wir uns ... in kleinen Gruppen zur Krolloper begaben, fanden wir den weiten Platz davor ... mit schwarzen Menschenhaufen bedeckt. Wilde Sprechchöre empfingen und begleiteten uns: „Wir wollen das Ermächtigungsgesetz, sonst gibt es Feuer!" Junge Burschen, Hakenkreuzabzeichen an der Brust, musterten uns frech ... und riefen uns Schimpfworte wie „Zentrumsschwein" oder „Marxistensau" zu. Es war ein richtiges Spießrutenlaufen ...
In der Krolloper wimmelte es von SA und SS. ... Der Sitzungssaal war mit riesigen Hakenkreuzfahnen und ähnlichem Zierrat ausgeschmückt. Diplomatenlogen und Zuhörerränge waren überfüllt. Unsere Plätze befanden sich, da kommunistische Abgeordnete nicht anwesend waren, auf der äußersten Linken. Als wir sie eingenommen hatten, stellten sich SA- und SS-Leute an den Eingängen und Wänden hinter uns im Halbkreis auf. Ihre Mienen ließen nichts Gutes erwarten.

Q4 Aus dem „Ermächtigungsgesetz" vom 23. März 1933:

... Art. 1. Reichsgesetze können außer in dem in der Reichsverfassung vorgesehenen Verfahren auch durch die Reichsregierung beschlossen werden ...
Art. 2. Die von der Reichsregierung beschlossenen Reichsgesetze können von der Reichsverfassung abweichen, soweit sie nicht die Einrichtung des Reichstages und des Reichsrats als solches zum Gegenstand haben. Die Rechte des Reichspräsidenten bleiben unberührt.

Die NSDAP schaltet andere Parteien aus

Bereits die Reichstagsbrandverordnung schränkte die Tätigkeit der KPD stark ein. Unmittelbar nach den Wahlen wurde die KPD verboten. Die Auflösung der SPD folgte im Juni mit der Begründung, den Marxismus endgültig ausrotten zu wollen. Das Vermögen der beiden Parteien zog die NSDAP ein und erklärte die Mandate im Reichstag und in den Landtagen für ungültig. Viele Genossen wurden in „Schutzhaft" genommen. Die anderen Parteien lösten sich daraufhin ohne großen Druck selbst auf. Ein „Gesetz gegen die Neubildung von Parteien" drohte jedem mit hohen Strafen, der es wagte, eine Partei aufrechtzuerhalten oder neu zu gründen. Dies machte die NSDAP zur einzig legalen Partei in Deutschland.

Reichstagssitzung in der Krolloper:
Da das Reichstagsgebäude durch den Brand zerstört war, tagte das Parlament in der Berliner Krolloper.

ARBEITSAUFTRÄGE

1. Erkläre mithilfe von Q1 und Q2 die Einstellung der NSDAP zur Demokratie.

2. Schildere anhand von Q3 die Atmosphäre der Reichstagssitzung vom 23. März 1933.

3. Analysiere Q4 und nimm Stellung zu der Behauptung, dass das Ermächtigungsgesetz das Ende der Demokratie einleitete.

4. Diskutiert, inwieweit die NSDAP die Mittel der Weimarer Demokratie nutzen konnte, um diese legal abzuschaffen.

zu 1.
Die NSDAP war ... die Demokratie. Diese Haltung zeigte sich in Äußerungen wie ... und ...Ziel der NSDAP war es ...

zu 2.
Achte besonders auf verwendete Adjektive.

Ein Propagandaplakat analysieren

Plakate begegnen uns in allen Bereichen des täglichen Lebens. Sie werden von der Geschichtswissenschaft zu den historischen Bildquellen gezählt. Durch Plakate werden politische Interessen dargestellt, Weltbilder verbreitet, aber auch politische und religiöse Gegner verunglimpft.

Plakate in der Geschichte

Für die NSDAP waren Propagandaplakate eines der wichtigsten Instrumente zur Gewinnung und Beeinflussung der deutschen Bevölkerung. Die Propaganda konzentrierte sich auf wenige, ständig wiederholte Schlagworte und prägnante Losungen für die breite Masse. Mythisch überhöht als „nationaler Heilsbringer“ und „Erlöser“ angepriesen, stand meist Hitler im Mittelpunkt der Propagandakampagnen.

Unterschiedliche Bevölkerungskreise wurden mit unterschiedlichen Methoden angesprochen, aber stets sollte die Propaganda die Gefühle der Massen ansprechen. Nicht Argumentation, sondern der Appell an die Emotionen sollte im Vordergrund stehen.

Schritte zur Plakaterschließung

1. → *Was ist der erste Eindruck?*
- *Was ist der Blickfang des Plakates?*
- *Welche Gefühle werden geweckt?*

2. → *Welche Informationen zum Plakat kennst du?*
- *Wer ist der Urheber des Plakates?*
- *Was ist das Thema des Plakates?*
- *Wer ist Adressat des Plakates?*
- *In welchem historischen Zusammenhang entstand das Plakat?*

3. → *Wie ist das Plakat gestaltet?*
- *Welche Personen, Figuren oder Gegenstände sind dargestellt? (Einzelpersonen, Menschenmassen, Gegner, Opfer, Bevölkerungsgruppen, Helden, ...)*
- *Wie sind die Personen dargestellt? (als Karikatur, Gestik, Mimik, Größenverhältnisse, ...)*
- *Werden Symbole verwendet?*
- *Welche Bedeutung haben diese Symbole?*
- *Wie sind die Bildelemente angeordnet?*
- *Welche Körperhaltung haben die Personen?*
- *Wie sind Größe und Proportion der Elemente?*
- *Welche Perspektive nimmt der Betrachter ein?*
- *Wie ist das Plakat farblich gestaltet? (dominierende Farben, Symbolisch verwendete Farben, Kontraste, ...)*
- *Welche Schriftgröße und Schriftart wurde verwendet?*
- *Wie ist das Verhältnis zwischen Text und Bild?*

4. → *Welche Haltung/Auffassung vermittelt das Plakat?*
- *Was ist die Botschaft des Plakates?*
- *Welche Empfindungen sollen beim Adressaten angesprochen werden?*

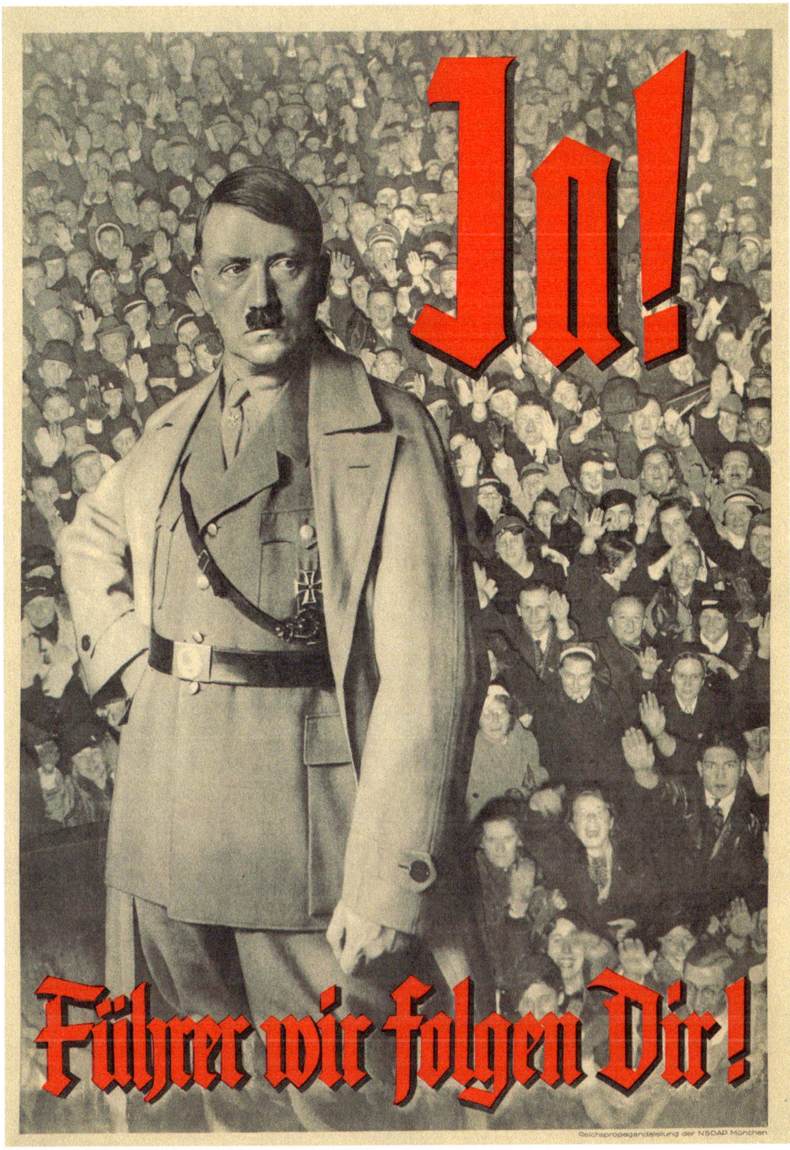

M1 Ja! Führer wir folgen Dir!
NS-Propagandaplakat von 1934 über die Vereinigung der Ämter von Reichskanzler und Reichspräsident, Herausgeber: Reichspropagandaleitung der NSDAP.

M2 Die Tat der Gemeinschaft dient dem Aufbau, Propagandaplakat, an die Volksgemeinschaft appellierend, 1935.

M3 Jud Süss,
Filmplakat zu einem antisemitischen Propagandafilm der Nationalsozialisten, 1940.

Das aus Anlass der 1934 durchgeführten Volksabstimmung über die Vereinigung der Ämter des Reichspräsidenten und des Reichskanzlers in der Person Hitlers herausgegebene Plakat zeigt ihn in der Pose eines entschlossenen Staatslenkers und „Führers", hinter dem das Volk steht.

Im Jahr 1938 wurde dieses Plakat erneut aus Anlass der Volksabstimmung über den „Anschluss" Österreichs an das Deutsche Reich und die Wahl zum Großdeutschen Reichstag am 10. April 1938 veröffentlicht.

ARBEITSAUFTRÄGE

1. Erkläre die Bedeutung der Propagandaplakate im Dritten Reich.
2. Analysiere ein selbst gewähltes Plakat mit den vorgegebenen Schritten.
3. Erkläre wesentliche Unterschiede zwischen den Plakaten in M1 und M2 zum Plakat M3.

„Die Partei ist nun der Staat geworden“

Diktatur: Alleinherrschaft, Gewaltherrschaft. Zwischen 1933 und 1945 herrschte in Deutschland eine nationalsozialistische Diktatur. Mit Zwang und Gewalt wurde die gesamte Gesellschaft den Zielen und dem Willen der NSDAP untergeordnet. Die NSDAP war die einzige Partei und beherrschte alle weiteren Organisationen und Vereine. Parlamente und Gerichte waren nicht mehr unabhängig.
Gleichschaltung: Alle Bereiche des öffentlichen, politischen und gesellschaftlichen Lebens werden einem politischen Ziel untergeordnet.
Der Begriff „Gleichschaltung“ wurde durch die „Gesetze zur Gleichschaltung der Länder“ vom März und April 1933 geprägt. Sie zielten auf eine Vereinheitlichung des Reiches unter der NSDAP ab.
Gau: Die NSDAP teilte Deutschland in Gebiete ein, die in Anlehnung an einen Begriff aus der mittelalterlichen Territorialverfassung Karls des Großen Gaue genannt wurden.

Die Nationalsozialisten nutzten das Wahlergebnis des 5. März 1933, um eine Diktatur zu errichten. Mit dem „Vorläufigen Gesetz zur Gleichschaltung der Länder mit dem Reich“ vom 31. März 1933 wurden alle Landesparlamente nach der Sitzverteilung im Reichstag umgestaltet. Nur eine Woche später folgte ein weiteres Gleichschaltungsgesetz. Es setzte Reichsstatthalter ein, welche die Landesregierungen ernannten.

Von Gewerkschaften zur Arbeitsfront

Bei der Eingliederung der Arbeiter in die nationalsozialistische „Volksgemeinschaft“ sollte der 1. Mai als traditioneller Kampftag der Arbeiter eine besondere Rolle spielen. Im April 1933 erklärte Hitler den 1. Mai zum „Feiertag der nationalen Arbeit“.

Mit der Auflösung der Gewerkschaften übernahm die NSDAP das Gewerkschaftsvermögen. Darauf folgte die Gründung der Deutschen Arbeitsfront. In dieser Organisation waren Arbeiter und Unternehmer vereint. An der Spitze dieser Organisation stand der Führer Adolf Hitler.

Q1 Mitte April 1933 notierte Goebbels:

Den 1. Mai werden wir zu einer grandiosen Demonstration deutschen Volkswillens gestalten. Am 2. Mai werden dann die Gewerkschaftshäuser besetzt. Gleichschaltung auch auf diesem Gebiet ... Es wird vielleicht ein paar Tage Krach geben, aber dann gehören sie uns. ...
Sind die Gewerkschaften in unserer Hand, dann werden sich auch die anderen Parteien und Organisationen nicht mehr lange halten können.

M1 Gleichschaltung von Staat und Partei.

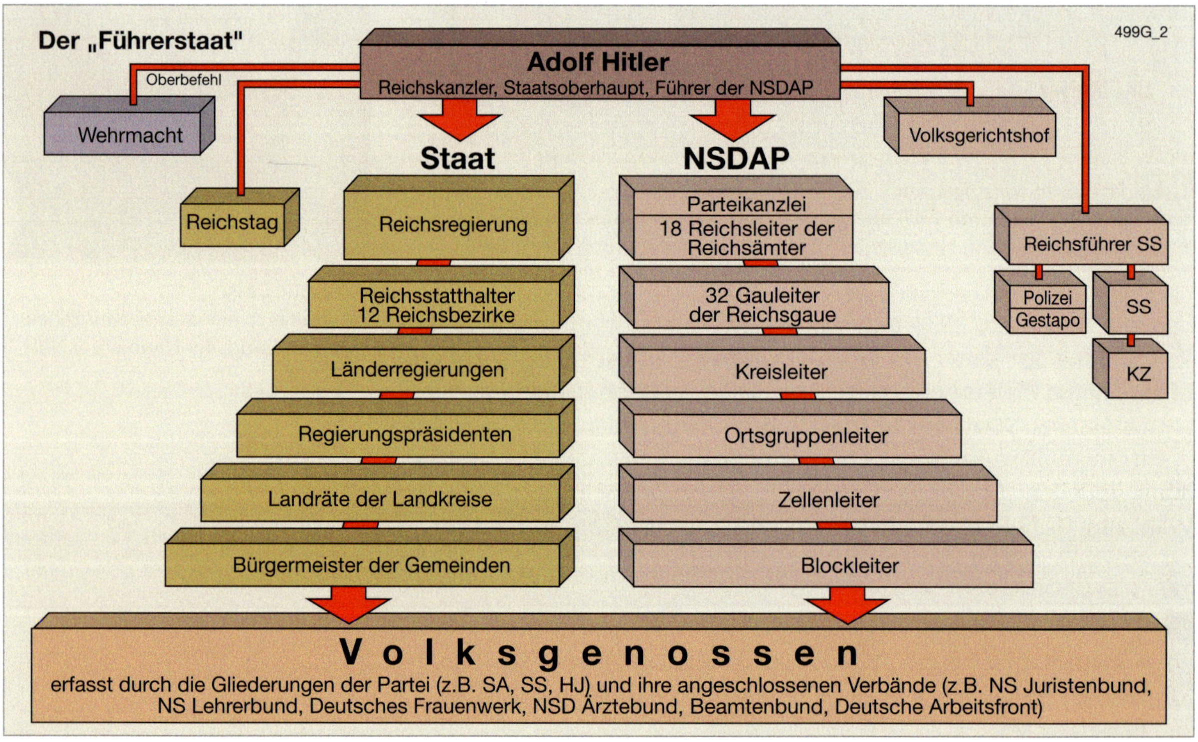

Deutschland wird zum Führerstaat

Als Reichspräsident Hindenburg im Sommer 1934 starb, griff Hitler nach dem höchsten Staatsamt und vereinte die gesamte politische Macht in seiner Person. Damit gab es keine verfassungsrechtliche Institution mehr, die seine Stellung einschränken konnte. In einer Volksabstimmung ließ sich Hitler am 19. August 1934 seine absolute Macht zusätzlich durch den Volkswillen „bestätigen“. 89,9 % der Wähler stimmten für die Vereinigung der Ämter des Reichspräsidenten und des Reichskanzlers. Zudem leisteten von nun an alle Beamten und Soldaten ihren Eid auf Adolf Hitler.

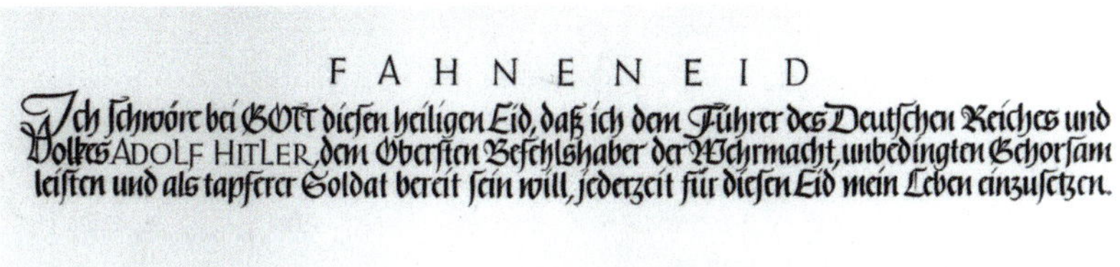
FAHNENEID

Ich schwöre bei GOTT diesen heiligen Eid, daß ich dem Führer des Deutschen Reiches und Volkes ADOLF HITLER, dem Obersten Befehlshaber der Wehrmacht, unbedingten Gehorsam leisten und als tapferer Soldat bereit sein will, jederzeit für diesen Eid mein Leben einzusetzen.

M2 Am Tag nach Hindenburgs Tod ließ Hitler die Reichswehr auf sich vereidigen.

M3 Das offizielle Führerbild, das in allen Amtsräumen und Schulen hing.

„Schutzhaft“ für „Volksverräter“

Bereits mit der Reichstagsbrandverordnung vom Februar 1933 hatte die NSDAP ein Gesetz, mit dem jeder scheinbare Gegner ohne Angaben von Gründen und ohne Gerichtsurteil in „Schutzhaft“ genommen werden konnte. Seit März 1933 errichteten die Nazis staatliche Lager. Ende Juli 1933 befanden sich in ganz Deutschland mehr als 26 000 Menschen in „Schutzhaft“. Damit hatte sich die NSDAP ein weiteres Machtinstrument geschaffen.

Q2 Die Münchner Neusten Nachrichten vom 21. März 1933 berichteten:

... teilte der kommissarische Polizeipräsident Himmler mit: „Am Mittwoch wird in der Nähe von Dachau das erste Konzentrationslager eröffnet. Es hat ein Fassungsvermögen von 5 000 Menschen. Hier werden die gesamten kommunistischen ... und marxistischen Funktionäre, die die Sicherheit des Staates gefährden, zusammengezogen ... Wir haben diese Maßnahme ohne jede Rücksicht auf kleinliche Bedenken getroffen in der Überzeugung, damit zur Beruhigung der nationalen Bevölkerung und in ihrem Sinn zu handeln.“

ARBEITSAUFTRÄGE

1. a) Stelle in einer Zeitleiste den Weg zum Führerstaat dar.
b) Beschreibe den Weg zum Führerstaat mithilfe deiner Zeitleiste in einem Sachtext.

2. Erläutere das Verhältnis von Partei und Staat mithilfe von M1.

3. Setze dich mit der Aussage Hitlers „Die Partei ist nun der Staat geworden“ auseinander.

4. Diskutiert die Verwendung der Bezeichnung „Schutzhaft“ für die Inhaftierung von Gegnern der NSDAP.

zu 1.
Wähle zunächst bedeutsame Ereignisse aus.

zu 2.
Kläre zunächst unbekannte Begriffe. Beachte dabei die Rolle Hitlers in Staat und Partei.

Gleichschaltung in Sachsen

Das Land Sachsen im Spiegel der Reichspolitik

In Sachsen war die NSDAP bereits bei der Landtagswahl 1930 hinter der SPD zur zweitstärksten Partei aufgestiegen. Sie fasste zuerst in den mittleren und kleinen Städten Fuß und breitete sich auf die Dörfer aus. 1932 gab es bereits 780 NSDAP-Ortsgruppen in Sachsen. Bei der Reichstagswahl im Juli 1932 erzielte sie 41,2 % der Wählerstimmen in Sachsen; auch ihre Mitgliederzahl war seit 1929 stetig gestiegen.

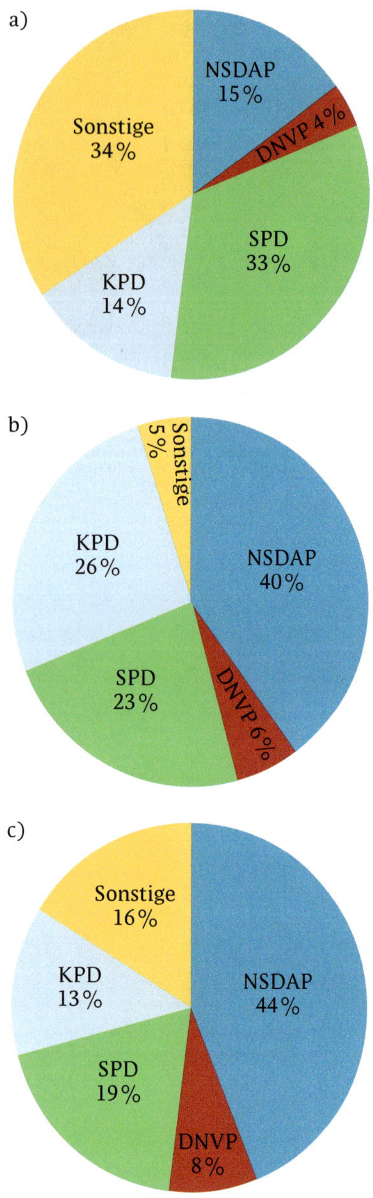

M1 Zusammensetzung des sächsischen Landtags nach den Wahlen 1930 (a) und der Neubildung 1933 (b) im Vergleich zur Zusammensetzung des Reichstages seit März 1933 (c).
Da die Abgeordneten von KPD und teilweise der SPD bereits inhaftiert waren, nahmen nur 71 Abgeordnet an den Sitzungen des neu gebildeten sächsischen Landtages teil.

M2 Fahnenhissung vor dem Neuen Rathaus in Dresden aus Anlass der Ernennung Hitlers zum Reichskanzler.

Die Gleichschaltung der Länder

Mit dem Beginn der Herrschaft der Nationalsozialisten erlosch das politische Eigenleben des Landes Sachsen sehr schnell. Nach dem Amtsantritt Hitlers setzte dieser den 1930 gewählten sächsischen Ministerpräsidenten Walther Schieck ab. Am 9. März 1933 ernannte der Reichskanzler den sächsischen SA-Führer Killinger zum Reichsbeauftragten für Ordnung und Sicherheit in Sachsen und schließlich zum Ministerpräsidenten des Freistaates.

Auf der Grundlage „Vorläufiges Gesetz zur Gleichschaltung der Länder mit dem Reich“ wurde der 1930 gewählte sächsische Landtag entsprechend der Sitzverteilung im Reichstag im April 1933 neu gebildet.

Der Landtag schafft sich ab

Während der ersten Sitzung des nun nationalsozialistisch dominierten Parlaments im Mai 1933 diskutierte der sächsische Landtag die Verabschiedung eines Ermächtigungsgesetzes. Nach einer sehr kurzen Aussprache zum Gesetzentwurf wurde das sächsische Ermächtigungsgesetz gegen die Stimmen der noch verbliebenen SPD-Abgeordneten verabschiedet. Die Landesregierung konnte nun ohne die Zustimmung des Parlaments Gesetze erlassen.

Bericht über den Landtag 1933.

Der nach dem Vorläufigen Gleichschaltungsgesetze vom 31. März 1933 (Reichsgesetzbl. I S. 153) neugebildete Landtag wurde durch Verordnung des Gesamtministeriums vom 12. Mai 1933 (GBl. S. 68) für den 16. Mai 1933 einberufen. Seine erste Sitzung hatte ein besonders feierliches Gepräge. SA. und SS. nahmen im Sitzungssaal mit ihren Standarten Aufstellung. Der Herr Reichsstatthalter in Sachsen, der vom Herrn Landtagspräsidenten feierlich ins Haus eingeholt wurde, richtete eine Ansprache an die Mitglieder des Landtags. Im Anschluß daran gab der Herr Ministerpräsident eine Regierungserklärung ab.

Der Landtag hat insgesamt 3 Vollsitzungen abgehalten, in denen folgende Gegenstände erledigt wurden:

Wahl des Landtagsvorstandes,

Antrag des Abgeordneten Dr. Fritsch und Genossen zum Entwurf eines Gesetzes über Anträge nach Artikel 8, 20 und 21 der Verfassung,

Änderung der Geschäftsordnung des Landtags,

Wahl der ordentlichen Ausschüsse,

Antrag des Abgeordneten Dr. Fritsch und Genossen über den Entwurf eines Ermächtigungsgesetzes,

Vorlage Nr. 1, den Rechenschaftsbericht über den Staatshaushalt auf das Rechnungsjahr 1931 betreffend.

Im Verlaufe der Beratungen wurden zwei größere Regierungserklärungen abgegeben, eine davon zur Vorlage Nr. 2, das Gesetz über den Staatshaushalt auf das Rechnungsjahr 1933 und den ordentlichen und außerordentlichen Staatshaushaltplan für dasselbe Jahr betreffend.

Von den Ausschüssen hat — abgesehen von der konstituierenden Sitzung — nur der Prüfungsausschuß getagt. Er hielt eine Sitzung ab, in der er von den bei ihm eingegangenen 136 Eingaben 35 erledigte; die übrigen Eingaben blieben unerledigt.

Die Auflösung des Reichstags am 14. Oktober 1933 hat die gleichzeitige Auflösung des Landtags zur Folge gehabt (§ 11 des Vorläufigen Gleichschaltungsgesetzes). Der Landtag, der bei seinem ersten Zusammentritt aus 71 Abgeordneten bestanden hatte, zählte bei seiner Auflösung nur noch 48 Mitglieder, nachdem die Abgeordnetensitze der SPD. für ungültig erklärt worden waren und der Vertreter der Deutschen Staatspartei auf seinen Abgeordnetensitz verzichtet hatte.

M2 Aus den Protokollen des sächsischen Landtags von 1933.

Gleichschaltung Sachsens mit dem Reich wird vollendet

Das „Gesetz über den Neuaufbau des Reiches“ vom 30. Januar 1934 führte zum endgültigen Ende des föderalen Staatsaufbaus in Deutschland.

Von nun an wurden Landesbeamte vom Führer und Reichskanzler ernannt. Ehemalige Landesbehörden führten als Reichsbehörden die Reichsgesetzgebung aus.

Als Gauregierung überwachte die ehemalige Landesregierung die gesamte öffentliche Verwaltung bis in die Gemeinden. Damit hatte die NSDAP die Idee des absoluten Einheitsstaats auch in Sachsen umgesetzt.

föderaler Staatsaufbau: politische Ordnung, bei der die staatlichen Aufgaben zwischen dem Reich als Gesamtstaat und den Ländern als Gliedstaaten aufgeteilt werden.

ARBEITSAUFTRÄGE

1. → Beschreibe die Veränderung der Zusammensetzung des sächsischen Landtags von 1930 zu 1933.

2. a) → Werte M3 als schriftliche Quelle aus.
b) Schildere die äußeren Bedingungen der ersten sächsischen Landtagssitzung 1933.
c) Begründe die Veränderung der Anzahl der Abgeordneten.

3. Stelle die Gleichschaltung im Reich und in Sachsen in einer Zeitleiste gegenüber.

4. ⇨ Erläutere in einem Sachtext die Zusammenhänge zwischen Reichs- und Landespolitik.

→ zu 1.
Nutze M1

→ *zu 2a.*
Nutze ein zum Entziffern ein Frakturalphabet. (http://www.altdeutsche-schrift.de/beispiele.html

Volksgemeinschaft durch Ausgrenzung

Propaganda und Terror gegen Juden

Bereits im März 1933 verschärfte sich der Terror auf der regionalen und lokalen Ebene und war mit einer Hetzkampagne gegen die Juden verbunden. Stoßtrupps der NSDAP und SA warfen überall im Land Sachsen die Schaufenster jüdischer Geschäfte ein, schlugen brutal einzelne Juden zusammen und erzwangen durch den Terror der Straße bereits im März die Entlassung oder Beurlaubung von jüdischen Künstlern, Angestellten oder Beamten.

In größeren Städten wie Chemnitz, Dresden, Plauen, Freiberg, Zwickau Aue und Döbeln wurde damit dem reichsweit für Anfang April 1933 organisierten Boykott jüdischer Kaufhäuser, Einzelhandelsgeschäfte, Gaststätten, Ärzte und Rechtsanwaltspraxen vorgegriffen.

Mit dem so genannten „Arierparagraphen" von 1933 und den im Jahre 1935 beschlossenen berüchtigten Nürnberger Rassegesetzen wurden die Juden als „rassisch minderwertig" und als „Volksverderber" abgestempelt. Ihre Ausgrenzung aus der „deutschen Volksgemeinschaft" wurde nun ganz offen zum wichtigsten politischen Ziel der NS-Diktatur erklärt.

Q1 Ein Flüsterwitz von 1935:

„Wie geht es Ihnen?" fragte jemand einen Bekannten.
„Wie einem jüdischen Rechtsanwalt.
„Was wollen Sie damit sagen?"
„Nun – ich kann nicht klagen!"

M1 Litfasssäule mit Plakat zur Kundgebung im Festsaal am Zoo Leipzig, März 1933.
„Es geht los. Sonnabend 10 Uhr vorm. beginnt unser Abwehr-Boykott gegen sämtliche jüdische Geschäfte. Über die Abwehrmaßnahmen spricht in einer Massen-Kundgebung Freitag, den 31. März im großen Festsaal des Zoo Stadtverordneter Rudolf Haake."

Enteignung für die Volksgemeinschaft

Diese Politik führte dazu, dass immer mehr jüdische Bürger aus Deutschland auswanderten. Obwohl die Auswanderung von Juden aus Deutschland prinzipiell erwünscht war, reglementierte der NS-Staat diese immer stärker. Ab 1934 war für jüdische Auswanderer die Erlaubnis zur Mitnahme von Barbeträgen radikal eingeschränkt. Auch die Mitnahme von Umzugsgut wurde zunehmend erschwert.

Nach landesweiten gewaltsamen Übergriffen auf jüdische Einrichtungen und Geschäfte im November 1938 mussten Juden eine zusätzliche Auswandererabgabe entrichten. Um diese Abgaben bezahlen zu können, waren jüdische Geschäftsleute gezwungen ihren Besitz völlig unter Wert an deutsche Nachbarn, Unternehmer, Verwaltungen oder Angehörige der NSDAP zu verkaufen. Der Prozess der Entfernung der deutschen Juden aus dem Wirtschafts- und Berufsleben wurde von der nationalsozialistischen Propaganda als Arisierung bezeichnet.

„Arisierung" in Sachsen

D1 Aus dem Katalog zur Ausstellung: „Arisierung" in Leipzig. Verdrängt. Beraubt. Ermordet.

Im 19. Jahrhundert hatte sich Leipzig zum bedeutendsten Verlagsort des deutschen Musikalienhandels entwickelt. Anteil an diesem Erfolg hatte auch der C. F. Peters Verlag. Seit 1900 war Henri Hinrichsen Alleininhaber. Hinrichsen war ein erfolgreicher Unternehmer und ein bedeutender Stifter und Mäzen. (...) C. F. Peters war ein Familienunternehmen. Ab 1931 traten drei Söhne von Henri Hinrichsen in den Verlag ein. Im März 1933 begann eine schleichende Diskriminierung und Ausgrenzung Henri Hinrichsens aus den Berufs- und Standesorganisationen der Musikverleger und den Gremien seiner Stiftungen. Die Beziehungen des Verlags zu einzelnen Autoren änderten sich. 1936 gehörte C. F. Peters zu den 17 von der Reichsmusikkammer zugelassenen „jüdischen" Musikverlagen in Deutschland. Henri Hinrichsens Söhne Max und Walter verließen Deutschland, während der Sohn Hans-Joachim in Leipzig blieb. Der Novemberpogrom 1938 brachte die Verdrängung der Juden aus der Wirtschaft zum Abschluss. Am 10. November 1938 wurden die Verlagsräume von C. F. Peters in der Talstraße 10 verwüstet und Noten von Mendelssohn Bartholdy im Verlagshof verbrannt. Mit der „Verordnung zur Ausschaltung der Juden aus dem deutschen Wirtschaftsleben" vom 12. November 1938 wurde die letzte Phase der „Arisierung" und der „Entjudung der Wirtschaft" eingeleitet. Mit ihrem Inkrafttreten am 1. Januar 1939 gab es für jüdische Unternehmer keine Existenzmöglichkeit mehr in Deutschland. Am 15. November 1938 erfolgte der Ausschluss von Henri und Hans-Joachim Hinrichsen aus der Reichsmusikkammer. Es begann die „Zwangsarisierung" des Verlags durch einen Treuhänder aus dem Reichsministerium für Volksaufklärung und Propaganda, den SS-Standartenführer Gerhard Noatzke. Im Juli 1939 wurde ein Kaufvertrag abgeschlossen. Neue Gesellschafter waren Kurt Hermann und Dr. Johannes Petschull, der auch die Geschäftsführung übernahm. Als Kaufpreis wurde eine Million Reichsmark für Verlag und Grundstücke, einschließlich der Musikbibliothek Peters, vereinbart. Im Januar 1940 verließen Henri Hinrichsen und seine Frau Martha völlig mittellos Leipzig in Richtung Brüssel. Zwei Monate später folgte der Sohn Hans-Joachim. Die angestrebte Einwanderung in die USA gelang nicht. Hans-Joachim Hinrichsen starb 1940 in einem Lager in Perpignan in Frankreich. Martha Hinrichsen starb 1941 in Brüssel und Henri Hinrichsen wurde ein Jahr später nach Auschwitz deportiert und ermordet.

M2 Das Verlagshaus des Musikverlags C. F. Peters in der Talstraße 10 in Leipzig. Postkarte von 1922.

ARBEITSAUFTRÄGE

1. Nenne Schritte der systematischen Entrechtung der jüdischen Bürger im Freistaat Sachsen.

2. Beschreibe die Folgen für den Alltag der jüdischen Bürger.

3. Berichte über die „Arisierung" des Musikverlags C. F. Peters.

4. Erkundet Spuren der Enteignung und Vertreibung jüdischer Unternehmer in eurer Heimatregion.

zu 2.
Beziehe Q1 ein.

„Und sie werden nicht mehr frei“

Die NSDAP wollte das gesamte Volk für seine Ziele gewinnen. Es gelang der Partei, die Bevölkerung nahezu lückenlos in verschiedenen Organisationen und Einrichtungen zu erfassen, zu überwachen und zu beeinflussen.

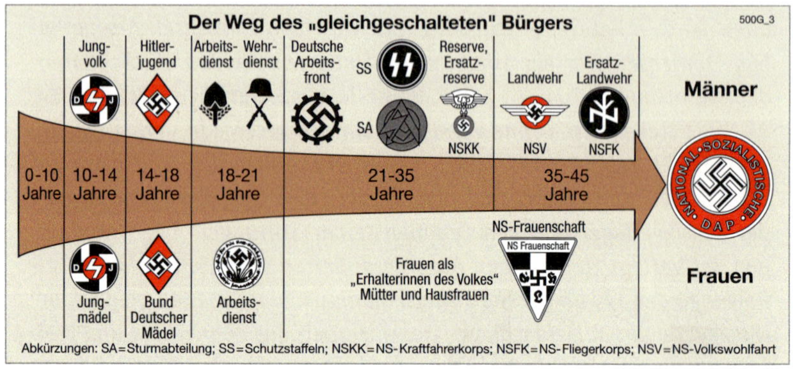

M2 So erfasste die NSDAP die deutsche Bevölkerung.

Die gleichgeschaltete Freizeit

Im November 1933 gründete die Deutschen Arbeitsfront (DAF) die Freizeitorganisation „Kraft durch Freude“ (KdF). Sie bot ein breites Erholungs- und Unterhaltungsprogramm an, das vor allem für die Arbeiterschaft bis dahin unerschwinglich gewesen war. Deshalb entwickelte sich die KdF schnell zu einer der beliebtesten nationalsozialistischen Organisationen.

Das Amt „Feierabend“ organisierte Theaterveranstaltungen, Singgemeinschaften und Vereine für jede Art von Hobby, das man nach der Arbeit betreiben konnte. Etwa zehn Millionen Menschen besuchten regelmäßig die KdF-Kulturveranstaltungen.

Das „Sportamt“ war für die körperliche Ertüchtigung des deutschen Volkes zuständig. Besonders die Arbeitersportvereine sollten durch die Gleichschaltung besser kontrolliert werden. Gleichzeitig wurden teure Sportarten wie Reiten, Segeln oder Tennis den ärmeren Leuten zugänglich gemacht. Im olympischen Jahr 1936 nahmen über sieben Millionen Menschen an Sportkursen teil. Neben der Organisation der Freizeit war die KdF auch für die Gestaltung der Arbeitsstätten zuständig. Dort sorgte das Amt „Schönheit der Arbeit“ für saubere sanitäre Anlagen, neue Kantinen und Grünanlagen, um die Situation in den Betrieben zu verbessern.

M1 Deckblatt des Jahresprogramms der NS-Gemeinschaft „Kraft durch Freude“ aus dem Jahr 1937.

Schule im Nationalsozialismus

Besonders die Jugend wollte die NSDAP für ihre Ziele gewinnen. Die Schule sollte im „Dienst des Volksganzen“ stehen. Demokratisch eingestellte und jüdische Lehrer mussten schon 1933 die Schulen verlassen. Schnell prägten Hakenkreuzfahnen, Hitlerbilder, Fahnenappelle und der Hitlergruß den Schulalltag. Im Unterricht gab es Themen wie „Die nordische Rasse“, „Giftgase und Gasschutz“, „Morseschrift und Nachrichtenübermittlungskunde“ und „Vererbungslehre“. Rassenkunde und Grenzlandkunde wurden als neue Fächer eingeführt.

Q1 Hitler über seine Bildungs- und Erziehungsziele:

Der völkische Staat hat in dieser Erkenntnis seine gesamte Erziehungsarbeit … nicht auf das Einpumpen bloßen Wissens einzustellen, sondern auf das Heranzüchten kerngesunder Körper. Erst in zweiter Linie kommt dann die Ausbildung der geistigen Fähigkeiten. Hier aber wieder an der Spitze die Entwicklung des Charakters, besonders die Förderung der Willens- und Entschlusskraft, verbunden mit der Erziehung zur Verantwortungsfreudigkeit, und erst als Letztes die wissenschaftliche Schulung. … Übrigens hat auch diese Erziehung unter dem Gesichtspunkt der Rasse seine letzte Vollendung im Heeresdienst zu erhalten. Wie denn überhaupt die Militärdienstzeit als Abschluss der normalen Erziehung des durchschnittlichen Deutschen gelten soll.

M3 Klassenzimmer im Dritten Reich. Im Klassenraum hängen Hakenkreuzfahnen und ein Portrait von Adolf Hitler. Foto, um 1940.

Q2 In einem Mathebuch von 1940 gab es folgende Aufgabe:

Am 28.9.1937 waren 450 000 Personen auf dem Berliner Maifeld und 150 000 im Olympiastadion zusammengeströmt, um den Führer und Mussolini sprechen zu hören. Für die Heimkehr der Menschenmengen rechnete man, dass die Hälfte zu Fuß gehen würde, 10 000 mit eigenen Kraftfahrzeugen fahren würden und der Rest mit öffentlichen Verkehrsmitteln. Wieviel Personen mussten Reichsbahn und Berliner Verkehrsbetriebe zusammen stündlich befördern, wenn für die Rückbeförderung 4 Stunden angesetzt wurden?

ARBEITSAUFTRÄGE

1. Beschreibe den Lebenslauf eines „Volksgenossen“ mithilfe der Übersicht M2.
2. Erläutere Aktivitäten und Ziele der Organisation „Kraft durch Freude“.
3. Nenne die von Hitler in Q1 formulierten Erziehungsziele.
4. Erkläre die Absichten, die sich hinter Hitlers Bildungspolitik verbergen.

M1 Museumsbesuch, 1937.

M2 BDM bei Turnübungen, 1939.

M3 Luftschutzübungen, 1939.

Jugend im Nationalsozialismus

„Jugend dient dem Führer"

Außerhalb der Schule sollte die Hitlerjugend gleichberechtigt zu Elternhaus und Schule die gesamte deutsche Jugend im Sinne des Nationalsozialismus erziehen. Seit 1939 war die Mitgliedschaft in der Hitlerjugend für alle im Alter zwischen 10 und 18 Jahren Pflicht.

Viele Jugendliche fanden es interessant und abwechslungsreich, ihre Freizeit gemeinsam mit Gleichaltrigen in der Gruppe zu verbringen. Feierliche Aufzüge, Propagandamärsche und Paraden, Fahrten, Geländespiele und geselliges Lagerleben machten die HJ für viele Kinder und Jugendliche attraktiv. Das Tragen von Uniformen und den Befehlston haben die meisten hingenommen.

Wesentlicher Bestandteil des HJ-Dienstes war der sogenannte Heimabend, an dem sich einmal wöchentlich kleinere HJ-Ortsgruppen trafen, um Aktivitäten vorzubereiten. Zu den Heimabenden zählte das gemeinsame Hören von propagandistischen Radiosendungen, die speziell für die Jugend produziert wurden.

M4 Fahnenaufmarsch der Hitlerjugend zum Reichsparteitag 1938.

Q1 Aus dem Gesetz über die Hitlerjugend vom 1. Dezember 1936:

Von der Jugend hängt die Zukunft des Deutschen Volkes ab. Die gesamte deutsche Jugend muss deshalb auf ihre künftigen Pflichten vorbereitet werden. …

§1. Die gesamte deutsche Jugend innerhalb des Reichsgebietes ist in der Hitlerjugend zusammengefasst.

§2. Die gesamte deutsche Jugend ist außer in Elternhaus und Schule in der Hitlerjugend körperlich, geistig und sittlich im Geiste des Nationalsozialismus zum Dienst am Volk und zur Volksgemeinschaft zu erziehen.

§3. Die Aufgabe der Erziehung der gesamten deutschen Jugend in der Hitlerjugend wird dem Reichsjugendführer der NSDAP übertragen. …

M5 Hitlerjungen ziehen ein Segelflugzeug, 1939.

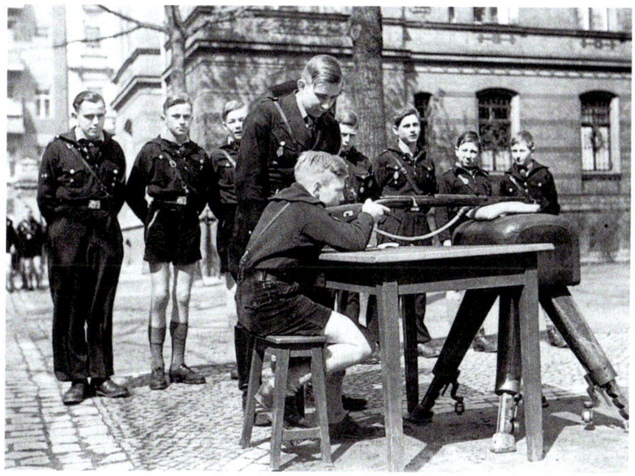

M6 Schießausbildung, 1939.

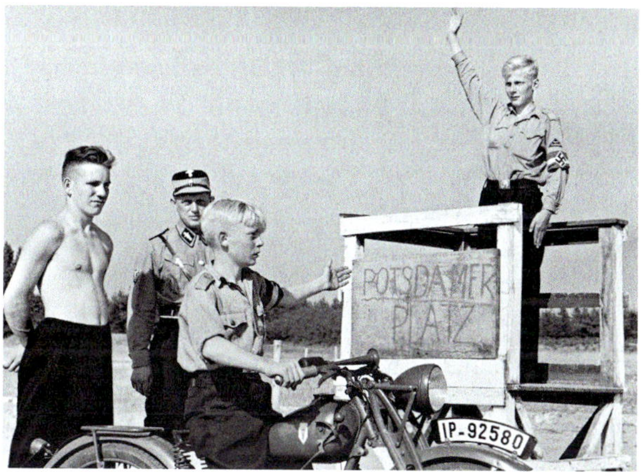

M7 Verkehrserziehung, 1938.

M8 HJ-Heimabend, 1937.

M9 Zeltlager, 1938.

M10 Aufmarsch von BDM-Mädchen, 1933.

ARBEITSAUFTRÄGE

1. Beschreibe die Bilder und leite daraus die Ziele der Hitlerjugend ab.
2. → Begründe mithilfe von Q1, warum sich die NSDAP besonders um die Jugend bemühte.
3. ⇨ Die Fotos wurden für eine Ausstellung zum Thema „Jugend im Nationalsozialismus“ ausgewählt. Verfasse dazu einen Begleittext.

→ zu 2.
Beachte besonders die Einleitung des Gesetzestextes.

Frauen im Nationalsozialismus

Die „kleinere" Welt der Frauen

Frauen waren seit der Gründung der NSDAP in führenden Parteipositionen nicht erwünscht. Auch die Mitgliedschaft von Frauen war auf maximal 5 % festgelegt. Mit Machtantritt Hitlers konnten Frauen nicht mehr in politische Ämter gewählt werden. Außerdem wurde der Zugang zu den Hochschulen für Frauen stark eingeschränkt.

Die ideale Frau im Nationalsozialismus sollte arischer Abstammung sein. Wichtig waren Charaktereigenschaften wie Treue, Pflichterfüllung, Opferbereitschaft, Leidensfähigkeit und Selbstlosigkeit. Sie sollte zum Wohle der „Volksgemeinschaft" vor allem als Mutter ihre Pflicht erfüllen.

M1 „Gesunde Eltern – gesunde Kinder". Ein Plakat der nationalsozialistischen Volkswohlfahrt von 1934.

Q1 1934 beschrieb Hitler in einer Rede an die Frauen seine Ideen:

Wenn man sagt, die Welt des Mannes ist der Staat, die Welt des Mannes ist sein Ringen, die Einsatzbereitschaft für die Gemeinschaft, so könnte man ... sagen, dass die Welt der Frau eine kleinere sei. Denn ihre Welt ist ihr Mann, ihre Familie, ihre Kinder ... Was der Mann an Opfer bringt im Ringen seines Volkes, bringt die Frau an Opfer im Ringen um die Erhaltung des Volkes ...
Was der Mann einsetzt an Heldenmut auf dem Schlachtfeld, setzt die Frau ein in ewig geduldiger Hingabe, in ewig geduldigem Leiden und Ertragen. Jedes Kind, das sie zur Welt bringt, ist eine Schlacht, die sie besteht für Sein oder Nichtsein ihres Volkes.

„Gedenke, dass du ein Deutscher bist"

Bereits im „Bund Deutscher Mädel" (BDM) wurden junge Mädchen zwischen 10 und 18 Jahren auf diese Rolle vorbereitet. Sie beschäftigten sich mit Gymnastik, Gesundheitslehre und Haushaltskunde. Frauen trafen sich in der NS-Frauenschaft zu Koch-, Näh- oder Kinderpflegekursen. Rauchen, Schminken oder wissenschaftliche Bildung wurden abgelehnt.

BDM: Die Abkürzung BDM für „Bund Deutscher Mädel" wurde im Volksmund mit „Bald Deutsche Mutter" gedeutet.

Q2 10 Leitsätze zur Gattenwahl für junge Frauen:

1. *Gedenke, dass du ein Deutscher bist.*
2. *Du sollst Geist und Seele rein halten.*
3. *Halte deinen Körper rein.*
4. *Du sollst, wenn du erbgesund bist, nicht ehelos bleiben.*
5. *Heirate nur aus Liebe.*
6. *Wähle als Deutscher nur einen Gatten gleichen oder nordischen Blutes.*
7. *Bei der Wahl deines Gatten frage nach seinen Vorfahren.*
8. *Gesundheit ist Voraussetzung für äußere Schönheit.*
9. *Suche dir für die Ehe nicht einen Gespielen, sondern einen Gefährten.*
10. *Du sollst dir möglichst viele Kinder wünschen.*

Frauen als „Quelle der Nation"

Mit verschiedenen Gesetzen und gezielter Propaganda versuchte die NSDAP, Frauen aus dem Berufsleben zu drängen. Die Rolle als Mutter und Hausfrau sollte erstrebenswert sein.

Der Staat unterstützte außerdem Familien durch Ehestandsdarlehen. Ab 1933 wurde an Ehemänner ein Darlehen gezahlt, wenn die Ehefrau, die vorher berufstätig war, ihre Arbeit aufgab und nur noch Hausfrau war. Für jedes Kind, welches das Paar bekam, wurde ein Viertel des Darlehens erlassen. Nach vier Kindern hatte eine Familie also den Kredit „abgekindert", ohne eine Reichsmark zurückzahlen zu müssen. Als weiteren Anreiz erhielten Familien ab 1936 eine staatliche Kinderbeihilfe. Kinderlose mussten im Gegenzug mehr Steuern zahlen.

Um den Nachwuchs im Sinne des Nationalsozialismus zu erziehen, sollte die Arbeit als Hausfrau und Mutter erlernt werden. Die nationalsozialistische Frauenschaft führte deshalb Bräute- und Mütterschulungen durch. Mütter und Kinder konnten sich bei Aufenthalten in Mutter-Kind-Heimen der nationalsozialistischen Volkswohlfahrt (NSV) erholen.

Trotz des Mutterkults zeigte die Familienpolitik der NSDAP kaum Wirkung. Die durchschnittliche Kinderzahl hatte sich 1939 im Vergleich zu 1933 nicht verändert.

M2 Kursteilnehmer einer Reichsbräuteschule. Foto, 1939.

Ein Ehrenplatz in der „Volksgemeinschaft"

Durch öffentliche Ehrungen mit dem Mutterverdienstkreuz sollten Frauen in ihrer Mutterrolle bestärkt werden. Mütter mit vier, sechs oder gar acht Kindern wurden für „ihren Einsatz von Leib und Leben" bei der „Geburt und Kinderaufzucht" im Namen Hitlers ausgezeichnet. Frauen, die diesen Orden trugen, waren von Jugendlichen mit „Heil Hitler" zu grüßen. Sie mussten bei Behörden bevorzugt abgefertigt werden. In öffentlichen Verkehrsmitteln und bei Großveranstaltungen hatten sie Anspruch auf einen Sitzplatz. Nur wenige Mütter lehnten diese Ehrung ab.

M3 Verleihung des Mutterverdienstkreuzes beim Erntedankfest in Berlin. Foto, 1939.

Nicht alle Kinder waren erwünscht

Um die Idee der Herrenrasse durchsetzen zu können, verabschiedete die Reichsregierung 1933 das „Gesetz zur Verhütung erbkranken Nachwuchses". Darin wurde festgelegt, dass sich Menschen mit entsprechenden Erkrankungen einer Zwangssterilisation unterwerfen mussten. Diese Zwangssterilisation konnte auf eigenen Antrag bzw. auf Antrag des gesetzlichen Vertreters oder auf Antrag des Arztes erfolgen.

Mit der Aufwertung der Mutterschaft durch die Nationalsozialisten wurden Abtreibungen bei „Erbgesunden" jedoch als Verbrechen an der „Volksgemeinschaft" gewertet.

Sterilisation: medizinisches Verfahren, um die Fortpflanzung auf Dauer zu verhindern.

ARBEITSAUFTRÄGE

1. Beschreibe die Darstellung der Frauen in M1 bis M3.
2. Erkläre das nationalsozialistische Frauenbild, das durch diese Art der Darstellung vermittelt werden sollte.
3. Nenne Instrumente der NS-Frauenpolitik.
4. Nimm Stellung zu der nationalsozialistischen Aussage, dass die „Frau die Quelle der Nation" sei.

zu 3.
Erstelle dazu eine Tabelle:

Instrument	Gewünschte Wirkung

Kunst und Kultur als Mittel der Propaganda

M1 Joseph Goebbels bei einer Rede 1934. Er stand dem „Reichsministerium für Volksaufklärung und Propaganda“ vor.

„... bis sie uns verfallen“

Am 13. März 1933 wurde ein neues Reichsministerium gegründet. Hauptaufgabe dieses Ministeriums war die Gleichschaltung und inhaltliche Lenkung von Presse, Kunst, Film, Musik und Literatur durch die NSDAP. In allen diesen Bereichen sollten fortan nur noch die Vorstellungen der Nationalsozialisten umgesetzt werden, unabhängige Kunst und Kultur waren nicht mehr erwünscht

Q1 Goebbels beschrieb die Aufgaben des Propagandaministeriums 1933:

... wir wollen die Menschen so lange bearbeiten, bis sie uns verfallen sind, bis sie auch ideenmäßig einsehen, dass das, was sich heute in Deutschland abspielt, nicht nur hingenommen werden muss, sondern auch hingenommen werden kann. Denn Propaganda ist nicht Selbstzweck, sondern Mittel zum Zweck. ... Das neue Ministerium hat keinen anderen Zweck, als die Nation geschlossen hinter die Idee der nationalen Revolution zu stellen ...

Zuerst brannten Bücher

Am 10. Mai 1933 brannten in vielen großen Städten Deutschlands Scheiterhaufen. Bücher von Autoren und Autorinnen, die mit ihren Werken oder ihrer Herkunft nicht dem nationalsozialistischen Geist entsprachen, wurden öffentlich verbrannt. Bei dieser „Aktion wider den undeutschen Geist“ verbrannten die Nationalsozialisten unter anderem Werke von Heinrich Heine, Thomas und Heinrich Mann, Anna Seghers, Erich Kästner, Berthold Brecht, Kurt Tucholsky oder Albert Einstein.

M2 Mitglieder der SA schleppen in Hamburg Bücher zur Verbrennung. Foto, Mai 1933.

Q2 Schriftsteller Oskar Maria Graf protestierte am 12.5.1933:

... alle meine Bücher, mit Ausnahme meines Hauptwerkes „Wir sind Gefangene“, werden empfohlen: Ich bin also dazu berufen, einer der Exponenten des „neuen“ deutschen Geistes zu sein!
Vergebens frage ich mich: Womit habe ich diese Schmach verdient? Das „Dritte Reich“ hat fast das ganze deutsche Schrifttum von Bedeutung ausgestoßen, hat sich losgesagt von der wirklichen deutschen Dichtung, hat die größte Zahl seiner wesentlichsten Schriftsteller ins Exil gejagt und das Erscheinen ihrer Werke in Deutschland unmöglich gemacht.
Und die Vertreter dieses barbarischen Nationalismus, der mit Deutschsein ... rein gar nichts zu tun hat, unterstehen sich, mich als einen ihrer „Geistigen“ zu beanspruchen, mich auf ihre ... „weiße Liste“ zu setzen, die vor dem Weltgewissen nur eine schwarze Liste sein kann! Diese Unehre habe ich nicht verdient. Nach meinem ganzen Leben und ... Schreiben habe ich das Recht, zu verlangen, dass meine Bücher der reinen Flamme des Scheiterhaufens überantwortet werden und nicht in die blutigen Hände und die verdorbenen Hirne der braunen Mordbande gelangen ...

Was ist Kunst?

In einem „Haus der deutschen Kunst" wollte die NSDAP ihre Vorstellung von Kunst verdeutlichen. Zeitgleich zur Einweihung dieses Hauses eröffneten die Nationalsozialisten in München die Ausstellung „Entartete Kunst". Hier wollten sie dem deutschen Volk den Unterschied zwischen entarteter und nordisch-wertvoller Kunst vermitteln. „Deutsche" Kunst sollte klar und einfach sein und die Wurzeln des Volkes zeigen.

M3 „Arbeitsmaiden". Gemälde von Leopold Schmutzler, 1940.

M4 „Die Skatspieler" (Kartenspielende Krüppel). Gemälde von Otto Dix, 1920. Der Künstler und Kunstprofessor erhielt von den Nationalsozialisten Berufsverbot.

Bauen für die Ewigkeit

Auch die Architektur sollte den nationalsozialistischen Geist und die „neue Zeit" widerspiegeln. Berlin als Reichshauptstadt sollte deshalb durch gigantische Neubauten zur „Welthauptstadt Germania" werden.

Als „Stadt der Reichsparteitage" sollte auch Nürnberg nach dem Geschmack der NSDAP gestaltet werden. Das Areal für Veranstaltungen der jährlichen Parteitage wurde zu einer 60 km² großen Kultstätte umgebaut.

M5 Neue Reichskanzlei in Berlin.

ARBEITSAUFTRÄGE

1. Nenne die Aufgaben des Propagandaministeriums.
2. Erkläre Gründe für die Bücherverbrennung durch die NSDAP.
3. Informiere dich über Schriftsteller, die auf einer „schwarzen Liste" standen. Stelle einen ausgewählten Autor vor.
4. Analysiere Q2 und nenne Gründe, warum Oskar Maria Graf die Nationalsozialisten aufforderte, seine Werke zu verbrennen.
5. Vergleiche die in M3 und M4 dargestellten Kunstwerke.
6. Beschreibe mithilfe von M5 die Wirkung der nationalsozialistischen Architektur.
7. ⇨ Recherchiere über Künstler und Werke, die von der NSDAP verboten waren und stelle diese vor.

Olympische Spiele 1936 als Propagandamittel

Der Weg zu den Olympischen Spielen

Bereits 1931 hatte das Olympische Komitee die Spiele an Deutschland vergeben. Nach 1933 gab es Boykottaufrufe internationaler Sportverbände und deutscher Emigranten. Trotzdem blieb das Internationale Olympische Komitee bei seiner Entscheidung für Deutschland.

M1 Plakat der olympischen Sommerspiele 1936 in Berlin.

Olympia 1936 als Werbung für den NS-Staat

Hitler setzte sich persönlich für die organisatorische Planung und Absicherung der Spiele ein. Er wollte die Welt von dem neuen, modernen Deutschland überzeugen und Deutschland als friedliches, wirtschaftlich erfolgreiches Land darstellen. Gleichzeitig sollte der wahre Charakter des Nationalsozialismus verschleiert werden. Die Zunahme des Fremdenverkehrs anlässlich der Spiele sollte außerdem nach Vorstellung der NSDAP-Führung ein wichtiges Instrument zur Wiedererringung der Weltgeltung Deutschlands werden.

Um dem Vorwurf des Rassismus entgegenzuwirken, wurden zwei Sportler, die wegen ihrer jüdischen Herkunft bereits das Land verlassen hatten, für die Wettkämpfe nominiert. Für die Dauer der Spiele verschwanden antisemitische Parolen aus dem öffentlichen Leben.

Olympia 1936 als Wirtschaftsfaktor

Mit dem Bau des Berliner Olympiastadions und weiterer Sportanlagen konnte die NSDAP sowohl die wirtschaftliche Kraft des Landes demonstrieren und gleichzeitig die Arbeitslosigkeit senken.

Q1 In einem Sammelalbum für Zigarettenbilder zu Olympia 1936 wird über den Bau des Reichssportfeldes berichtet:

Mit der ihm eigenen Klarheit erkannte der Führer, dass ein Umbau Stückwerk bleiben müsste bei verhältnismäßig hohen Kosten. ... Die Arbeit begann. Die Arbeit an einem Werk, das in seiner Größe, in seiner Zweckmäßigkeit und Klarheit der Welt Kunde geben wird von dem Fleiß und der ungebrochenen Tatkraft unseres deutschen Volkes und seiner führenden Männer.... Wenn die olympische Glocke ... die Jugend der Welt aufruft, ... wird die auserlesene Jugend aus allen Teilen unseres Erdballs eine einzigartige Kampfstätte und eine Pflegestätte der Kultur vorfinden.

M2 Olympiastadion und Reichssportfeld, erbaut 1934–36. Ansicht von Osten; Olympischer Platz, Olympisches Tor und Olympiastadion, Fotopostkarte 1936.

„Olympia – eine nationale Aufgabe“

Nach innen sollten die olympischen Spiele der Bevölkerung von der Überlegenheit der arischen Rasse überzeugen, Selbstbewusstsein und nationalen Stolz fördern und für die Ausbildung gesunder Menschen mit sportlichen Körpern werben. Die NSDAP wollte alle Menschen als Volksgenossen in die Vorbereitung der Spiele einbinden, um damit die Identifikation und Loyalität mit dem Regime zu erhöhen.

M3 Finale im 100-Meter-Lauf: Jesse Owens (USA) siegte mit 10,3 Sekunden und war mit vier Goldmedaillen der erfolgreichste Athlet in Berlin. Foto, 1936.

M4 Fotopostkarte, 1936.

Alte und neue Medien für die Massenbegeisterung

Der eigens gegründete Olympische Propagandaausschuss nutzte alle Mittel, um Hitlerdeutschland als weltoffen und erfolgreich in Szene zu setzten und die Begeisterung und Einigkeit von Volk und Führer zu demonstrieren. So wurden die Olympia Glocke oder der Fackel-Staffellauf neu als olympische Symbole eingeführt. Damit wollten die Nationalsozialisten an religiöse und antike Traditionen anknüpfen.

Außer Sportveranstaltungen wurden Rahmenveranstaltungen wie Theater- und Opernaufführungen sowie Kunstausstellungen für die Gäste und die Bevölkerung angeboten. Erstmals konnten die Menschen die Wettkämpfe, die der Rundfunk direkt übertrug, in den inzwischen weit verbreiteten Volksempfängern miterleben. Außerdem wurde die Sendezeit des Fernsehens von zwei auf acht Stunden erweitert.

Die größtenteils direkt übertragenen Wettkämpfe waren in den 25 öffentlichen Fernsehstuben in Berlin, zwei Empfangsstellen in Leipzig und einer in Potsdam zu sehen. So kamen mehr als 160 000 Besucher zum Gemeinschaftsempfang.

M5 Entzünden des olympischen Feuers im Lustgarten vor dem Stadtschloss Berlin. Nach einer Idee des deutschen Organisationskomitees wurde die in Griechenland entzündete Flamme erstmals mit einem Staffellauf nach Deutschland getragen, Foto 1.8.1936.

ARBEITSAUFTRÄGE

1. Nenne die Ziele, die die NSDAP mit der Austragung der Olympischen Spiele 1936 verfolgte. Beziehe Q1 ein.

2. Erläutere den Einsatz, Möglichkeiten und Wirkungsabsicht der verschiedenen Propagandamittel im Umfeld der Olympischen Spiele 1936.

3. Stelle den erfolgreichsten Sportler der XI. Olympischen Spiele in einem Lernplakat vor.

4. ⇨ Diskutiert, welche Bedeutung das Foto in M3 für die Rassentheorie der NSDAP hatte.

Ein Programm gegen die Krise?

M1 Angehöriger des Reichsarbeitsdienstes präsentiert den Spaten. Foto, 1938.

Als Hitler Reichskanzler wurde, gab es mehr als sechs Millionen Arbeitslose in Deutschland. Bereits im Parteiprogramm der NSDAP von 1920 war die Sicherung der „Erwerbs- und Lebensmöglichkeiten der Staatsbürger" eine wesentliche Forderung. Damit wurde der Abbau der Arbeitslosigkeit zu einem wichtigen Mittel, die Menschen für die nationalsozialistische Politik zu gewinnen.

Die „Arbeitsschlacht" gegen die Massenarbeitslosigkeit

Alle wirtschaftspolitischen Maßnahmen der NSDAP verfolgten drei Ziele:

- die schnelle Schaffung von Arbeitsplätzen und damit den Abbau der Arbeitslosigkeit,
- die Gewinnung der Deutschen für die politischen Ziele der Partei,
- die langfristige Vorbereitung der Wirtschaft auf den Kriegsfall.

„Mit Spaten und Ähre"

Die NSDAP führte umfangreiche Arbeitsbeschaffungsmaßnahmen ein, die sowohl politische als auch wirtschaftliche Bedeutung hatten. Die Vergabe großer Aufträge zum Bau von Autobahnen, Kasernen, Flugplätzen, Parteigebäuden oder Versorgungseinrichtungen brachte vielen Menschen Arbeit, bereitete Deutschland aber gleichzeitige für einen Krieg vor und trug zur Festigung der Herrschaft der Nationalsozialisten bei.

Mit der Einführung des Reichsarbeitsdienstes (RAD) gab es eine Dienstpflicht für alle jungen Männer zwischen 18 und 25 Jahren. Für 1,70 RM am Tag leisteten sie für sechs Monate gemeinnützige Arbeit. Ab 1939 wurde die Dienstpflicht auch für Frauen eingeführt. Der Reichsarbeitsdienst sollte ein „Ehrendienst am deutsche Volke" sein und die Jugend im Geiste des Nationalsozialismus, zur Volksgemeinschaft und zu gebührender Achtung der Arbeit erziehen. Die Ableistung des Arbeitsdienstes war auch Voraussetzung, um zu einem Hochschulstudium zugelassen zu werden.

i

Unter *http://www.dhm.de/lemo/forum/kollektives_gedaechtnis/* berichten Zeitzeugen über ihre Zeit im RAD.

M2 Arbeiter des Reichsarbeitsdienstes, die zum Bau von Autobahnen eingeteilt sind. Foto, 1934.

M3 Arbeitsmaiden helfen einer Bäuerin bei der Feldarbeit. Foto, 1939.

Viele Schlachtfelder gegen die Arbeitslosigkeit

Weitere politische Entscheidungen sollten die Arbeitslosigkeit senken. Das für die Durchsetzung der Familienpolitik verabschiedete Gesetz zum Ehestandsdarlehen drängte viele Frauen aus dem Arbeitsleben. Eine Kampagne gegen Doppelverdiener führte dazu, dass Frauen, deren Ehemänner arbeiteten, nicht erwerbstätig sein durften. Seit 1934 mussten alle Industriearbeiter, die vor weniger als drei Jahren aus der Landwirtschaft gekommen waren, wieder dorthin zurück. Auch die 1936 eingeführte Militärdienstpflicht von zwei Jahren führte zu sinkenden Arbeitslosenzahlen.

Neben Großprojekten, die der Staat förderte, erlebte auch der private Wohnungsbau, das Transportwesen und die Autoindustrie einen Aufschwung. Mit der Grundsteinlegung für ein Autowerk in Wolfsburg versprach die NSDAP-Führung, dass bald jeder Volksgenosse sein Auto zum Preis von 1 000 RM fahren könne.

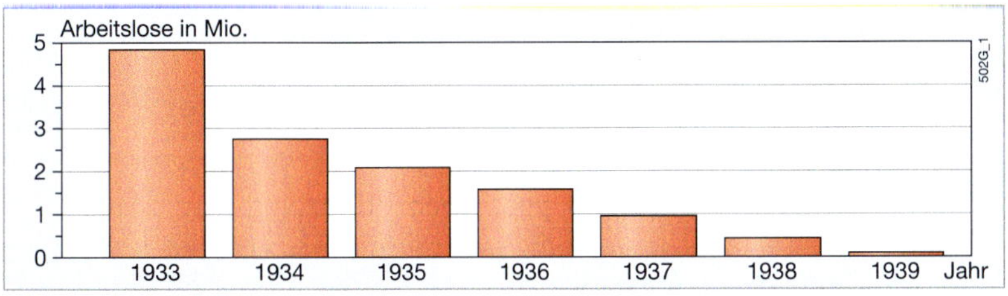

M4 Entwicklung der durchschnittlichen Arbeitslosigkeit.

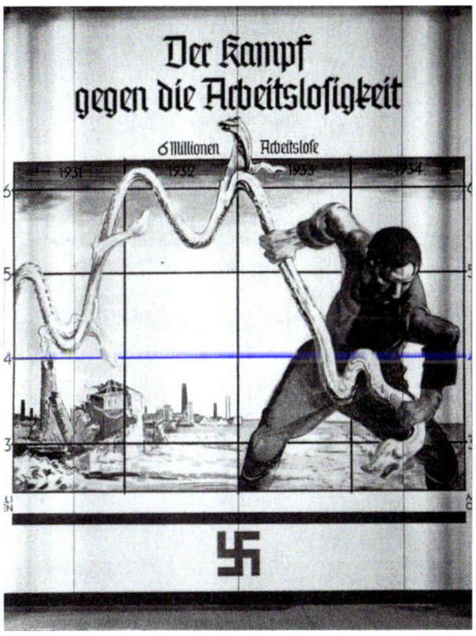

M5 Schautafel des Reichsarbeits-Ministeriums, 1934.

Die deutsche Wirtschaft soll unabhängig werden

Um die deutsche Wirtschaft von Importen unabhängig zu machen, erhielten Forschungs- und Entwicklungsprojekte der Wirtschaft eine großzügige Förderung. Betriebe für die Herstellung chemischer Produkte wurden errichtet und ausgebaut. Der im Jahr 1935 begonnene Bau des Buna-Werks in Schkopau machte Deutschland von Kautschukimporten unabhängig, da dort syntetischer Kautschuk produziert wurde.

Die Nationalsozialisten richteten die Wirtschaft und das tägliche Leben nach militärischem Vorbild aus. Aus dem Arbeiter wurde im offiziellen Sprachgebrauch der Soldat der Arbeit, Arbeit wurde zum Dienst an Führer und Volk, die Betriebsbelegschaft war das Gefolge, welches sich zum Betriebsappell statt zur Betriebsversammlung zusammenfand, und die Produktion wurde zur Erzeugungsschlacht.

1933	69 240 Häuser
1934	129 180 Häuser
1935	50 500 Häuser
1936	35 100 Häuser

M6 Anzahl der Wohnhäuser, die im Rahmen von Arbeitsbeschaffungsprogrammen instand gesetzt oder ausgebaut wurden.

ARBEITSAUFTRÄGE

1. Nenne Maßnahmen der NSDAP zur Senkung der Arbeitslosigkeit.
2. → Erläutere die Ziele der nationalsozialistischen Wirtschaftspolitik.
3. Erkläre die Aufgaben des Reichsarbeitsdienstes.
4. → Analysiere die Bilder M1 bis M3.
5. Begründe die Förderung spezieller Wirtschaftszweige.
6. Werte das Diagramm M4 aus und stelle das Ergebnis den Zielen der nationalsozialistischen Wirtschaftspolitik gegenüber.
7. ⇨ Charakterisiere den veränderten Sprachgebrauch im Arbeitsleben durch die NSDAP.

→ zu 2.
Die NSDAP musste die Arbeitslosigkeit senken, weil ...

→ zu 4.
Erkläre, welche Wirkung die Bilder auf den Betrachter haben sollten.

Die Wirtschaft wird wehrhaft

Aufschwung durch Aufrüstung

Entscheidend für die Verbesserung der Situation auf dem Arbeitsmarkt war das Vorantreiben der Rüstungspolitik. Damit wollte die NSDAP die wirtschaftliche und militärische Basis für ihre „Lebensraumpolitik" schaffen. Schon vor der Übernahme der politischen Macht hatte die NSDAP immer betont, dass es notwendig wäre, Krieg zu führen, um den Versailler Vertrag zu beseitigen und andere Länder zu unterwerfen.

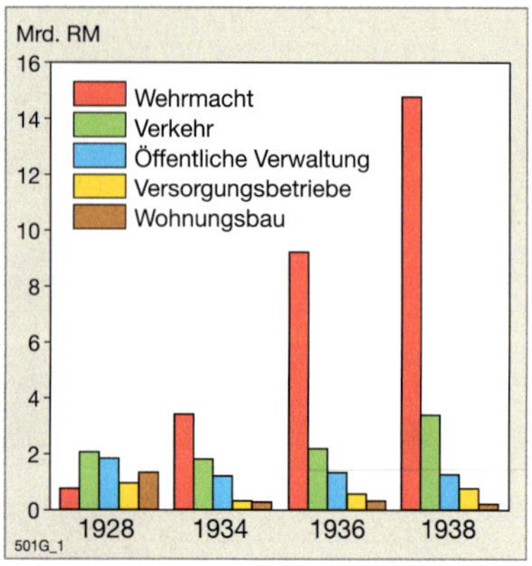

M1 Diagramm zu öffentlichen Investitionen.

Die Wirtschaft wird kriegsfähig

1936 kündigte Hitler auf dem Reichsparteitag an, dass die Wirtschaft durch einen Vierjahresplan im Sinne der NSDAP gelenkt werden sollte. Alle Wirtschaftsbereiche mussten sich der Rüstungswirtschaft unterordnen. Einerseits bedeutete dies mehr Arbeitsplätze, andererseits gab es kaum Lohnsteigerungen.

Q1 Im August 1936 äußerte sich Hitler zum Vierjahresplan:

Ähnlich der militärischen und politischen Aufrüstung bzw. Mobilmachung unseres Volkes hat auch eine wirtschaftliche zu erfolgen, und zwar im selben Tempo, mit der gleichen Entschlossenheit und wenn nötig auch mit der gleichen Rücksichtslosigkeit …
Die endgültige Lösung liegt in einer Erweiterung des Lebensraumes bzw. der Rohstoff- und Ernährungsbasis unseres Volkes. Es ist die Aufgabe der … Führung, diese Frage dereinst zu lösen …
Ich stelle damit folgende Aufgaben:
I. Die deutsche Armee muss in 4 Jahren einsatzfähig sein.
II. Die deutsche Wirtschaft muss in 4 Jahren kriegsfähig sein.

Q2 Im September 1936 kündigte Hitler auf dem Reichsparteitag an:

Da nun der nationalsozialistische Staat unter keinen Umständen gewillt ist, eine Beschränkung seiner Volkszahl vorzunehmen, … sind wir gezwungen, die Folgen dieser Entwicklung für die Zukunft zu überlegen und zu bedenken. Eine wesentliche Steigerung des Bodenertrages ist nicht möglich, eine wesentliche Steigerung des Exportes in absehbarer Zukunft kaum. Es ist also die Aufgabe … genauestens zu untersuchen, welche notwendigen Rohstoffe, Brennstoffe usw. in Deutschland selbst hergestellt werden können.
Die … dadurch eingesparten Devisen sollen … zusätzlich der Sicherung der Ernährung und zum Ankauf seiner Materialien dienen, die unter keinen Umständen bei uns beschafft werden können. Und ich stelle dies nun heute als das neue Vierjahrsprogramm auf:
In vier Jahren muss Deutschland in allen jenen Stoffen vom Ausland gänzlich unabhängig sein, die irgendwie durch die deutsche Fähigkeit, durch unsere Chemie und Maschinenindustrie sowie durch unseren Bergbau selbst beschafft werden können …

Kanonen statt Butter

Um die ehrgeizigen Ziele des Vierjahresplans zu erreichen, wurden viele Rohstoffe staatlich zugewiesen. Als vor allem die Betriebe der Rüstungs- und Schwerindustrie verstärkt Arbeitskräfte brauchten, sollten auch Frauen wieder in Männerberufen arbeiten. Arbeitskräfte wurden gezielt in rüstungswichtigen Betrieben eingesetzt.

Auch die Landwirtschaft musste sich der „Wehrhaftmachung“ der Wirtschaft unterordnen. Der Staat kontrollierte, legte Preise fest und bestimmte, was angebaut werden durfte. Darüber hinaus überwachte er auch die Ablieferung und den Verkauf der Produkte. Trotz staatlicher Förderung kam es teilweise zu Engpässen in der Versorgung mit Lebensmitteln.

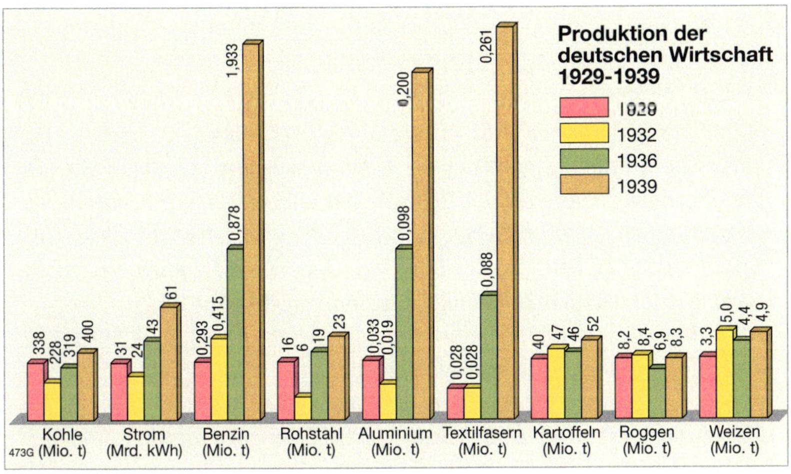

M2 Produktivität ausgewählter Wirtschaftszweige.

M3 Fotomontage von John Heartfield von 1935, deren Veröffentlichung verboten war.

Aufschwung ohne Einnahmen

Durch die Wirtschaftspolitik der NSDAP war die öffentliche Staatsverschuldung in den ersten Jahren stark angestiegen. Zur Deckung des Minus in der Staatskasse wurde die Besteuerung der Unternehmen angehoben. Auf keinen Fall sollten die Arbeiter stärker durch Abgaben belastet werden. Trotz ausdrücklicher Empfehlungen der Finanzexperten setzten die Nationalsozialisten weitere Vergünstigungen für Arbeiter und Familien durch. Das Lohnniveau und der Lebensstandard erreichten dennoch nicht den Stand aus der Zeit vor der Weltwirtschaftskrise.

Als weitere Geldquelle nutzte die NSDAP die Enteignung jüdischen Vermögens. Großes Ziel war es, die Kosten für den Wirtschaftsaufschwung langfristig aus den Kriegseinnahmen zu decken.

Entwicklung der Staatseinnahmen:	
1933	6,8 Mrd. RM
1935	9,3 Mrd. RM
1937	13,4 Mrd. RM
1939	23,1 Mrd. RM
Entwicklung der Staatsschulden:	
1933	11,7 Mrd. RM
1935	14,6 Mrd. RM
1937	25,5 Mrd. RM
1939	42,6 Mrd. RM
Entwicklung der Staatsausgaben:	
1933	8,1 Mrd. RM
1935	13,1 Mrd. RM
1937	18,9 Mrd. RM
1939	42,2 Mrd. RM

M4 Geldwirtschaft in Deutschland.

ARBEITSAUFTRÄGE

1. Nenne die Aufgaben, die Hitler in Q1 und Q2 der Wirtschaft zuweist.

2. a) → Analysiere M1, M2 und M4 hinsichtlich der gezielten Wirtschaftsförderung.
b) Bewerte davon ausgehend die Wirtschaftspolitik der NSDAP.

3. Erkläre den Zusammenhang zwischen Aufrüstung, Arbeitslosenzahlen und Staatsverschuldung.

4. ⇒ Interpretiere M3 hinsichtlich der politischen Versprechungen der NSDAP.

→ zu 2.
Nenne zunächst das Thema des Diagramms oder der Statistik.
Welche Werte werden erfasst?
Was sagen die Einzeldaten bei einem Vergleich untereinander aus?
Welche Entwicklung wird verdeutlicht?

Nur wenige leisten Widerstand

Die Diktatur findet Zustimmung

Hitler hatte seine politischen Ziele mit dem Parteiprogramm der NSDAP von 1920 deutlich formuliert. In seinem Buch „Mein Kampf" konkretisierte er seine Ideen und beschrieb mögliche Mittel und Wege zur Umsetzung. Bereits in diesen Dokumenten war die verbrecherische und menschenverachtende, größenwahnsinnige Politik des Nationalsozialismus erkennbar. Dennoch gab es eine große Zustimmung in der Bevölkerung. Erst mit der immer klarer werdenden Niederlage im Krieg nahm die Unterstützung für die nationalsozialistische Politik ab.

Formen von Widerstand
- politische Diskussion und Überzeugungsarbeit
- Kündigung des Staatsdienstes
- Anschläge auf Personen und Einrichtungen
- Information über erkanntes Unrecht
- Befehlsverweigerungen in der Armee und bei der Polizei
- Bildung antifaschistischer Gruppen
- Demonstrationen
- Fahnenflucht
- Antikriegspropaganda an der Front
- Auswanderung
- Flugblattaktionen
- Hilfe für Verfolgte
- Flüsterwitze gegen das Herrschaftssystem und gegen Politiker
- Geheimnisverrat an ausländische Regierungen
- Gehorsamsverweigerung
- Kurierdienste
- Landesverrat
- Leben in der Illegalität
- Nichtbeteiligung an NS-Feiern
- Nichtverwendung des Hitlergrußes
- Predigt gegen die NS-Politik
- Sabotage
- Sprengstoffanschläge
- Überfall auf Heime der HJ
- Unterlassung von Anzeigen gegen Mitbürger bei Verstößen gegen NS-Gesetze
- Parolen an Gebäuden und auf Straßen

M1 Widerstand gegen das NS-Regime.

D1 Der Historiker und Journalist Götz Aly beschrieb, wie es der NSDAP gelang, die Zustimmung der Bevölkerung zu sichern:

Hitler, die Gauleiter der NSDAP, ein Gutteil der Minister ... agierten als klassische Stimmungspolitiker. Sie fragten sich fast stündlich, wie sie die allgemeine Zufriedenheit sicherstellen und verbessern könnten. Sie erkauften sich den öffentlichen Zuspruch oder wenigstens die Gleichgültigkeit jeden Tag neu. Auf der Basis von Geben und Nehmen erreichten sie eine jederzeit mehrheitsfähige Zustimmungsdiktatur ...
Folglich versuchte die NS-Führung ... die Lebensmittel so zu verteilen, dass die Vergabe ... von den einfachen Leuten als gerecht empfunden wurde. ... Drittens ging es darum, die Familien der Soldaten ... mit genug Geld zu versorgen ... Die Ehefrauen und Familien der deutschen Soldaten verfügten nicht selten über mehr Geld als im Frieden ...
Um die Illusion von einem gesicherten ... Besitzstand weiter zu stärken, erwirkte Hitler, dass weder Bauern noch die Arbeiter ... in nennenswertem Maß mit Kriegssteuern belastet wurden ...
Hitler schonte den Durchschnittsarier auf Kosten der Lebensgrundlage anderer ...

Gründe und Formen von Widerstand

Jeder, der in irgendeiner Form Widerstand gegen die nationalsozialistische Herrschaft wagte, stand unter dem Verdacht des Hoch- und Landesverrats. Er musste damit rechnen, durch Verrat oder Zufall überführt zu werden.

Trotzdem entschlossen sich Menschen, die die nationalsozialistische Politik ablehnten, zum Widerstand. Einige leisteten Widerstand aus Unzufriedenheit, andere aus politischer oder religiöser Überzeugung. Widerstand konnte sich im unangepassten Verhalten im Alltag, zum Beispiel durch das Grüßen des jüdischen Nachbarn, das Erzählen eines politischen Witzes oder die Vermeidung des Hitlergrußes zeigen. Aktiver Widerstand bedeutete, der nationalsozialistischen Herrschaft mit Aktionen entgegenzutreten und zu schaden, um so auf ihren Sturz hinzuarbeiten.

Da vor allem die Gestapo nach dem 30. Januar 1933 unerwartet schnell und brutal gegen jeden Widerstand vorging, gab es nur wenige, die sich offen gegen die nationalsozialistische Herrschaft richteten.

Gestapo: Die Geheime Staatspolizei wurde 1933 als politische Polizei zur Beobachtung und Bekämpfung politischer Gegner der NSDAP gegründet.

Widerstand der Arbeiterbewegung

Die NSDAP verfolgte von Anfang an die Kommunisten und Sozialisten, denn es war ihr erklärtes Ziel, die Arbeiterbewegung zu vernichten. Die KPD und SPD waren deshalb auch die ersten politische Kräfte, die den Widerstand gegen die nationalsozialistische Herrschaft organisierten.

Mit der Herstellung und Verbreitung von Flugschriften traten Kommunisten und Sozialisten offen gegen die NSDAP auf. Trotz des Verbots der KPD versuchten sie, den Zusammenhalt der Partei im Untergrund und im Ausland aufrechtzuerhalten. Um Parteimitglieder zu schützen, organisierten sich die Kommunisten nicht mehr in Ortsparteiorganisationen. Die illegalen Parteigruppen hatten maximal fünf Mitglieder. Den Kontakt zwischen den Gruppen hielten nur einzelne Verbindungsleute aufrecht.

Trotz aller Vorsichtsmaßnahmen wurden von den etwa 300 000 Mitgliedern der KPD im Jahr 1932 etwa 150 000 Opfer von Verfolgung, KZ-Haft, Folter, Vertreibung und Mord. Die Parteiführungen der KPD und der SPD arbeiteten im Ausland und versuchten, den Kontakt aufrecht zu erhalten.

Jahr	KPD	SPD
1936	11 687	1374
1937	8 068	733
1938	3 864	721

M2 Verhaftungen von Kommunisten und Sozialdemokraten.

Q1 Der Sozialdemokrat Ludwig Linsen erinnerte sich:

Inzwischen hatten wir angefangen, selbst Flugblätter herzustellen. Dazu eine Schreibmaschine mit auswechselbaren Typen, einen Abziehapparat und schließlich viel Papier, das vorsichtig und in kleinen Mengen in verschiedenen Läden gekauft wurde. Die ersten Flugblätter … steckten wir in die Briefkästen … und zwar weitab von der eigenen Wohngegend. Natürlich trugen wir bei der Herstellung der Flugblätter Gummihandschuhe, um keine Fingerabdrücke zu hinterlassen. Inzwischen gab es jedoch den NSDAP-Hauswart, den Blockwart und immer mehr stramme Nazis, die die Flugblätter sofort der Polizei brachten …
Wer im Laufe der Zeit auf die Idee kam, Gummistempel anzufertigen, mit Farbe zu bestreichen und sie auf gepflasterte Gehwege … zu drücken, weiß ich nicht mehr. Aber es war leicht, diese Inschriften, unter anderem das Hakenkreuz am Galgen, zu überstreichen. Schließlich fiel uns ein, statt Farbe eine Silbernitratlösung aufzutragen. Diese hatte die Eigenschaft, … sich einzuätzen und konnte nur ausgemeißelt werden. Zu Allerheiligen ätzten wir auf dem Königsplatz, der … zu einem granitenen Aufmarschplatz der SA und SS gemacht worden war … „Denkt auch an die von Hitler Ermordeten!" …

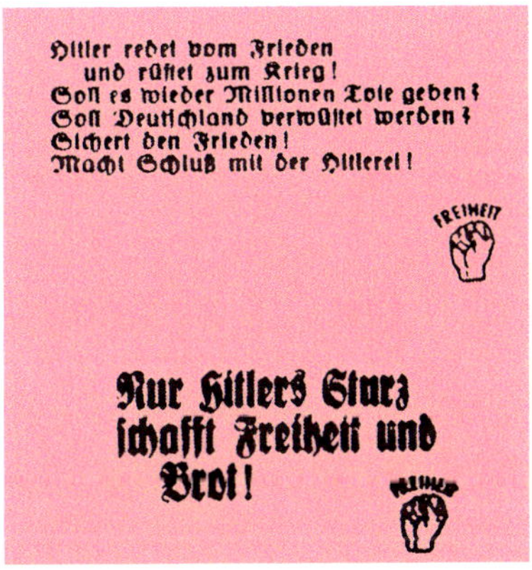

M3 Aufruf aus dem kommunistischen Widerstand.

ARBEITSAUFTRÄGE

1. ⇥ Stelle in einer Mind-Map verschieden Formen von Widerstand dar. Nutze M1.
2. Erkläre den Begriff Zustimmungsdiktatur.
3. Erläutere Motive und Formen des Widerstands der Arbeiterbewegung.
4. ⇨ Diskutiert Gründe für die breite Zustimmung der Deutschen zur nationalsozialistischen Herrschaft.

⇥ zu 1.
Finde zunächst Oberbegriffe wie zum Beispiel „gewaltfreier Widerstand" oder „gewaltsamer Widerstand".

Der Widerstand wird breiter

Die Kirche bekennt sich

Die Nationalsozialisten versuchten, die Kirche als Verbündeten zu gewinnen. Anfangs waren viele Christen beider großen Kirchen bereit, die Nationalsozialisten zu unterstützen, um deren Herrschaft zu festigen. Bald zeigte sich jedoch, dass die NSDAP eine totalitäre „Volkskirche“ schaffen wollte. Dort sollte es keine „nicht arischen“ Pfarrer und Mitarbeiter geben und selbst das Christentum sollte „arisiert“ werden. Aufgrund dieser Entwicklung gründete der Berliner Pfarrer Martin Niemöller im September 1933 einen „Pfarrernotbund“. Diesem gehörten bereits im Januar 1934 die Hälfte aller evangelischen Pfarrer an. Aus dem Notbund entwickelte sich die „Bekennende Kirche“, die für die Eigenständigkeit der evangelischen Kirche eintrat. Viele Pfarrer der „Bekennenden Kirche“ wurden von der Gestapo verhaftet und in Konzentrationslager verschleppt.

M1 Martin Niemöller, kurz nach seiner Befreiung aus dem KZ Dachau zusammen mit einem US-Offizier. Foto, April 1945.

Q1 Martin Niemöller in einem Rückblick, Ostern 1976:

Als die Nazis die Kommunisten holten, habe ich geschwiegen;
ich war ja kein Kommunist.
Als sie die Sozialdemokraten einsperrten, habe ich geschwiegen;
ich war ja kein Sozialdemokrat.
Als sie die Gewerkschafter holten, habe ich nicht protestiert;
ich war ja kein Gewerkschafter.
Als sie mich holten, gab es keinen mehr, der protestierte.

Einen breiten politischen Widerstand durch die katholische Kirche gab es nicht. Erst im Sommer 1941 protestierte der Bischof von Münster, Clemens Graf von Galen, öffentlich gegen das Vorgehen der Gestapo und die Morde an Behinderten.

Eine Predigt des Bischofs von Münster und sein Briefwechsel mit einem Reichsminister

Anklage gegen Gestapo

CLEMENS AUGUST GRAF VON GALEN, Bischof von Münster, wurde am 16. März 1878 in Dinklage in Oldenburg geboren. Seine Familie ist seit Jahrhunderten in Westfalen ansässig.

Er wurde 1904 zum Priester geweiht und am 5. September 1933 zum Bischof von Münster ernannt. Am 15. Oktober 1934 veröffentlichte er eine wissenschaftliche Widerlegung der Unwahrheiten des Rosenbergschen „Mythos des 20. Jahrhunderts".

Am 9. Februar 1936 protestierte der Bischof in einer Rede in Xanten gegen die wiederholten Verletzungen des Reichskonkordats. Diesen Protest erneuerte er im Sommer des Jahres 1937 und 1938. Am 29. November und am 21. Dezember 1936 griff er die nationalsozialistischen Erziehungsmethoden scharf an. Am 31. Juli 1938 wandte er sich in einem Hirtenbrief gegen die Ausweisung seines Vertreters im Lande Oldenburg aus Vechta.

Am Montag, den 8. Juli 1936, bereitete ihm die Bevölkerung Münsters bei der alljährlichen grossen Prozession eine begeisterte Ovation. Trotz polizeilicher Absperrmassnahmen wiederholten sich diese Kundgebungen an verschiedenen Orten der Diözese. Besonders eindrucksvoll war die Demonstration in Sterkrade am 8. November 1938.

Am 13. Juli dieses Jahres, nach der Beschlagnahme der Ordenshäuser in Münster, hielt der Bischof in der Kirche von St. Lambert eine Predigt, in der er gegen die Willkür und die Schreckensherrschaft der Gestapo Anklage erhob. Einen Auszug aus dieser Predigt geben wir umstehend, den sich daran anschliessenden Briefwechsel des Bischofs mit dem Reichsminister Dr. Lammers auf Seite 4.

M2 Anonyme Flugschriften verbreiteten die Predigten des Bischofs von Galen.

Q2 Aus der Predigt des Bischofs von Galen vom 20. Juli 1941:

Dieses strafweise Vorgehen der G.ST.A.P.O. gegen Schuldlose, ... von vornhinein Verurteilter und jeglicher Verteidigungsmöglichkeit Beraubter ... zerstört die Reichssicherheit [Rechtssicherheit], untergräbt das Rechtsbewusstsein und vernichtet das Vertrauen auf die Staatsführung!
Gewiss! Wir Christen machen keine Revolution! Wir werden weiter treu unsere Pflicht tun im Gehorsam gegen Gott, aus Liebe zu unserem deutschen Volk und Vaterland. Unsere Soldaten werden kämpfen und sterben für Deutschland, aber nicht für jene Menschen, die durch ihr grausames Vorgehen gegen unsere Ordensleute, gegen ihre Brüder und Schwestern, unsere Herzen verwundeten und dem deutschen Namen vor Gott und den Mitmenschen Schmach antun. Wir kämpfen tapfer weiter gegen den äußeren Feind. Gegen den Feind im Innern, der uns peinigt und schlägt, können wir nicht mit Waffen kämpfen. Da bleibt uns [nur] ein Kampfesmittel: starkes, zähes, hartes Durchhalten!

Swing gegen Uniformierung

Seit den Zwanzigerjahren wurde der Swing, den vor allem Afroamerikaner prägten, auch in Deutschland eine sehr beliebte Tanzmusik. Besonders Jugendliche organisierten eigene Tanzveranstaltungen und hörten oder spielten Swingmusik.

Q3 Bericht eines HJ-Streifenführers über die Swing-Jugend von 1940:

Der Anblick der etwa 300 tanzenden Personen war verheerend. Kein Paar tanzte so, dass man das Tanzen noch als einigermaßen normal bezeichnen konnte. Es wurde in übelster und vollendetster Form geswingt. …
Bei manchen konnte man ernsthaft am Geisteszustand zweifeln …
Als von der Kapelle einmal ein Rumba gespielt wurde, geriet die ganze Tanzfläche in wilde Extase. Alle sprangen wild umher und lallten irgendeinen englischen Refrain mit. Bezeichnend ist, dass fast ausschließlich ausländische Tanzmusik gespielt wurde. Durch das Mikrofon wurde von dem „Kapellmeister", der ebenfalls höchstens 21 Jahre alt ist und einen regelrechten Bubikopf trägt … nur englisch gesungen. …
Der äußerliche Eindruck der sämtlich anwesenden männlichen Personen war denkbar schlecht. Es waren ausschließlich vollendete „Tangoboys" anwesend mit dem berüchtigten langen Haarschnitt. Von einigen jungen Leuten wurde ein Bubikopf getragen, der an der Seite allerdings nach hinten zurückgekämmt wurde. Während des Swings wurden die Haare dann nach vorn geworfen, sodass sie ins Gesicht hingen …

Q4 Himmler (Reichsführer Gestapo) an den Leiter des Reichssicherheitshauptamtes:

Anliegend übersende ich … einen Bericht über die „Swing-Jugend" in Hamburg …
Ich weiß, dass die Geheime Staatspolizei schon einmal eingegriffen hat. Meines Erachtens muss jetzt das ganze Übel radikal ausgerottet werden. Ich bin dagegen, dass wir hier nur halbe Maßnahmen treffen. Alle Rädelsführer … männlicher und weiblicher Art … sind in Konzentrationslager einzuweisen. Dort muss die Jugend zunächst einmal Prügel bekommen und dann in schärfster Form exerziert und zur Arbeit angehalten werden …

M3 Plakat zur Ausstellung „Entartete Musik" vom Mai 1938.

ARBEITSAUFTRÄGE

1. ⇥ Nenne Motive und Formen von kirchlichem Widerstand.

2. Analysiere Q1 und erläutere, inwieweit es notwendig ist, im Unrechtsfall Verantwortung zu übernehmen.

3. a) Vergleiche die Swing-Jugend mit dem Jugendbild der NSDAP.
b) Nenne Gründe für die Verfolgung dieser Jugendkultur.
c) Bewerte das Vorgehen der Gestapo gegen die Swing-Jugend.

4. ⇨ Informiert euch über weitere Formen des Widerstands und stellt die Beispiele in einer Ausstellung vor.

⇥ zu 1.
Beachte die Grundregeln christlicher Lebensweise.

Außenpolitik Hitlers bis 1939

Hitlers außenpolitische Ziele – Schein und Wirklichkeit

Die Aufhebung des Versailler Vertrages und die Herstellung der früheren Macht Deutschlands waren zentrale Ziele der NS-Außenpolitik.

M1 „The Source". Karikatur in einer amerikanischen Zeitung als Reaktion auf den Wahlerfolg der NSDAP 1930.

Q1 Aus dem Protokoll einer Rede Hitlers vom 3. Februar 1933 vor den Befehlshabern von Heer und Marine:

Ziel der Gesamtpolitik allein: Wiedergewinnung der politischen Macht. Hierauf muss gesamte Staatsführung eingestellt werden (alle Ressorts!).
...
2. *Nach außen. Kampf gegen Versailles. Gleichberechtigung in Genf; aber zwecklos, wenn Volk nicht auf Wehrwillen eingestellt. Sorge für Bundesgenossen.*
3. *Wirtschaft! Der Bauer muss gerettet werden! ...*
   Im Siedeln liegt einzige Mögl., Arbeitslosenheer z. T. wieder einzuspannen. Aber braucht Zeit u. radikale Änderung nicht zu erwarten, da Lebensraum für d(eutsches) Volk zu klein.
4. *Aufbau der Wehrmacht wichtigste Voraussetzung für Erreichung des Ziels: ...*
   Wie soll pol. Macht, wenn sie gewonnen ist, gebraucht werden? Jetzt noch nicht zu sagen. Vielleicht Erkämpfung neuer Export-Mögl., vielleicht – und wohl besser – Eroberung neuen Lebensraumes im Osten u. dessen rücksichtslose Germanisierung. ...

M2 Die amerikanische Zeitschrift „The Nation" kommentierte die Rede Hitlers vom 17. Mai mit einer Karikatur.

Q2 Für die Öffentlichkeit gab Hitler am 17. Mai 1933 vor dem Reichstag erstmals eine außenpolitische Erklärung ab:

Wenn ich in diesem Augenblick bewusst als deutscher Nationalsozialist spreche, so möchte ... ich bekunden, dass gerade uns in diesem jungen Deutschland das tiefste Verständnis beseelt für die gleichen Gefühle und Gesinnungen sowie für die begründeten Lebensansprüche der anderen Völker. Die Generation dieses jungen Deutschlands, die in ihrem bisherigen Leben nur die Not, das Elend und den Jammer des eigenen Volkes kennen lernte, hat zu sehr unter dem Wahnsinn gelitten, als dass sie beabsichtigen könnte, das Gleiche anderen zuzufügen. ...
Indem wir in grenzenloser Liebe und Treue an unserem eigenen Volkstum hängen, respektieren wir die nationalen Rechte auch der anderen Völker aus dieser selben Gesinnung heraus und möchten aus tiefinnerstem Herzen mit ihnen in Frieden und Freundschaft leben. ...
Wir aber haben keinen sehnlicheren Wunsch, als dazu beizutragen, dass die Wunden des Krieges und des Versailler Vertrages endgültig geheilt werden. Deutschland will keinen anderen Weg dabei gehen als den, der durch die Verträge selbst als berechtigt anerkannt ist. Die Deutsche Regierung wünscht, sich über alle schwierigen Fragen mit den Nationen friedlich auseinanderzusetzen. Sie weiß, dass jede militärische Aktion in Europa auch bei deren völligem Gelingen, gemessen an den Opfern, in keinem Verhältnis stehen würde zu dem Gewinn.

Schritt für Schritt in einen Krieg

In den ersten Jahren der nationalsozialistischen Herrschaft war Deutschland noch zu schwach, um einen Krieg führen zu können. Deshalb vermied Hitler zunächst alles, was andere europäische Mächte zum Eingreifen reizen könnte. Abkommen mit dem Vatikan, Polen und Großbritannien ließen Deutschlands internationales Ansehen wachsen. Durch diese Außenpolitik beruhigt, gab es kaum europäische Reaktionen auf weitere außenpolitische Schritte.

M4 Deutschlands neuer Gruß in Genf. Niederländische Karikatur 1933.

Jahr	Deutschland	Ausland
1933	Austritt aus dem Völkerbund, da militärische Gleichberechtigung nicht sofort gewährt wurde.	
1935	90 % der Bevölkerung des Saargebietes stimmen für die Rückkehr in das Deutsche Reich; Einführung der allgemeinen Wehrpflicht und Bruch der Rüstungsbeschränkungen.	GB, Frankreich und Italien bekennen sich zur Aufrechterhaltung internationaler Verträge, Flottenabkommen zwischen GB und Deutschland.
1936	Einmarsch der Reichswehr in das entmilitarisierte Rheinland; Deutschland und Italien verbünden sich zur „Achse Rom-Berlin"; Deutschland und Japan schließen ein antikommunistisches Bündnis.	Völkerbund verurteilt das Handeln Deutschlands.
1938	Mit Berufung auf das Selbstbestimmungsrecht der Völker erfolgt der „Anschluss" Österreichs und damit die Bildung des „Großdeutschen Reichs"; durch das Münchner Abkommen fällt das Sudetenland an Deutschland.	Diplomatische Proteste der westlichen Alliierten; GB vertritt eine „Appeasementpolitik" und lehnt jegliches aktives Eingreifen ab.
1939	Deutsche Truppen besetzen die „Resttschechei"; Nichtangriffspakt zwischen Hitler und Stalin.	GB verkündet das Ende seiner „Appeasementpolitik."

M3 Wechselwirkung deutscher und internationaler Außenpolitik zwischen 1933 und 1939 (GB = Großbritannien).

M5 Propagandaplakat.

Appeasementpolitik: Bezeichnung für die britische Beschwichtigungspolitik gegenüber dem nationalsozialistischen Deutschland.

ARBEITSAUFTRÄGE

1. Nenne die außenpolitischen Ziele aus Q1.

2. Vergleiche die Aussagen aus Q1 und Q2.

3. Analysiere die Karikaturen M1, M2 und M4 unter dem Aspekt der Darstellung der Ziele nationalsozialistischer Außenpolitik.

4. Informiere dich über die in M3 genannten außenpolitischen Schritte und stelle diese in einem Lexikoneintrag zum Stichwort nationalsozialistische Außenpolitik zusammen. Nutze dazu http://www.dhm.de/lemo/html/nazi/aussenpolitik/

zu 2.
Beachte den Adressatenkreis der Reden.

zu 3.
Beschreibe zunächst genau die Elemente der Karikatur. Erkläre, was übertrieben dargestellt ist und nenne Gründe dafür. Erläutere die Haltung der Künstler zur Außenpolitik der NSDAP.

Der Weg in den Zweiten Weltkrieg

Seit Adolf Hitler am 30. Januar 1933 die Macht in Deutschland übernommen hatte, steuerte die Welt auf einen neuen Krieg zu. Die Ziele, welche die nationalsozialistischen Außenpolitik verfolgte, waren nicht mit friedlichen Mitteln zu erreichen. Systematisch betrieb Hitler die Vorbereitungen, um die Vorherrschaft in Europa und der ganzen Welt zu gewinnen:

Oktober 1933: Austritt Deutschlands aus dem Völkerbund

Januar 1934: Nichtsangriffspakt zwischen Deutschland und Polen

März 1935: Wiedereinführung der allgemeinen Wehrpflicht

März 1936: Einmarsch deutscher Truppen in das entmilitarisierte Rheinland

Juli 1936: Abkommen mit Österreich (Wiederherstellung freundschaftlicher Beziehungen)

August 1936: Einführung der zweijährigen Militärdienstzeit

November 1936: Antikomminternpakt: Zusammenarbeit mit Japan gegen politische Gegner (zum Beispiel UdSSR)

März 1938: „Anschluss" Österreichs (Einmarsch deutscher Truppen, um angeblich Ruhe und Ordnung wiederherzustellen)

September 1938: Konferenz in München: Erzwungene Abtretung der sudetendeutschen Gebiete der Tschechoslowakei an Deutschland

Oktober 1938: Geheimbefehl Hitlers an die Wehrmacht zur „Zerschlagung der Rest-Tschechei"

März 1939: Einmarsch deutscher Truppen in die Tschechoslowakei

März 1939: Schutzvertrag mit der Slowakei: Erlaubnis für die Anwesenheit deutscher Truppen

März 1939: Forderung des Deutschen Reiches an Polen: Angliederung Danzigs, Schaffung eines Verbindungskorridors zwischen Ostpreußen und dem Deutschen Reich; nach Ablehnung der deutschen Forderungen: Abbruch der Verhandlungen, Kündigung des deutsch-polnischen Nichtangriffspaktes

Mai 1939: Bündnis mit Italien

August 1939: Nichtangriffspakt zwischen Deutschland und der UdSSR mit einem geheimen Zusatzabkommen: Abstimmung über deutsche und sowjetische Interessengebiete in Osteuropa einschließlich Polens

August 1939: Deutsche SS-Männer täuschen einen polnischen Überfall auf den deutschen Rundfunksender „Gleiwitz" vor

1. September 1939: Deutscher Angriff auf Polen ohne vorherige Kriegserklärung

1324G

M1 Chronik der nationalsozialistischen Außenpolitik 1933–1939.

Die Entfesselung des Krieges

Am 31. August 1939 erteilte Hitler nach einem vorgetäuschten Überfall auf den Rundfunksender „Gleiwitz" in Oberschlesien den Befehl zum Angriff auf Polen. Daraufhin marschierten am Morgen des 1. September um 4.45 Uhr die deutschen Armeen in Polen ein.

Großbritannien und Frankreich konnten nach der Besetzung der Tschechoslowakei und dem Einmarsch Deutschlands in Polen nicht länger zusehen, wie Deutschland ein europäisches Land nach dem anderen unterwarf. Jetzt standen sie zu ihren Bündnisverpflichtungen, und ihre Botschafter übergaben am 3. September ihre Kriegserklärungen an Deutschland.

Adolf Hitler hatte seine aggressiven außenpolitischen Ziele mit größter Rücksichtslosigkeit verfolgt. Dass diese Politik letzten Endes zu einem Krieg führen würde, hatte er von Anfang an einkalkuliert. Es sollte ein Krieg werden, der sich von all seinen Vorgängern unterscheiden würde.

Rundfunksender „Gleiwitz": Der Sender „Gleiwitz" war ein deutscher Radiosender in Gleiwitz. Am 30. August 1939 drangen SS-Leute in Zivil, verkleidet als polnische Kämpfer, in den Sender ein. Das Personal wurde mit Pistolen bedroht, gefesselt und in einen Kellerraum gesperrt.

Q1 Adolf Hitler äußert vor dem Reichstag am 1. September 1939:

Ich habe nun über sechs Jahre am Aufbau der deutschen Wehrmacht gearbeitet. Es sind in dieser Zeit über 90 Milliarden für den Aufbau dieser Wehrmacht angewendet worden. Sie ist heute die bestausgerüstete, und sie steht weit über jedem Vergleich mit der des Jahres 1914. Mein Vertrauen auf sie ist unerschütterlich. ...

Mein ganzes Leben war nichts anderes als ein einziger Kampf für mein Volk, für seine Wiederauferstehung ... Ober diesen Kampf stand immer nur ein Bekenntnis des Glaubens an dieses Volk. Ein Wort habe ich nie kennengelernt, es heißt: Kapitulation.

Wenn irgendjemand aber glaubt, dass wir vielleicht einer schweren Zeit entgegengehen, dann möchte ich ihn bitten, zu bedenken, dass einst ein preußischer König mit einem lächerlich kleinen Staat einer größten Koalition gegenübertrat und in drei Kämpfen am Ende doch erfolgreich bestand, weil er jenes gläubige, starke Herz besaß, das auch wir in dieser Zeit benötigen.

Und ich möchte daher jetzt der ganzen Umwelt gleich versichern: Ein November 1918 wird sich niemals mehr in der deutschen Geschichte wiederholen! ...

Unsere Ziele: Ich bin entschlossen: erstens die Frage Danzig, zweitens die Frage des Korridors zu lösen und drittens dafür zu sorgen, dass im Verhältnis Deutschlands zu Polen eine Wendung eintritt, eine Änderung, die ein friedliches Zusammenleben sicherstellt.

Ich bin dabei entschlossen, so lange zu kämpfen, bis entweder die derzeitige polnische Regierung geneigt ist, diese Voraussetzung herzustellen, oder bis eine andere polnische Regierung dazu geneigt ist. Ich will von den deutschen Grenzen das Element der Unsicherheit, die Atmosphäre ewiger bürgerkriegsähnlicher Zustände entfernen. Ich will dafür sorgen, dass im Osten der Friede an der Grenze kein anderer ist, als wir ihn an unseren anderen Grenzen kennen. ...

Polen hat heute Nacht zum ersten Mal auf unserem eigenen Territorium auch mit bereits regulären Soldaten geschossen. Seit 5.45 Uhr wird jetzt zurückgeschossen! Und von jetzt ab wird Bombe mit Bombe vergolten!

M2 Fotomontage von John Heartfield, 1934.

ARBEITSAUFTRÄGE

1. Stelle die systematische Kriegsvorbereitung der Nationalsozialisten mithilfe von M1 dar.

2. Hitler ließ die Wehrmacht erst nach dem fingierten Überfall auf den Rundfunksender „Gleiwitz" in Polen einmarschieren. Nenne Gründe.

3. Analysiere M2 hinsichtlich der Befürchtungen des Künstlers zur nationalsozialistischen Außenpolitik.

4. Fasse die wesentlichen Aussagen Hitlers in Q1 zusammen.

5. Hitler bezieht sich in seiner Rede auf Traditionen der deutschen Geschichte. Diskutiert, inwieweit diese Bezüge einer Rechtfertigung des Krieges dienten.

zu 1.
Gehe chronologisch vor. Schreibe in eigenen Worten.

zu 2.
Zwischen Polen und Deutschland ... Es sollte der Eindruck entstehen, dass ... Die anderen europäischen Staaten ...

zu 4.
Fasse den Inhalt jedes Absatzes zusammen. Im dritten Absatz bezieht sich Hitler auf den preußischen König Friedrich II.

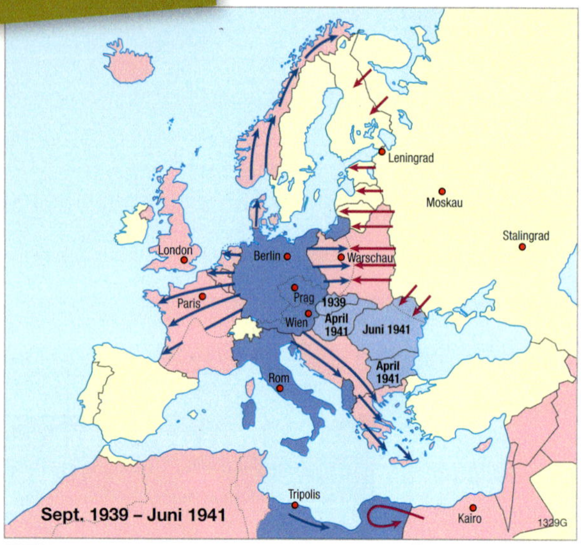

M1 September 1939 bis Juni 1941.

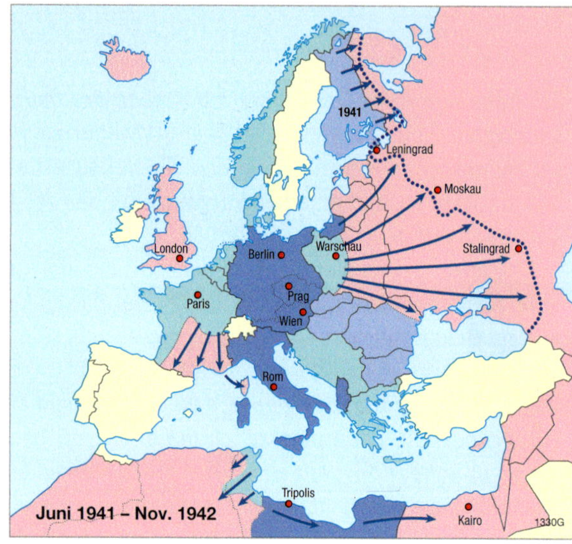

M2 Juni 1941 bis November 1942.

Eine Karte als Darstellungsform analysieren

Karten begegnen uns in allen Bereichen. In Presse und Fernsehen dienen Kartenskizzen einer besseren räumlichen Orientierung. Auch Tourismus ist ohne Karten unvorstellbar. Karten stellen wesentliche Tatsachen und Erscheinungen dar und sind anschaulich und übersichtlich.

Historiker unterscheiden zwischen historischen Karten und Geschichtskarten. Historische Karten sind Produkte der Vergangenheit und spiegeln den Stand der Erkenntnisse und Weltsichten der jeweiligen Zeit wider. Sie werden als Quellen betrachtet. Geschichtskarten hingegen stellen die Vergangenheit aus der Sicht des gegenwärtigen Standes der Wissenschaft dar.

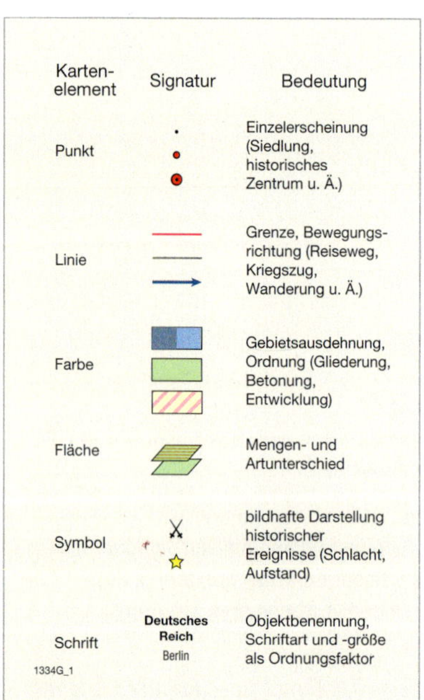

M5 Legende für Geschichtskarten.

Schritte für die Kartenanalyse

1. → **Welches Thema hat die Karte?**
2. → **Welcher Raum ist dargestellt?**
   (Flüsse, Gebirge, Städte, Staaten u. a.)
3. → **Welche Zeit wird behandelt?**
4. → **Welchen Zustand bzw. welche Entwicklung zeigt die Karte?**
5. → **Welche Einzeleintragungen sind auf der Karte zu finden?**
   (Heereszüge, Bodenschätze, Siedlungsräume u. a.)
6. → **Welche Bedeutung haben besondere Zeichen, Farben oder Symbole?**
7. → **Welche Informationen kann man aus der Karte (im Hinblick auf die Fragestellung) entnehmen?**
8. → **Welche Ergebnisse zeigen sich, wenn man diese Informationen mit Vorkenntnissen sowie Aussagen anderer Materialen verbindet?**
9. → **Welche Auskünfte, die für das Thema wichtig sind, erhält man aus der Karte nicht?**

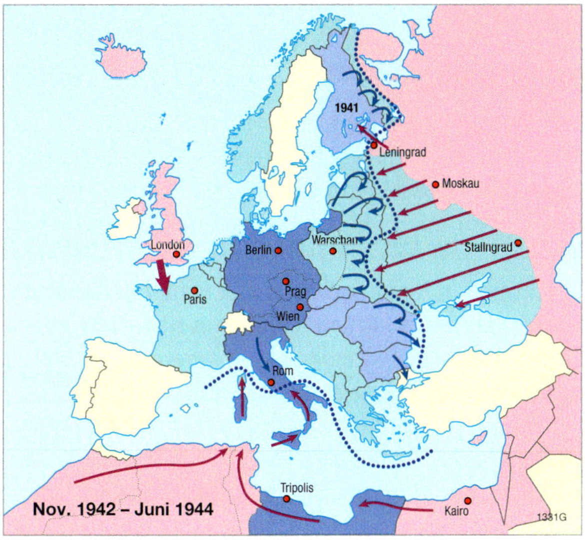

M3 November 1942 bis Juni 1944.

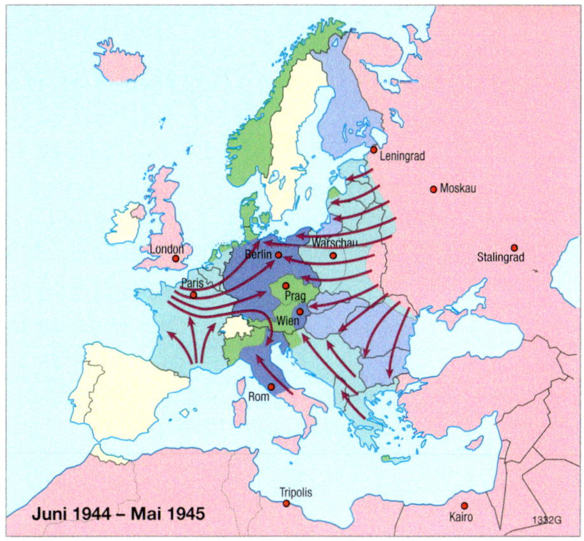

M4 Juni 1944 bis Mai 1945.

Achse Berlin-Rom und Verbündete
besetzte Gebiete
Alliierte
Vorstöße und Angriffe
Frontverlauf
bei der Kapitulation noch von deutschen Truppen besetzte oder gehaltene Gebiete
1333G_1

Der Verlauf des Zweiten Weltkrieges in Europa

Von deutscher Seite wurden die Kampfhandlungen überfallartig eingeleitet – fast immer ohne vorherige Kriegserklärung. Ziel war die rasche Niederwerfung des Gegners durch schnell vorrückende Verbände. Vor allem die Panzer spielten dabei eine entscheidende Rolle. Der Bewegungskrieg entwickelte sich zum Blitzkrieg. Dort, wo deutsche Truppen zu Lande oder Wasser nicht sofort hingelangen konnten, setzten sie Fallschirmtruppen aus Flugzeugen ab. Diese vernichteten an entscheidenden Punkten den überraschten Gegner.

Zu Beginn des Zweiten Weltkrieges erzielten die deutschen Angreifer zunächst eindrucksvolle Siege. Aber diese Erfolge konnten die deutschen Armeen nicht auf Dauer fortsetzen. Entscheidend für den folgenden Kriegsverlauf wurden immer deutlicher die Wirtschaftskraft, das Material, die technische Überlegenheit und die Taktik. Besonders der See- und der Luftkrieg gewann neben den Feldzügen auf dem Lande immer stärker an Bedeutung und eröffnete völlig neue Formen der Kriegsführung.

ARBEITSAUFTRÄGE

1. Analysiere die vorliegenden Karten.
2. Beantworte darauf aufbauend folgende Fragen:
   a) Bis wann hatte die „Blitzkrieg-Strategie“ Hitlers Erfolg?
   b) Wie wird die Wende des Krieges auf einer der Karten verdeutlicht?
   c) Wann entstand auf dem europäischen Kriegsschauplatz eine zweite Front gegen Deutschland?
   d) Wann entstand eine dritte Front gegen Deutschland?
   e) Welche einzelnen Kriegsphasen können unterschieden werden?
3. Informiere deine Mitschüler unter Nutzung der Karten in einem Kurzvortrag über den Verlauf des Krieges in Europa.

Menschen im Luftkrieg

Neue Formen der Kriegsführung

Seit 1933 bauten die Nationalsozialisten die deutsche Luftwaffe auf und testeten sie erfolgreich im Spanischen Bürgerkrieg. Die gewonnenen Erfahrungen versetzten Deutschland ab 1939 in die Lage, vernichtende Blitzkriege gegen Polen, später gegen Holland und Frankreich zu führen.

Die Luftangriffe brachten den Krieg in Städte, die weit von den Fronten entfernt lagen und richteten sich von Anfang an nicht nur gegen militärische Ziele. Die Zivilbevölkerung wurde in einem bisher völlig unbekannten Ausmaß zu direkten Opfern des Krieges.

Spanischer Bürgerkrieg: kriegerische Auseinandersetzungen in Spanien 1936 – 1939. Das nationalsozialistische Deutschland unterstützte die faschistischen Militärs unter General Franco.

M1 Bombenabwurf aus einem B-26 Marauder der 9. US-Air Force, April 1944.

Q1 Ein deutscher Pilot 1941 über den Sinn der Luftangriffe:

Auf dem Rückflug über die Nordsee mache ich mir über den Sinn solcher Angriffe Gedanken. Obwohl ich mich auf Hans sicher verlassen kann, dass er sich alle Mühe gibt, für unsere Bomben militärisch wichtige Ziele zu finden, weiß ich andererseits, wie fraglich es ist, ob wir unsere fürchterliche Munition vielleicht dort abgeladen haben, wo sie gar keine Wirkung hat. Wie aber, wenn wir ein Wohnviertel oder ein Krankenhaus getroffen haben? Dieser Krieg ist eine grausige Sache! Aber bei den anderen ist es wohl das gleiche Problem. Welcher Brite denkt wohl jetzt das Gleiche wie ich?

Q2 Ein englischer Pilot 1943 über den Sinn der Luftangriffe:

Es freute mich auf eine Art, zu erfahren, dass unser Angriff ein Erfolg gewesen war, aber mein Herz fiel mir in die Hose, als ich an unsere Verluste dachte. Noch konnte ich ohne Schmerz an die Zahl der Zivilisten denken, die getötet worden waren, denn es dürften viele Frauen und Kinder unter ihnen gewesen sein. Ich war dankbar dafür, dass es nicht meine Verantwortung war, das Ziel auszusuchen. Zweifellos rechtfertigte die Tatsache, dass das Ziel ein Industriegebiet war, den Angriff in den Augen der Führung. …

M2 Verdunkeln!
Deutsches Propagandaplakat von 1943.

Q3 Eine Hamburgerin schrieb am 29. Juli 1943 an ihren Verlobten:

… Ach, … alles ist hin, nur die Außenmauern (unseres Hauses) stehen noch zum Teil. … Nichts konnten wir retten, Mutti hat nur das, was sie am Körper hatte. Ach, mein lieber Junge, unsere schönen Sachen, wie haben wir alles geschont, und nun ist alles weg, alles weg. Kein Heim haben wir mehr. …
Wir haben kein Licht, Gas und Wasser. Die Geschäfte sind kaputt, ich stehe stundenlang auf der Moorweide und schließ mich an, um Lebensmittel zu bekommen. … Aber alles Klagen hilft nicht, damit bekommen wir nichts wieder. Wir können uns freuen, dass wir alle leben … Es muss ja alles wieder gut werden. Lange kann dieses Elend ja nicht mehr dauern.

Q4 Eine Augenzeugin berichtete am 29. Juli 1943:

In der Nacht vom Dienstag auf Mittwoch war wieder ein ganz schwerer Terrorangriff. ... Nach dem Alarm wurde erst nur wenig geschossen, und dann war Ruhe, sodass wir im Keller meinten, es sei schon alles vorüber, und dann ging es los, als ob die Welt unterginge. Das Licht ging sofort aus, wir saßen erst im Dunkeln, dann bei einem flackernden Lichtchen, alle mit nassen Tüchern um Nase und Mund, und das Getöse war derartig, die Einschläge so unausgesetzt, dass das ganze Haus wackelte und Mörtel herunterrieselte und Scheiben klirrten. ... Keiner sprach mehr, die Leute, die zusammengehörten, fassten sich bei der Hand, und alles drängte zum Ausgang. Ich habe noch nie solche richtige Todesangst empfunden, solche Todesnähe. Bei jedem schweren Krach dachte man, nun stürzt das Haus über uns zusammen, nun kommt das Ende: Schwerer Brandgeruch drang ein, und Feuerschein erhellte die ganze Straße. Dann wurde es still.

M3 Nach einem Angriff der deutschen Luftwaffe liegt die Kathedrale von Coventry in Trümmern. Foto, 1940.

Q5 Eine Betroffene formulierte am 3. Januar 1944:

Weshalb machen sich Millionen von Menschen immer von Neuem daran aufzubauen, was in der nächsten Stunde schon wieder in Scherben liegen kann?
Ich betrachte die Gesichter der Schuttkehrer und Fenstervernagler. Ich betrachte mein eigenes Gesicht im Spiegel. Schmutzverkrustet, das Kopftuch schief in die Stirn gerutscht. Und ich glaube, die Antwort gefunden zu haben. Wir reparieren, weil wir reparieren müssen. ... Man kann nicht leben, wenn man nirgendwo hingehört. Deswegen retten die meisten Menschen aus ihren brennenden Häusern als Erstes ihr Kopfkissen, weil es ein letztes Stück „Zuhause" ist. ...
Weder Schuttkehren noch Kopfkissenretten haben mit Nazigesinnung etwas zu tun. Keiner denkt an Hitler, wenn er sein Küchenfenster vernagelt. Wohl aber denkt jeder daran, dass man im Kalten nicht leben kann. Dass man, noch ehe der Abend kommt und die Fliegersirenen heulen, einen Schlupfwinkel haben muss, in dem man seine Glieder ausstrecken kann.

M4 Chemnitzer Innenstadt nach dem Bombenangriff vom 5. März 1945.

Bilanz des Schreckens

Im Zweiten Weltkrieg wurden Hunderttausende von Menschen bei Luftangriffen getötet. Das Deutsche Reich, das mit den Bombenangriffen begonnen hatte, traf es am Ende besonders hart. Von vielen deutschen Städten blieben nach dem Krieg nur noch Ruinen.

ARBEITSAUFTRÄGE

1. Vergleiche die Aussagen der Quellen Q1 und Q2.

2. Schildere die Erlebnisse der Zivilbevölkerung im Luftkrieg.

3. Erarbeite unter der Überschrift „Menschen im Luftkrieg" einen Beitrag für ein Geschichtsbuch.

4. ⇨ Erkunde, ob es noch Spuren des Luftkriegs in deiner Heimatregion gibt und stelle diese in einer Ausstellung vor.

Die Zerstörung Dresdens

Q1 Victor Klemperer berichtet in seinen Tagebüchern, wie er und seine Frau Eva die Luftangriffe auf Dresden erlebten:

Draußen war es taghell. ... Der Boden war mit Scherben bedeckt. Ein furchtbarer Sturmwind blies. ... Krachen, Taghelle, Einschläge. Ich dachte nichts, ich hatte nicht einmal Angst ..., ich glaube, ich erwartete das Ende. ... Ich stand dann oben [auf den Brühlterrassen]. ... Rechts und links flammten Gebäude, das Belvedere und – wahrscheinlich – die Kunstakademie. ... Diesseits der Elbe besonders hervorragend als Fackel der hohe Aufbau am Pirnaischen Platz, jenseits der Elbe weißglühend, taghell das Dach des Finanzministeriums. ... [Eva] hatte ... mich gesucht. ... Einmal auf ihrem Suchweg hatte sie eine Zigarette anzünden wollen und kein Streichholz gehabt; am Boden glühte ein Stück, sie wollte es benutzen – es war ein brennender Leichnam. ... Bisweilen ... lagen Tote auf den Weg gestreut, einem war der Schädel weggerissen, der Kopf war oben eine dunkelrote Schale. Einmal lag ein Arm da ...

Dresden zur Zeit des Nationalsozialismus

In der Kulturstadt Dresden lebten über 600 000 Menschen. Gauleiter Martin Mutschmann arbeitete ab 1933 skrupellos daran, Sachsen zu einem nationalsozialistischen Vorzeigeland zu machen. Dresden wurde zu einer von nur sechs offiziellen „Führerstädten“. Im Jahr 1945 war die Stadt eines der wichtigsten noch verbliebenen Rüstungszentren. Zumeist durch Kriegsgefangene und Zwangsarbeiter wurden hier Munition, Zünder, aber auch Spezialgeräte hergestellt. Nur in Wien gab es mehr Zuliefererbetriebe für die Rüstungsindustrie. Auch stellte die Stadt an der Elbe einen bedeutenden Verkehrsknotenpunkt zwischen Berlin, Leipzig, Nürnberg, Prag und Warschau dar. Einige Verwaltungsstellen der Reichsregierung hatten hier ihren Sitz.

Die Luftangriffe vom 13. bis 15. Februar 1945

Da Dresden noch zu Beginn des Jahres 1945 als größte noch nicht bombardierte Fläche im Reich galt, verfestigte sich bald die Legende, dass Dresden der „Luftschutzkeller des Reiches“ sei und von den alliierten Luftangriffen verschont bleiben würde. Selbst in den Stunden vor den verheerenden Flächenbombardements ahnten die meisten Dresdner noch nichts von der sich anbahnenden Katastrophe. Bis zum Ertönen des Fliegeralarms um 21.39 Uhr war der 13. Februar für die Menschen ein normaler Tag. Kinder liefen bei milden Temperaturen bunt bemalt durch die Straßen und genossen den Faschingsdienstag. Andere Dresdner suchten wiederum Ablenkung im ortsansässigen Zirkus Sarassani. Kurz nach zweiundzwanzig Uhr begann der erste Luftangriff. Bis zum Mittag des 15. Februar sollten drei weitere durch britische und amerikanische Bomber folgen. Zunächst wurden Leuchtbomben abgeworfen, die im Volksmund auch als „Christbäume“ bezeichnet wurden. Sie dienten als Leuchtmarkierungen für die nun folgenden Sprengbomben. Diese deckten die Dächer der Häuser ab und zerstörten die Fenster. Anschließend erfolgte der Abwurf von Brandbomben. Sie erhielten spezielle Chemikalien und waren deshalb nur schwer zu löschen. Schnell vereinigten sich die großflächigen Brände zu einem Feuersturm, dessen Hitze sämtliches Glas in der Innenstadt zum Schmelzen brachte.

M1 Blick auf die zerstörte Dresdner Innenstadt. Foto, 1945.

Folgen der Bombardierung

Von der Schönheit, der als „Elbflorenz" bezeichneten Stadt, blieb nur ein riesiges Trümmerfeld übrig. Architektonische Kostbarkeiten wie der Zwinger, das Schloss, die Hofkirche oder die Semperoper waren zerstört, ebenso siebzig Prozent der Industrieanlagen. Die Flächenbombardements zielten vorrangig darauf, den Durchhaltewillen der Menschen und so auch ihre Unterstützung für die Nationalsozialisten zu brechen. 80 000 Wohnungen fielen den Flammen zum Opfer. Aber auch bis zu 25 000 Menschen starben. Sie verbrannten, erstickten in den Kellern, wurden von einstürzenden Gebäuden erschlagen oder fanden in den beiden großen Löschwasserbecken auf dem Altmarkt den Tod.

Die Frauenkirche – Mahnmal und Symbol

Am Vormittag des 15. Februars 1945 stürzte die ausgebrannte Frauenkirche in sich zusammen. Ihre Ruine prägte für mehrere Jahrzehnte das Stadtbild. Sie war ein Mahnmal für die Schrecken und die Zerstörungskraft des Krieges. Ab 1994 wurde die Frauenkirche vor allem mit privaten Geldern wieder aufgebaut. Seit der Fertigstellung im Jahr 2005 wird der barocke Bau von Millionen Touristen besucht. Aus dem Symbol für Krieg ist ein Zeichen der Versöhnung geworden.

M2 Die 1945 zerstörte Frauenkirche als Ruine (oben) und nach dem Wiederaufbau (unten, Foto, 2009).

Erinnerungskultur und Mythisierung

Das schwer zerstörte Dresden wurde schnell zum Sinnbild für den verlorenen Krieg. Die NS-Propaganda nutzte aber das Schicksal der Stadt für ihre Zwecke. So wurden die militärische Bedeutung Dresdens geleugnet und die tatsächlichen Opferzahlen vervielfacht. Später in der DDR bestand kaum Interesse an der Aufarbeitung solcher Mythen. Vielmehr wurde die Zerstörung Dresdens „als Anklage gegen den Westen" genutzt.

Aus diesen Gründen haben viele Mythen bis heute Bestand und werden von Rechtsextremen genutzt. Seit den neunziger Jahren versuchen Neonazis immer wieder mit Großdemonstrationen an Gedenktagen Aufmerksamkeit zu erregen und die Zerstörung Dresdens gegen die nationalsozialistischen Verbrechen aufzurechnen. Behauptungen, wie zum Beispiel, dass Dresden zum Angriffszeitpunkt voller Flüchtlinge gewesen sei oder dass es zu Tieffliegerbeschuss auf Zivilisten gekomme sei, hielten den jüngsten Untersuchungen durch eine Historikerkommission über die Luftangriffe auf Dresden nicht stand.

M3 Plakat anlässlich des 60. Jahrestages der Zerstörung Dresdens, 2005.

ARBEITSAUFTRÄGE

1. Stelle in einem Cluster die Bedeutung Dresdens zur Zeit des Nationalsozialismus dar.
2. Beschreibe den Ablauf der Luftangriffe vom 13. bis 15. Februar 1945.
3. Schildere mithilfe von Q1 und M1 die Auswirkungen des Luftkrieges auf die Zivilbevölkerung.
4. Informiere dich über die in M3 genannten Städte: geografische Lage, zeitliche Einordnung und Ursachen der Zerstörung. Erstelle eine Tabelle.
5. Nach dem Wiederaufbau der Frauenkirche sollen auch weitere zerstörte Gebäude auf dem Dresdner Neumarkt rekonstruiert werden. Führt dazu eine Pro-Kontra-Diskussion.

zu 4.
Nutze das Internet.

Der Überfall auf die Sowjetunion

Deutsch-Sowjetischer Nichtangriffsvertrag

Am 23. August 1939 schlossen das nationalsozialistische Deutschland und die Sowjetunion einen Vertrag für die Dauer von zehn Jahren. Beide Länder sicherten sich gegenseitige Neutralität zu, auch für den Fall, dass sich ein Land zu einem Angriff auf ein drittes Land entschließen sollte. Dieser Vertrag ging auch als Hitler-Stalin-Pakt in die Geschichte ein, weil Hitler und Stalin die führenden Staatsmänner der beiden Länder waren.

Ein geheimes Zusatzprotokoll plante die Aufteilung Polens zwischen beiden Mächten, wenn es zu einer territorialen politischen Umgestaltung Osteuropas kommen sollte. Dieser Vertragsabschluss hinderte Frankreich und Großbritannien daran, ihrerseits mit der Sowjetunion einen Beistandspakt zu schließen.

Unternehmen Barbarossa: Decknamen für den Überfall des nationalsozialistischen Deutschlands auf die Sowjetunion.
Freischärler: Angehöriger einer militärischen Gruppe, die sich ohne Ermächtigung einer der Krieg führenden Staaten an einem Krieg beteiligt.
Saboteur: eine Person, die vorsätzlich wirtschaftliche und militärische Einrichtungen beschädigt und zerstört.

„Unternehmen Barbarossa"

Trotz des Nichtangriffsvertrages hielt Hitler nach den schnellen militärischen Erfolgen in den Jahren 1940/41 an seinem Ziel, „Lebensraum im Osten" zu erobern, fest. In einem weiteren Blitzkrieg sollte die Sowjetunion angegriffen und vernichtet werden.

M1 Das Plakat war in den besetzten Gebieten der Sowjetunion 1941/42 an die Zivilbevölkerung gerichtet.

Q1 Befehl zum Verhalten der Truppe in Russland vom 19. Mai 1941:

1. *Der Bolschewismus ist der Todfeind des nationalsozialistischen deutschen Volkes. Dieser zersetzenden Weltanschauung und ihren Trägern gilt Deutschlands Kampf.*
2. *Dieser Kampf verlangt rücksichtsloses und energisches Durchgreifen gegen bolschewikische Hetzer, Freischärler, Saboteure, Juden und restlose Beseitigung jedes aktiven oder passiven Widerstands.*
3. *Gegenüber allen Angehörigen der Roten Armee – auch den Gefangenen – ist äußerste Zurückhaltung und schärfste Achtsamkeit geboten, da mit heimtückischer Kampfweise zu rechnen ist. …*

Am 22. Juni 1941 fiel die deutsche Wehrmacht mit mehr als drei Millionen Soldaten sowie Tausenden von Panzern, Geschützen und Flugzeugen in die Sowjetunion ein. Ohne Kriegserklärung rückte sie auf einer Länge von 1600 Kilometern zwischen der Ostsee und den Karpaten in Richtung Moskau vor. Die Rote Armee hatte der Wucht des deutschen Angriffes zunächst wenig entgegenzusetzen, die Wehrmacht kämpfte sich innerhalb weniger Wochen bis weit ins Landesinnere vor.

Q2 Ein Feldpostbrief eines Gefreiten von der Ostfront vom 3. Juni 1941:

… Adolf und ich marschieren gegen unseren großen Feind Russland. … Diesmal wird bestimmt Schluss gemacht mit einer gottfeindlichen Macht. … Rechts und links der Vormarschstraße liegen tote Russen, zerschossene und ausgebrannte Tanks, drinnen liegen noch die Fahrer ganz verkohlt.

Der Krieg im Osten als Vernichtungskrieg

Durch den raschen Vormarsch der Wehrmacht geriet in kürzester Zeit ein riesiges Gebiet unter deutsche Kontrolle. Dort gingen die deutschen Besatzer mit äußerster Brutalität gegen die sowjetische Bevölkerung vor und realisierten damit konsequent ihr Programm zur Ausrottung des Judentums, des Bolschewismus und anderer Gegner. Den daran beteiligten deutschen Einsatzgruppen fielen in der Sowjetunion allein 1941 mehrere Hunderttausend Menschen zum Opfer.

Q3 Pjotr Dimitrowitsch berichtete über die Vernichtung seines Dorfes:

... ein Geschrei im Dorf, es wurde geschossen, Handgranaten explodierten, da brannten auch schon die ersten Häuser. Überall stieg Rauch hoch. Und dann brannte unsere Kirche ... Später habe ich von anderen, die irgendwie aus dem Dorf fliehen konnten, erfahren, dass die Faschisten die Bevölkerung in die Kirche getrieben haben. Sie verriegelten die Türen, legten Heuballen um die Holzkirche herum, schütteten Benzin darüber und zündeten das Heu an. Das brannte sofort. Dann warfen sie Handgranaten durch die Fenster in die Kirche. Meine Mutter und meine Schwester waren da drin!

Viele sowjetische Soldaten gerieten in Gefangenschaft. Über die Hälfte der insgesamt 5,7 Millionen Gefangenen ist umgekommen. Nach den Bestimmungen der Wehrmacht galt der Gebrauch von Schusswaffen gegenüber sowjetischen Gefangenen grundsätzlich als rechtmäßig.

M2 Sowjetische Kriegsgefangene in einem Auffanglager.

ARBEITSAUFTRÄGE

1. Erkläre die Ziele des Überfalls auf die Sowjetunion.
2. Interpretiere das Plakat in M1.
3. Überprüfe, inwiefern sich die Weltanschauung der Nationalsozialisten in ihrer Besatzungspolitik widerspiegelte. Nutze Q1 und Q3.
4. Diskutiert Gründe für das Führen eines Vernichtungskriegs an der Ostfront.

zu 2.
Nutze die Methodenseiten 118/119.
Nutze das Internet.

Schlacht um Stalingrad

M1 Karte zur Lage von Stalingrad.

Stalingrad, heute in Wolgograd umbenannt, zog sich 40,2 km in nord-südlicher Richtung am Westufer der Wolga entlang. Die Wolga, die an dieser Stelle 1,6 km breit ist, schützte die Stadt vor einer Einschließung. Zu Beginn der Kämpfe befanden sich noch ca. 75 000 Zivilisten in der Stadt.

Der deutsche Vormarsch wird endgültig gestoppt

Stalingrad hatte zunächst in den Zielplanungen der Deutschen keine Rolle gespielt. Erst als Hitler die Rote Armee für so geschwächt hielt, dass man Stalingrad erreichen könnte, gab er den Befehl zur Eroberung.

Am 23.8.1942 erreichten deutsche Soldaten die Großstadt und kämpften sich bis Mitte November zur Wolga vor. Die Gegenwehr der sowjetischen Armee blieb nicht aus. Die Schlacht um Stalingrad wurde erbittert geführt. Der Roten Armee gelang es am 30.11.1942, die deutsche Armee in Stalingrad einzuschließen. Für die eingekesselten deutschen Soldaten entwickelte sich die Schlacht um Stalingrad zur Abnutzungsschlacht, da Hitler jeden Ausbruch verbot und eine Versorgung der Armee weder zu Lande noch aus der Luft geleistet werden konnte. Am 31.1.1943 mussten die Deutschen kapitulieren.

58 000 Soldaten der Wehrmacht starben an Hunger, Krankheit, Kälte und im Kampf. Nur 6 000 der in Stalingrad in Gefangenschaft geratenen 201 000 Soldaten kehrten nach Kriegsende heim. Die sowjetischen Verluste in der Schlacht um Stalingrad sind unbekannt.

M2 Blick aus einem deutschem Kampfflugzeug auf Stalingrad, September 1942.

M3 Sowjetische Soldaten beim Kampf um Stalingrad.

Diese erste für die Wehrmacht vernichtende Niederlage im Krieg gegen die Sowjetunion veränderte die Kriegssituation nachhaltig. Die Rote Armee war nun deutlich im Vorteil. Weitreichender als die militärischen Folgen waren die Auswirkungen auf die Moral der deutschen Bevölkerung. Ein Großteil der Deutschen war von dieser Niederlage erschüttert und erkannte den Wendepunkt des Krieges an der Ostfront.

Briefe aus Stalingrad – Winter 1942/43

Q1 Wernfried Senkel, Gefreiter:

Ich habe nur einen großen Wunsch und das wäre: Wenn diese Scheiße bald ein Ende hätte. Dass wir Russland bald den Rücken kehren könnten. Ob wir das mal noch miterleben werden? Wir sind alle so niedergeschlagen.

Q2 Dr. Franz Schmitt, Tierarzt:

Wir warten geduldig auf die Dinge, die da kommen, und wehren uns unserer Haut, so gut wir können. Hitler hat uns ja Hilfe versprochen, und die wird eines Tages auch kommen. Vielleicht soll das Ganze zu einer großen Vernichtungsschlacht werden, ich weiß nur nicht, wie man das bei den schwierigen Witterungsverhältnissen machen will, denn offensichtlich wird es doch noch viel kälter werden, als es schon ist.

Q3 Kurt Haas, Soldat:

So ein Elend, wie es sich hier bietet, das kann sich niemand vorstellen, der es nicht gesehen hat. Es ist so hart, wenn Kameraden, die verwundet sind, um ein Stück Brot betteln und das Letzte dafür hergeben wollen und es kann ihnen niemand eins geben.

Q4 Heinz Risse, Gefreiter:

Die Dosen mit Fleisch, welche ich Dir schickte, kannst Du mit ruhigem Gewissen verzehren, denn was nützten mir diese Dosen, da ich doch kein Brot habe und mein Magen in einer so schlechten Verfassung ist, dass ich das Fleischfett nicht vertragen kann. Mir ist es dauernd schwindelig im Kopf vor Kohldampf. Den Luxus, morgens zu frühstücken, kann man sich schon gar nicht mehr erlauben. Mittags bekommen wir ... Suppe und abends verpinselt man sein 1/8 Brot. Da wir für 4 Tage 1/2 Brot empfangen, ist es meistens so, dass man der Versuchung nicht widerstehen kann und das Brot in den ersten beiden Tagen schon wegisst.

Q5 August Stolze, Gefreiter:

An manchen Tagen erscheinen die Russen 3- bis 4-mal mit ihren schweren Panzern, gegen die wir mit unseren Panzern kaum etwas machen können. Die Panzer fahren auf unsere Schützenstellungen, walzen Bunker und Drahthindernisse nieder, schießen aus allen Rohren und schon sind die russischen Infanteristen in unseren Stellungen.

Q6 Friedrich Waldhausen, Hauptmann:

Ich bin zurzeit nicht in bester Verfassung. Der Mensch ist doch ein erbärmliches und kümmerliches Wesen: Jahrzehntelang geht es ihm gut; da ist er obenauf. Und wird ihm mal der Brotkorb höhergehängt, schon ist er nicht mehr fähig, einen klaren Gedanken zu fassen.

ARBEITSAUFTRÄGE

1. ⇥ Ordne die Schlacht von Stalingrad in den Verlauf des Zweiten Weltkriegs ein.

2. Fasse die Ereignisse in Stalingrad zwischen den Monaten August 1942 und Februar 1943 zusammen.

3. Analysiere die Feldpostbriefe in Q1 bis Q6. Arbeite heraus
- was über den Alltag der Soldaten ausgesagt wird,
- welche Ängste und Hoffnungen sie beschreiben.

4. ⇨ Die Schlacht von Stalingrad gilt als Wende des Zweiten Weltkriegs. Begründe.

⇥ zu 1.
Nutze die Karten auf S. 148/149.

Krieg in Asien und im Pazifik

Der Eintritt der USA in den Krieg

Im Zeitalter des Imperialismus hatte sich im Fernen Osten eine neue starke Macht entwickelt: Japan. Seit 1936 stand sie in einem Bündnisverhältnis mit den faschistischen Staaten Deutschland und Italien.

In dem Bemühen, seine Vormachtstellung in Ostasien auszubauen, stieß Japan vor allem auf den Widerstand der USA. Die Spannungen entluden sich im Dezember 1941 in einem Überfall der japanischen Luftwaffe auf die Kriegsflotte der USA in Pearl Harbor (Hawaii). Nach der Kriegserklärung der USA gegen Japan folgten Deutschland und Italien ihren Bündnisverpflichtungen und erklärten ihrerseits den USA den Krieg.

Der zweite Kriegsschauplatz

Der Pazifik und Südostasien bildeten den zweiten großen Kriegsschauplatz. Damit hatte sich dieser Krieg zu einem Weltkrieg entwickelt.

Zunächst waren die Japaner siegreich. Sie eroberten Anfang 1942 Manila und Singapur und besetzten nacheinander weite Teile der pazifischen Inselwelt: darunter die Philippinen, Teile Neuguineas, Niederländisch-Indien und fast ganz Hinterindien von Indochina bis Burma.

Die große, verlustreiche See-Luft-Schlacht bei den Midway-Inseln brachte im Juni 1942 die militärische Wende des Krieges. Immer stärker wurden die japanischen Truppen in Ostasien zurückgedrängt.

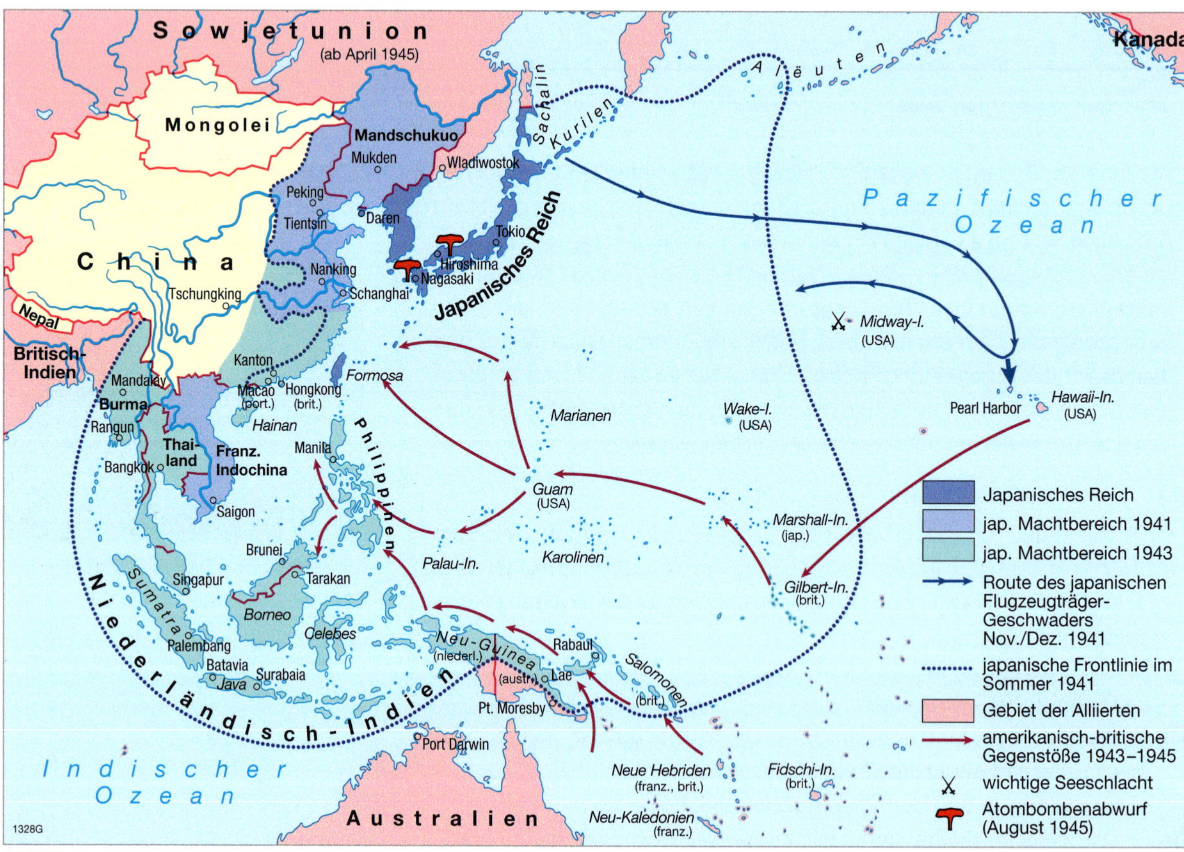

M1 Der Zweite Weltkrieg im Fernen Osten.

Der Einsatz von Atombomben

Das Ende des Krieges in Asien bestimmte eine Waffe, die ein neues Zeitalter der kriegerischen Bedrohung einleitete: die Atombombe. Am 6. August 1945, um 2.45 Uhr morgens, starteten drei überschwere amerikanische Bombenflugzeuge von einer kleinen Marianeninsel aus gegen Japan. Erst während des Fluges baute ein Offizier in einem der Flugzeuge die beiden entscheidenden Hauptbestandteile der Bombe zusammen. Ein Start mit der fertigen Bombe auf der etwas zu kurzen Startbahn erschien zu gefährlich.

Genau zur befohlenen Zeit, kurz nach 8.00 Uhr morgens, waren die drei Flugzeuge über der Stadt. Über dem Mittelpunkt der Stadt klinkte der Bombenschütze um 8.15 Uhr seine Last aus. Um ihre volle Wirkung zu erzielen, sollte die Bombe in 600 m Höhe über dem Erdboden explodieren. Zuerst sahen die amerikanischen Soldaten nur ein stecknadelkopfgroßes Licht von purpurner Röte. Im nächsten Augenblick war dieser Punkt eine riesige, brodelnde Feuerkugel von etwa 1 km Durchmesser. Dann explodierte sie und wurde zu einem Meer aufschießender Flammen und purpurroter Wolken, das den ganzen Himmel hinter ihnen füllte. Nur mit Mühe konnte der Pilot das Flugzeug in den plötzlich sich erhebenden, donnernden Luftdruckwellen halten, obwohl es schon kilometerweit von der Abwurfstelle entfernt war.

Das Ziel dieses Angriffes war die Stadt Hiroshima. Hier haben durch die Atombombe mehr als 260 000 Menschen ihr Leben verloren.

M2 Nach dem Abwurf der ersten Atombombe durch die Amerikaner entwickelte sich ein riesiger Atompilz. Foto vom 06.08.1945.

Q1 Der überlebende Arzt Dr. Hachiya berichtete in seinem Tagebuch:

Plötzlich erschreckte mich ein jäh aufblitzender Lichtschein. …
Instinktiv versuchte ich zu fliehen, doch Schutt und abgestürzte Balken versperrten mir den Weg. …
Was war überhaupt geschehen? Die ganze Seite meines Körpers war zerschnitten und blutete. …
Ich traf viele …, die von den Hüften aufwärts verbrannt waren. Die Haut hatte sich abgeschält, ihr Fleisch war nass und schwammig. … Und – sie hatten keine Gesichter! Ihre Augen, Nase und Münder waren weggebrannt und die Ohren schienen förmlich abgeschmolzen zu sein. Kaum konnte ich die Vorderseite vom Rücken unterscheiden …

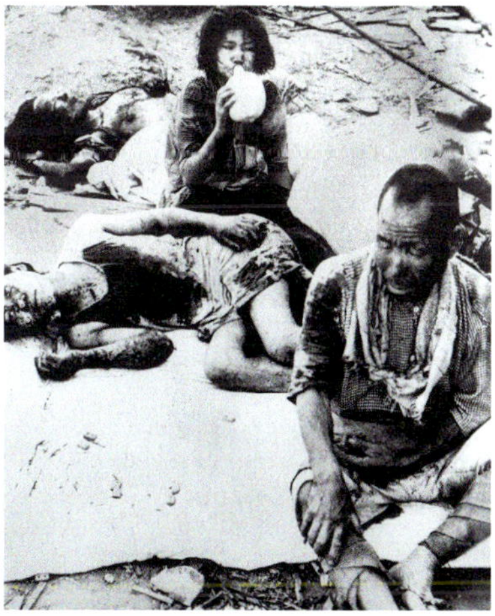

M3 Opfer nach dem Atombombenabwurf über Nagasaki am 09.08.1945.

Das Ende des Krieges im Fernen Osten

Der Abwurf der Atombombe auf Hiroshima und einer zweiten Bombe auf Nagasaki am 9. August 1945 zwang Japan zur Kapitulation. Am 2. September 1945 endete der Krieg in Asien und im Pazifik.

ARBEITSAUFTRÄGE

1. Berichte unter Nutzung der Karte M1 und des Textes über den Verlauf des Krieges im Fernen Osten.

2. Erkläre Motive für den Kriegseintritt der USA.

3. Informiere dich über die Spätfolgen des Atomwaffeneinsatzes und stelle die Ergebnisse in einem Kurzvortrag vor.

zu 1.
Nutze die Schritte der Kartenanalyse.

Widerstand in den besetzten Gebieten

Besetzte Gebiete

Während zu Beginn des Krieges durch die schnellen Erfolge der Wehrmacht kaum Widerstand durch die Menschen in den besetzten Gebieten geleistet wurde, formierten sich im Kriegsverlauf zunehmend Widerstandgruppen. Diese lieferten sich mit der deutschen Besatzungsmacht oft erbitterte Kämpfe.

M1 Von Deutschland besetzte Gebiete während des Zweiten Weltkrieges.

Aufstände in Polen

In Polen bildete sich eine Untergrundbewegung mit einer 380 000 Mann umfassenden geheimen Armee, mit eigenen Schulen und Gerichten. Die polnische Heimatarmee war die größte militärische Widerstandsorganisation gegen die deutschen Besatzer zur Zeit des Zweiten Weltkrieges. Sie war eine Freiwilligentruppe, die sich die Befreiung Polens zum Ziel gesetzt hatte. Ihr Aufstand in Warschau im August 1944 konnte erst nach zwei Monaten von den Deutschen niedergeworfen werden. Warschau wurde danach auf Hitlers Befehl zerstört.

Schon im April 1943 hatten sich im Warschauer Getto Juden, die in Vernichtungslager transportiert werden sollten, in einem Verzweiflungskampf erhoben. Bei der Niederschlagung dieses Aufstandes wurden Tauschende getötet, die Überlebenden in das Vernichtungslager Treblinka transportiert.

Warschauer Getto: durch deutsche Besatzungstruppen abgeriegeltes Gebiet im Stadtzentrum Warschaus, in dem über 400 000 polnische Juden auf engstem Raum leben mussten.

Partisanenbewegung in der Sowjetunion

Das Vorgehen der Deutschen in den besetzten sowjetischen Gebieten war grausam. Dies steigerte den Hass der Bevölkerung gegen die Deutschen.

Neben der Roten Armee, die an der Front gegen die deutschen Eindringlinge kämpfte, gab es hinter der Front eine breite Partisanenbewegung. Im Frühjahr 1942 setzte ein wirksamer Partisanenkrieg gegen die deutsche Armee ein, den beide Seiten mit beispielloser Härte führten. Aus dem ständigen Kleinkrieg gingen die Partisanen häufig als Sieger hervor.

Partisanen: Ein Partisan ist ein bewaffneter Kämpfer, der meist nicht zur regulären Armee eines Staates gehört. Sie kämpfen in einem Gebiet, in dem die Armee oder Polizei des eigenen oder eines fremden Staates offiziell den Herrschaftsanspruch erhebt. Partisanen kämpfen meist nur innerhalb ihres eigenen Staatsgebietes.

Die „Résistance“ in Frankreich

Französische Widerstandskämpfer schlossen sich im Zweiten Weltkrieg gegen die deutsche und italienische Besatzungsmacht zu einer Widerstandsgruppe, „Résistance“, zusammen. Diese kämpfte jahrelang mit verschiedenen politischen Gruppierungen gegen die Deutschen. Sie verübten unter anderem Anschläge auf Verkehrslinien oder versteckten abgeschossene alliierte Flieger. Mitglieder dieser Widerstandsgruppe beteiligten sich auch an der Befreiung von Paris 1944.

M2 An der Befreiung von Paris im August 1944 waren auch Mitglieder der französischen Widerstandsbewegung beteiligt.

M3 Partisanenkrieg in der Sowjetunion: Deutsche Soldaten greifen Flüchtlinge im Wald auf. Foto, 1944.

ARBEITSAUFTRÄGE

1. ⇥ Beschreibe die Ausdehnung des Machtbereichs Hitlerdeutschlands im November 1942.
2. Arbeite heraus, in welchen besetzten Gebieten es aktiven Widerstand gab.
3. Erläutere die unterschiedlichen Formen des Widerstands in den besetzten Gebieten.
4. Vergleiche den Widerstand in den besetzten Gebieten mit den Formen des Widerstands in Deutschland.
5. ⇨ Informiere dich über den Aufstand im Warschauer Getto und stelle deine Erkenntnisse in einer Präsentation vor.

⇥ zu 1.
Nutze M1.

Der "Totale Krieg"

„Wollt ihr den totalen Krieg?"

Totaler Krieg: Kriegsführung, bei der über die militärischen Mittel hinaus alle gesellschaftlichen und politischen Anstrengungen auf den Sieg ausgerichtet sind. Es gibt keine strenge Unterscheidung mehr zwischen Heimat und Front. Die gesamte Zivilbevölkerung wird durch den Arbeitseinsatz für die Rüstung zu einem Teil des Krieges. In letzter Konsequenz geht es im totalen Krieg nicht um die Erreichung konkreter militärischer Zwecke. Das eigentliche Ziel ist die Vernichtung des Gegners.
Endsieg: Kriegsziel des nationalsozialistischen Deutschlands im Zweiten Weltkrieg. Darunter wurde der endgültige Sieg über die Alliierten an allen Fronten verstanden.
Phalanx: geschlossene Schlachtreihen oder Fronten.

Mit dem Scheitern der Offensive in der Sowjetunion und den verstärkten Luftangriffen auf deutsche Städte ab Ende 1942 war die Trennung von zivilem Leben und Krieg nicht mehr aufrechtzuerhalten. Durch eine Mobilisierung aller – auch ziviler – Kräfte sollte die absehbare Niederlage noch abgewendet werden. Die Totalisierung der Kriegsführung wurde nun auch öffentlich zum Programm.

Propagandaminister Joseph Goebbels schwor die Deutschen auf den totalen Krieg ein. In seiner mehrfach vom Rundfunk übertragenen Rede im Berliner Sportpalast am 18. Februar 1943 forderte er die völlige Umstellung des gesamten zivilen Lebens auf die Kriegführung. Nur so könne das Ziel der NS-Kriegsführung, der sogenannte „Endsieg", erreicht werden. Die rund 14 000 Zuhörer im Sportpalast konfrontierte er aber auch mit einer denkbaren Niederlage der Wehrmacht und ihren verheerenden Folgen. Jeder einzelne Deutsche müsse daher bereit sein, sein ganzes Leben auf den Krieg auszurichten. Für den „Endsieg" müssten alle Anstrengungen an der Front, in der Rüstung und im Arbeitseinsatz nochmals verstärkt werden.

Q1 Aus der Rede von Joseph Goebbels am 18. Februar 1943:

Ihr also, meine Zuhörer, repräsentiert in diesem Augenblick die Nation. Und an euch möchte ich zehn Fragen richten, die ihr mir ... vor der ganzen Welt, insbesondere aber vor unseren Feinden, die uns auch an ihrem Rundfunk zuhören, beantworten sollt:
Die Engländer behaupten, das deutsche Volk habe den Glauben an den Sieg verloren. Ich frage euch: Glaubt ihr mit dem Führer und mit uns an den endgültigen Sieg des deutschen Volkes? Ich frage euch: Seid ihr entschlossen, dem Führer in der Erkämpfung des Sieges durch dick und dünn und unter Aufnahme auch schwerster persönlicher Belastungen zu folgen?
... Die Engländer behaupten, das deutsche Volk ist des Kampfes müde. Ich frage euch: Seid ihr bereit, mit dem Führer als Phalanx der Heimat hinter der kämpfenden Wehrmacht stehend, diesen Kampf mit wilder Entschlossenheit ... durch alle Schicksalsfügungen fortzusetzen, bis der Sieg in unseren Händen ist? ...Ich frage euch ... zuletzt: Wollt ihr, dass, wie das nationalsozialistische Programm es gebietet, gerade im Krieg gleiche Rechte und gleiche Pflichten vorherrschen, dass die Heimat die schwersten Belastungen des Krieges solidarisch auf ihre Schultern nimmt und dass sie für Hoch und Niedrig und Arm und Reich in gleicher Weise verteilt werden?
Der Führer hat befohlen, wir werden ihm folgen. Wenn wir je treu und unverbrüchlich an den Sieg geglaubt haben, dann in dieser Stunde der nationalen Besinnung und der inneren Aufrichtung. Wir sehen ihn greifbar nahe vor uns liegen; wir müssen nur zufassen. Wir müssen nur die Entschlusskraft aufbringen, alles andere seinem Dienst unterzuordnen. Das ist das Gebot der Stunde. Und darum lautet die Parole: Nun, Volk, steh auf und Sturm brich los!

M1 Großkundgebung im Sportpalast: Zuhörer während der Ansprache von Joseph Goebbels am 18.02.1943.

M2 Großkundgebung im Sportpalast: Blick über die Zuhörer während der Ansprache von Joseph Goebbels am 18.02.1943.

Organisatorische Maßnahmen

Die Mobilisierung des deutschen Volkes für den Totalen Krieg hatte drei Elemente: die Freisetzung zusätzlicher Kräfte für die Front, die Verstärkung der Rüstungsanstrengungen und die Gleichschaltung des Volkswillens. Bereits Anfang 1943 wurde der Personenkreis, der zum Militärdienst herangezogen werden konnte, erheblich erweitert. Verpflichtet werden konnten jetzt Männer zwischen 16 und 65 Jahren sowie Frauen zwischen 17 und 45 Jahren. Frauen waren dabei nicht im direkten Waffendienst. Sie übernahmen aber kriegswichtige Aufgaben unter anderem im Funkwesen und im Sanitätsbereich.

Umstellung der Wirtschaft

Zentrale Planung und organisatorische Maßnahmen erhöhten zugleich die Produktivität der Rüstungsbetriebe. So konnte die Waffenproduktion bereits seit Ende 1942 deutlich gesteigert werden. Die Produktion von Panzern erhöhte sich zwischen 1942 und 1944 um das Fünffache. Möglich wurden diese Steigerungen aber vor allem durch die Ausbeutung von Zwangsarbeitern, die aus den besetzten Gebieten verschleppt wurden. Bis Ende 1944 stieg die Zahl der Zwangsarbeiter auf rund 7,5 Millionen. Das waren 20 % aller in der deutschen Wirtschaft Beschäftigten. Sie mussten unter unmenschlichen Bedingungen arbeiten, viele kamen ums Leben.

ARBEITSAUFTRÄGE

1. Fasse die Rede Goebbels in Q1 mit eigenen Worten zusammen.
2. Erkläre, wie Goebbels die Zuhörer für seine Ziele einnehmen wollte.
3. Ordne diese Rede von Goebbels in den Verlauf des 2. Weltkrieges ein.
4. Erläutere den Begriff „Totaler Krieg".
5. Analysiere die Bilder unter M1 und M2.
6. Stelle mögliche Gründe für die Reaktion der Massen dar.
7. Recherchiere, ob in deiner Heimatregion Zwangsarbeiter beschäftigt wurden und unter welchen Bedingungen sie lebten.

zu 1.
Goebbels forderte seine Zuhörer auf, … Er wollte, dass die Menschen … Er versprach den Sieg, wenn …

zu 2.
Nutze folgende Fragen als Anregung: Wie sprach Goebbels die Zuhörer an? Welche sprachlichen Mittel (zum Beispiel rhetorische Fragen, Wiederholungen) benutzte er?

zu 5.
Folgende Fragen können dir helfen: Wann und wo wurden die Fotos gemacht? Welche Einzelheiten zeigen sie? Welche Stimmung drücken sie aus? Welche Deutung des Ereignisses vermitteln die Fotos?

Alliierte Kriegskonferenzen

Schon während des Krieges schlossen sich verschiedene Staaten zusammen, um gemeinsam gegen Deutschland und seine Verbündeten vorzugehen. Aus diesem Zusammenschluss entwickelte sich die Anti-Hitler-Koalition.

Anti-Hitler-Koalition: Mit Anti-Hitler-Koalition wird das gemeinsame Bündnis vor allem von UdSSR, Großbritannien und USA und 25 weiteren Staaten gegen das nationalsozialistische Deutschland unter Führung von Adolf Hitler im Zweiten Weltkrieg bezeichnet.

Die Ziele der Zusammenarbeit waren neben der militärischen Zerschlagung Hitlerdeutschlands und der Befreiung der besetzten Staaten auch eine Abstimmung zum Umgang mit Deutschland nach dem Sturz der nationalsozialistischen Diktatur.

Bei mehreren Treffen und auf gemeinsamen Konferenzen stimmten die Staaten ihr Vorgehen ab.

Geheimtreffen in Casablanca

Vom 14. bis 26. Januar 1943 trafen sich der US-Präsident Franklin D. Roosevelt und der britische Premierminister Winston Churchill in der marokkanischen Stadt Casablanca. Josef Stalin, als Vertreter der Sowjetunion, war zwar eingeladen, blieb der Konferenz aber fern, da er aufgrund der Einkesselung der 6. Armee in der Schlacht von Stalingrad die Sowjetunion nicht verlassen konnte.

Nach zehntägiger Beratung teilten die Westalliierten der Presse erstmals die offiziellen Kriegsziele mit: bedingungslose Kapitulation des Deutschen Reiches, Italiens und Japans. Zudem beschlossen die Westalliierten die Verstärkung der Luftangriffe auf deutsche Städte.

Folgekonferenz in Teheran

In Teheran tagten vom 28. November bis 1. Dezember 1943 die drei Staats- und Regierungschefs der USA, Großbritanniens und der Sowjetunion. Sie berieten als Hauptalliierte über weitere Vorgehensweisen auf dem europäischen Kriegsschauplatz. Hauptergebnisse der Konferenz waren die wiederholte Forderung nach der bedingungslosen Kapitulation Deutschlands sowie die Besetzung Deutschlands durch die Siegermächte nach dem Krieg und die Wiederherstellung der Westgrenze der UdSSR.

M1 Winston Churchill, Franklin D. Roosevelt und Josef W. Stalin im Seebad Jalta. Foto, 1945.

Festlegungen zur Nachkriegsordnung in Jalta

Auf Einladung des sowjetischen Staatschefs trafen sich vom 4. bis zum 11. Februar 1945 Stalin, Roosevelt und Churchill im Seebad Jalta auf der Halbinsel Krim, um sich über das militärisch-politische Vorgehen in der Schlussphase des Zweiten Weltkrieges zu verständigen. Im Mittelpunkt der Beratungen standen die Behandlung des Deutschen Reiches und der von ihm besetzten Gebiete nach dessen Niederlage. Ein weiterer Gesprächspunkt stellte die, vor allem von den USA angestrebte Gründung der Vereinten Nationen (UNO) dar.

Die Verhandlungen auf diesem nach der Konferenz von Teheran zweiten Gipfeltreffen der „Großen Drei“ waren von Einigkeit über grundsätzliche Ziele geprägt. Die schnelle Beendigung des Kriegs und eine Entnazifizierung Deutschlands sahen alle Beteiligten als unbedingt notwendig an.

Alle drei alliierten Kriegskonferenzen bildeten die Grundlage für eine demokratische Entwicklung Europas nach dem Ende des Krieges.

M2 Amerikanische Truppen bei der Landung in Frankreich am 6. Juni 1944.

6. Juni 1944: bekannt als „D-Day", ist ein Meilenstein bei der Befreiung Europas von der Herrschaft der deutschen Nationalsozialisten. Die Eröffnung der zweiten großen Front in Europa war von langer Hand geplant. Am 6. Juni 1944 begann an der Küste der Normandie die größte Landeoperation aller Zeiten. An fünf Stränden stürmten die alliierten Soldaten die gut befestigten deutschen Stellungen. Allein in den ersten 24 Stunden wurden aufseiten der Alliierten rund 10 000 Soldaten getötet.

Die Invasion der Alliierten

Am 6. Juni 1944 landeten Truppen der USA und Großbritanniens in Nordfrankreich. Unter dem Feuerschutz von 1 200 Kriegsschiffen und 7 500 Flugzeugen landeten die Soldaten im Morgengrauen an fünf Stränden. Die lang erwartete Invasion hatte begonnen. Millionen gut ausgerüsteter Soldaten kamen mit modernstem Kriegsgerät auf dem europäischen Kontinent zum Einsatz. Sie konnten in schweren Kämpfen nach Deutschland hinein und bis an die Elbe vorstoßen.

Das Ende der Kämpfe in Europa

Im Osten eröffnete die Rote Armee am 11. Januar 1945 den Großangriff gegen das Reichsgebiet. Die sowjetische Armee rückte immer weiter in das Landesinnere vor. Am 16. April 1945 begann die erbittert geführte Schlacht um Berlin, die Hitler immer noch glaubte gewinnen zu können.

Erst als sich die sowjetischen Truppen bis auf wenige Hundert Meter an die Reichskanzlei herangekämpf hatten und auch dem „Führer" die vollkommen ausweglose militärische Situation deutlich wurde, verübte Hitler am Abend des 30. April Selbstmord. Sein Nachfolger, Admiral Karl Dönitz, entschloss sich zur bedingungslosen Kapitulation. Am 8. Mai 1945 war der Zweite Weltkrieg in Europa zu Ende.

M3 Der Soldat Meliton Kantarija hisst die sowjetische Flagge auf dem Berliner Reichstagsgebäude, Mai 1945.

ARBEITSAUFTRÄGE

1. Nenne die Ziele der Anti-Hitler-Koalition.
2. ⇥ Stelle die Weiterentwicklung in den Vorstellungen der Alliierten zur Nachkriegsordnung für das besiegte Deutschland dar.
3. Erkläre Veränderungen im militärischen Kräfteverhältnis nach der Landung der Alliierten in der Normandie.
4. ⇨ Der 8. Mai 1945 wird als Tag der Befreiung oder als Tag der Kapitulation bezeichnet. Diskutiert die unterschiedlichen Sichtweisen, die dadurch zum Ausdruck kommen.

⇥ zu 2.
Nutze eine Tabelle, in der du Zeit, Ort und Ergebnisse der Konferenzen zuordnest.

Stimmen zum Ende des Krieges

Q1 Hanna Brenner, Jg. 1899, über das Kriegsende am 6. März 1945 in Ippendorf bei Bonn:

Ehe die Amerikaner kamen, gab es eine kurze Zeit, die ich als unheimliche Stille empfunden habe: man wartete, man horchte, man überlegte, wann der richtige Zeitpunkt gekommen war, um die weiße Fahne auf die Hecke zu hängen.

Q2 Der Journalist und spätere Rundfunkintendant Lothar Loewe, Jg. 1929, wurde noch im März 1945 als Flakhelfer zur „letzten Schlacht" um Berlin einberufen:

Die meisten meiner Kameraden glaubten getreu ihrer Erziehung noch immer an den weisen Ratschluss des „Führers" Adolf Hitler, dem sie schon mit 10 Jahren im Jungvolk den ersten Treueeid geschworen hatten. Wir hofften auf ein baldiges Ende des Krieges. Aber vor allem waren wir entschlossen, alles zu tun, um dabei mitzuhelfen, einen weiteren Vorstoß der sowjetischen Armee über die Oder hinweg bis nach Berlin zu verhindern.

Q3 Fritz Bauer, Domkaplan, in seinem Tagebuch vom 25.–31. März 1945:

Die Front kommt auf uns zu. Die deutschen Truppen werden unaufhaltsam zurückgedrängt. Unser Herz gehört ihnen, die sinnlos geopfert werden. Es gehört ihnen, die leiden und sterben müssen, nicht ihren Uniformen. Warum werfen sie ihre Waffen nicht weg, damit das Töten und Sterben ein Ende habe? Sie tragen ihre Waffen nicht aus Liebe, sondern aus Gehorsam. Von wem haben wir Deutschen gelernt, gehorsam zu sein bis in den Tod? Unseren Soldaten gehört unsere Liebe; sie gehören zu uns. Auf die Amerikaner richtet sich unsere Hoffnung. Zwei widersprüchliche Haltungen in unseren Herzen.

Q4 Der Schriftsteller Erich Kästner, dessen Bücher seit 1933 in Deutschland verboten waren, tauchte gegen Ende des Krieges in Österreich unter; Tagebucheintrag vom 8. April 1945:

Auch nach einem totalen Krieg gibt es Sieger und Besiegte. Und der Sieger wird, wie in alten Zeiten, Forderungen stellen. Ich sehe von Zusicherungen ideeller Art ab und denke an ökonomische Ansprüche, nachträgliche Kontributionen, wirtschaftlichen Schadensersatz. Woran kann sich, nach einem solchen Schlachtfest, der nominelle und sogar moralische Sieger schadlos halten? Einen totalen Krieg zu gewinnen, ist schwer genug. Den Frieden zu gewinnen, dürfte noch viel schwieriger sein.

Q5 Rolf Schneider, 13 Jahre, Schüler, in Wernigerode, Mitte April 1945:

In der Stadt war kein Widerstand mehr, auch nicht in den Seelen. Für mehrere Stunden roch es überall nach versengtem Stoff, das verursachten die Fahnen und Armbinden mit dem Hakenkreuz, die man in die Öfen getan hatte, zu den brennenden Hitler-Fotografien, die bis gestern noch Schmuck gewesen waren an vielen Wänden.

Q6 Der gelernte Journalist und spätere SPD-Minister Egon Bahr, Jg. 1922, lebte Ende April 1945 in Berlin:

Es war ein seltsamer Schwebezustand. Einige Tage war die Wehrmacht nicht mehr, die sowjetische Armee noch nicht da. Als einige weiße Laken und Handtücher aus dem Fenster hängten, gab es, wohl durch eine Patrouille, ein paar Schüsse. Also wurden die Zeichen leinener Friedfertigkeit schnellstens wieder eingezogen.

Q7 Klaus Granzow am 5. Mai 1945:

Es geht dem Ende zu. Die tollsten Gerüchte schwirren herum. Man glaubt, dass der Amerikaner unsere Gefangenen frei lässt und wieder bewaffnet, um die Bolschewisten aus Deutschland herauszuwerfen. Denn die Heimat muss doch einmal wieder befreit sein. Einige von uns hoffen noch auf einen neuen Angriff, die meisten aber hoffen auf das Ende. Alle aber wollen sofort weitermachen, wenn sie mit dem Amerikaner gegen die Russen gehen können, egal, wie lange der Krieg noch dauert.

Q8 Inge Deutschkron, eine deutsche Jüdin, Anfang Mai 1945 in Potsdam:

Und dann war auf einmal alles still, unheimlich still, unerklärlich still. Bis vor kurzem hatte noch die „Stalinorgel" unseren Tagesablauf beherrscht – ihr schreckliches Aufheulen, das in regelmäßigen Abständen erfolgte. Nun schwieg sie. Es war Wirklichkeit, worauf wir so lange und sehnsüchtig gewartet hatten: der Krieg war zu Ende. Freuen konnte ich mich nicht mehr. Der Krieg war aus. Aber was bedeutete das schon? Wir hatten Hunger wie alle Deutschen. Und wie sie wussten auch wir nicht, wie es weitergehen würde.

Q9 Tagebuch von Ursula von Kardorff, Jettingen 7. Mai 1945:

So also ist die Niederlage. Hatten sie uns unbedachter Weise anders vorgestellt, das heißt, eigentlich gar nicht vorgestellt. Alles, alles musste besser sein als Hitler. Aber Befreiung? Seltsames Wort.

Q10 Tagebuch der Lehrerin Marie-Luise Solmitz, Hamburg 7. Mai 1945:

Ganz Europa ist in einem Freudentaumel; wir stehen abseits, geschlagen und, schlimmer noch, verachtet.

Q11 Kurt Biedenkopf, späterer Ministerpräsident, im Mai 1945 in Kopau bei Merseburg:

Der Krieg war zu Ende, und wir lebten. An den achten Mai als Tag der Kapitulation erinnere ich mich nur dunkel. Dass der Krieg nun zu Ende sein sollte, war nicht an einem Tag zu begreifen. Wir waren dabei, uns daran zu gewöhnen.

Q12 Arnulf Baring, damals 13 Jahre alt, in Berlin:

Das größte Geschenk im Rückblick: die Stille. Wenn ich an den frühen Mai 1945 denke, dann zunächst an diese Lautlosigkeit, diese Ruhe, Tag für Tag unter einem blauen Himmel. In der warmen Sonne sitzen und kaum noch Angst haben.

ARBEITSAUFTRÄGE

1. Ordne die Originalstimmen zeitlich ein.
2. Beschreibe die Gedanken und Gefühle, die die Menschen zum Kriegsende bewegten.
3. Ordne die verschiedenen Ansichten zum Kriegsende in eine anschauliche Übersicht (zum Beispiel Mind-Map, Plakat o. a.).
4. ⇨ Befragt Zeitzeugen danach, wie sie das Kriegsende erlebten, oder informiert euch in einem Museum oder einem Archiv eurer Region über die Lebensbedingungen im Mai 1945.

Eine Geschichtserzählung zum Ende des Krieges

Flucht und Vertreibung

Die ersten Wochen des Jahres 1945 brachten auch den Menschen in Schlesien viel Leid und großes Elend. Durch Gäbersdorf zogen täglich Flüchtlinge aus dem Osten. Die Front rückte immer näher. Die Menschen konnten die Geschütze schon hören. Am 8. Februar bereiteten sie deshalb die Wagen für einen Treck vor. Die Inhaber der Geschäfte verteilten und verschenkten ihre Waren: Nichts sollte für die Russen zurückgelassen werden. Am 9. Februar verließen Margarete und ihre Familie das Dorf.

19 Pferdewagen und viele kleine Handwagen waren mit den notwendigsten Sachen beladen. Der Vater blieb zurück, weil er im Volkssturm mit den wenigen alten Männern das Dorf verteidigen sollte.

M1 Flüchtlingswagen.

Volkssturm: Kampfverbände, in die seit 1944 alle waffenfähigen Männer zwischen 16 und 60, die nicht an der Front kämpften, einberufen wurden. Sie sollten das deutsche Kernland verteidigen und den „Endsieg" sichern.
Sudetenland: Bezeichnung für ein Gebiet der damaligen Tschechoslowakei, in dem nach Sprache und Herkunft überwiegend Deutsche lebten.

Ein Weg ins Ungewisse

Margarete und ihre Schwester Inge zogen einen Anhänger, den der Vater aus zwei Motorrädern gebaut hatte. Wie zwei Pferde waren sie mit einer Wäscheleine eingespannt. Auf ihrer Flucht mussten sie in einem Kuhstall übernachten. In den breiten Gang war Stroh gelegt worden. Todmüde fielen sie ins Stroh, denn sie waren den ganzen Tag bei klirrender Kälte gelaufen. Die Kinder weinten vor Erschöpfung. Die Menschen lagen wie die Heringe, alte und junge Leute in voller Kleidung, durcheinander.

Es ging nun Richtung Sudetenland. Die immer höheren Berge im Riesengebirge und das Glatteis machten den Menschen und Pferden schwer zu schaffen. Die jungen Leute liefen oft voraus, um Asche und Sand zu streuen, da die Pferde es sonst nicht schaffen konnten.

M2 Flüchtlinge aus Ostpreußen auf der Flucht vor den vorrückenden Sowjettruppen. Foto, Januar 1945.

Kein neues Zuhause

Eis, Schnee und Kälte machten den Weg beschwerlich. Hunger und Erschöpfung begleiteten die Menschen und Tiere. Die Tschechen, durch deren Land Margarete und der Flüchtlingstreck nun zogen, wollten nichts mit ihnen zu tun haben. Für sie waren die Flüchtlinge ungebetene Gäste, zu einer Zeit, in der jeder selbst versuchte zu überleben. Schlechte Behandlung in Massenquartieren war der Alltag. Die heimische Bevölkerung jagte die Heimatsuchenden von einem Ort zum anderen bis hinter Prag.

Kein Ende des Leids

Im Mai 1945 war der Krieg zu Ende. Nun bekamen die schlesischen Flüchtlinge den Hass der tschechischen Bevölkerung erst richtig zu spüren. Margarete und die anderen wurden durch das Land getrieben und ihrer Sachen beraubt. Wochenlang war der Treck wieder in Richtung Heimat unterwegs. Doch als sie endlich in Gäbersdorf ankamen, lebten in ihren Häusern Polen und Russen.

Raub, Mord, Vergewaltigung und vieles andere menschliche Leid waren auch nach Kriegsende an der Tagesordnung. Krankheiten und Hungersnot blieben nicht aus. Typhus ließ das halbe Dorf sterben. Margaretes Großmutter, ihre siebzehnjährige Schwester und ihre Tante waren unter den Verstorbenen.

Nach einem Jahr wurden die Flüchtlingsfamilien zu Pfingsten 1946 ausgewiesen. 50 Viehwaggons transportierten sie nach Braunschweig in ein Sammellager. Von dort kam Margarete mit ihrer Mutter nach Schleswig-Holstein. Hier traf sie ihren Vater wieder, der sowohl in polnischer als auch russischer Gefangenschaft gewesen war. Als Flüchtlinge und Vertriebene nahmen die Menschen, die selber viele Probleme hatten, sie nicht gerade begeistert auf. Aber das Leben ging weiter!

Typhus: fieberhafte Infektionskrankheiten, die meist mit Durchfall verbunden sind.

Unter der Internetadresse *www.dhm.de/lemo/html/wk2/kriegsverlauf/massenflucht/index.html* kannst du persönliche Erinnerungen an Flucht und Vertreibung nachlesen. Hier findest du auch die Erinnerungen von Margarete Schleede, die Grundlage dieser Geschichtserzählung sind.

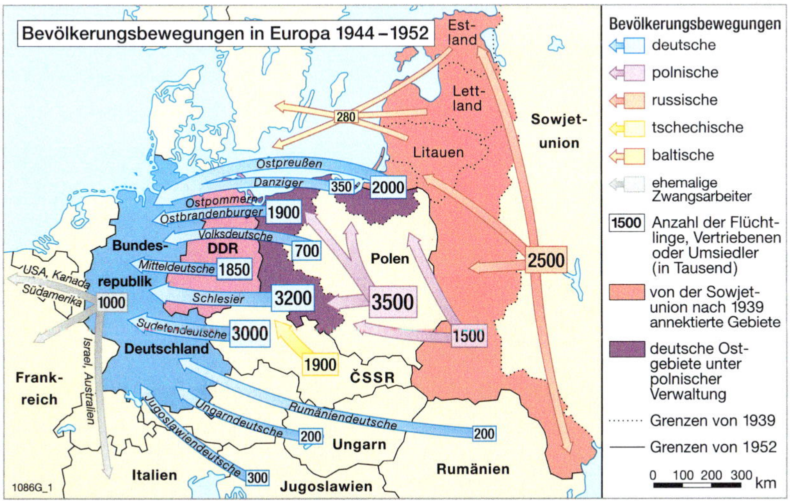

M3 Bevölkerungsbewegungen in Europa 1944–1952.

ARBEITSAUFTRÄGE

1. ⇥ Erläutere den Weg der Flüchtlinge und Vertriebenen in Europa.

2. Erkläre, wie aus Flüchtlingen Vertriebene wurden.

3. ⇨ Stelle ein Einzelschicksal von Flucht und Vertreibung in einer Präsentation dar. Nutze dafür die angegebene Internetseite.

⇥ zu 1.
Nutze die Karte M3. Beachte den Zusammenhang zwischen der Nationalität der Flüchtlinge und den veränderten Staatsgrenzen in Europa.

Der Widerstand hat ein Gesicht

Der Widerstand gegen die nationalsozialistische Herrschaft war breit gefächert. Er reichte von passivem Ertragen der Verhältnisse über nonkonformes Verhalten bis zur Emigration und der im wahrsten Sinne des Wortes generalstabsmäßigen Planung des Attentats- und Umsturzversuches vom 20. Juli 1944.

Denkmal für Janusz Korczak in Warschau

Alois Andritzki war ein sorbischer katholischer Priester und Märtyrer aus dem Bistum Meißen. Er war ein entschiedener Gegner des Nationalsozialismus und wurde im Konzentrationslager Dachau ermordet. Er wird von der römisch-katholischen Kirche als Seliger verehrt.

Geschwister Scholl

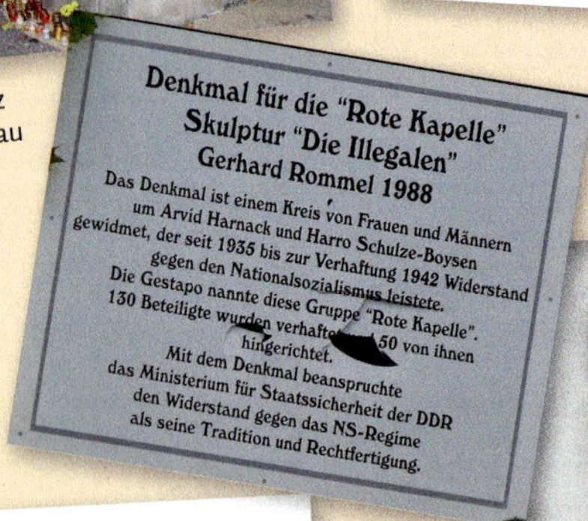

„Eines Tages, um den 5. August […] wurde ich zufällig Zeuge des Abmarsches von Janusz Korczak und seinen Waisen aus dem Ghetto. Für jenen Morgen war die ‚Evakuierung' des jüdischen Waisenhauses, dessen Leiter Janusz Korczak war, befohlen worden; er selbst hatte die Möglichkeit sich zu retten und nur mit Mühe brachte er die Deutschen dazu, dass sie ihm erlaubten, die Kinder zu begleiten. … Er wollte es ihnen leichter machen. Sie würden aufs Land fahren, ein Grund zur Freude, erklärte er den Waisenkindern. Endlich könnten sie die abscheulichen, stickigen Mauern gegen Wiesen eintauschen, auf denen Blumen wüchsen, gegen Bäche, in denen man würde baden können, gegen Wälder, wo es so viele Beeren und Pilze gäbe. Er ordnete an, sich festtäglich zu kleiden und so hübsch herausgeputzt, in fröhlicher Stimmung, traten sie paarweise auf dem Hof an. … Als ich ihnen … begegnete, sangen die Kinder, strahlend, im Chor, … und Korczak trug zwei der Kleinsten, die ebenfalls lächelten, auf dem Arm und erzählte ihnen etwas Lustiges."

Carl Friedrich Goerdeler war ein deutscher Jurist, nationalkonservativer Politiker und Widerstandskämpfer gegen den Nationalsozialismus. Er gehörte zu den führenden zivilen Köpfen der Widerstandsbewegung und sollte nach dem Attentat vom 20. Juli 1944, an dessen Planung er maßgeblich beteiligt war, das Amt des Reichskanzlers übernehmen.

Claus Schenk Graf von Stauffenberg

ARBEITSAUFTRÄGE

1. Gestaltet als Klasse eine „Zeitleiste des Widerstands im Nationalsozialismus".
2. Wählt dazu in Partnerarbeit aus der Collage und den Lehrbuchseiten 140 - 143 zwei Beispiele für den Widerstand gegen den Nationalsozialismus aus und recherchiert dazu. Bezieht auch Beispiele aus eurer Heimatregion ein.
3. Sammelt Informationen
   a) zur Herkunft der Personen,
   b) zum Motiv für den Widerstand,
   c) zum Ziel der Aktionen und
   d) zum Ergebnis des Widerstands.
4. Gestaltet mit diesen Informationen eine Schautafel für die Zeitleiste.
5. Ordnet die verschiedenen Formen chronologisch auf der Zeitleiste an.
6. Erarbeitet einen Einladungstext, in dem über das Projekt und die Entstehung der Zeitleiste informiert wird.

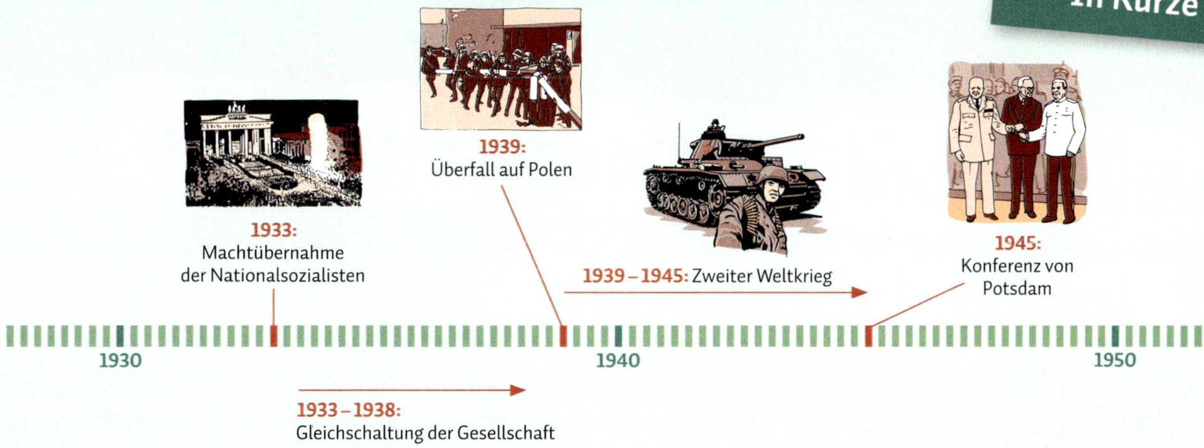

In Kürze:

Am 30. Januar 1933 ernannte Reichspräsident Hindenburg Adolf Hitler zum Reichskanzler. Mit der Verabschiedung des Ermächtigungsgesetzes im März 1933 begann die Gleichschaltung der Gesellschaft.

Um den Widerstand gegen die nationalsozialistische Diktatur zu unterdrücken, wurde ein weitverzweigtes Überwachungs- und Terrorsystem geschaffen. Die Mehrzahl der deutschen Bevölkerung sah sich als Mitglied der Volksgemeinschaft und ließ sich von den anfänglichen wirtschaftlichen Erfolgen sowie der Propaganda für die nationalsozialistische Politik begeistern.

Unter Hitler nutzte das Deutsche Reich die zugespitzte weltpolitische Lage aus, um seine aggressive Außenpolitik durchzusetzen. Im Zweiten Weltkrieg, der durch das nationalsozialistische Deutschland verschuldet wurde, überrannte die deutsche Wehrmacht zunächst in einem Blitzkrieg weite Gebiete Europas. Die Niederlage bei Stalingrad kennzeichnete die Wende des europäischen Krieges.

Auch die totale Unterordnung aller Lebensbereiche unter den Krieg konnte eine Niederlage der Deutschen nicht verhindern. Nach dem Vorrücken der Alliierten und erbitterten Kämpfen um Berlin kapitulierte Deutschland am 8. Mai 1945 bedingungslos und wurde vollständig von den Siegermächten besetzt.

WICHTIGE BEGRIFFE

bedingungslose Kapitulation
Blitzkrieg
Diktatur
Ermächtigungsgesetz
Gleichschaltung
Nationalsozialismus
Siegermächte
Stalingrad
Volksgemeinschaft
Widerstand
Zweiter Weltkrieg

Völkermord und Kriegsverbrechen im 20. Jahrhundert

Das 20. Jahrhundert gilt als das blutigste Jahrhundert der bisherigen Menschheitsgeschichte. Über 60 Millionen Menschen verloren in den beiden Weltkriegen ihr Leben. Nur ein Teil davon starb jedoch infolge direkter Kampfhandlungen. Kriegsverbrechen und Völkermord forderten Millionen von Opfern. Nach dem Ende der nationalsozialistischen Herrschaft ereilte weitere Millionen Menschen auf allen Erdteilen und in allen Kulturkreisen dieses Schicksal. Bis in die Gegenwart sind weder alle Verbrechen aufgearbeitet, noch deren Ausmaß begreifbar.

Trauernde Frau in der Potočari-Gedenkstätte von Srebrenica in Bosnien-Herzegowina.

Krieg ist kein rechtsfreier Raum

Krieg ist eine kontinuierliche, gewalttätige Auseinandersetzung zwischen bewaffneten Streitkräften zur Durchsetzung politischer, territorialer, wirtschaftlicher oder ideologischer Interessen. Aufgrund der fortschreitenden Technisierung wurde das Vorhandensein von Regeln für die Kriegsführung immer wichtiger. Die bedeutendsten Verträge waren dabei die Haager Abkommen von 1907 und die Genfer Rotkreuz-Konventionen von 1929. Jegliche Verstöße gegen diese beiden Regelwerke sind „Kriegsverbrechen“. Nach dem Ende des Zweiten Weltkrieges wurden sie im Statut für den Internationalen Militärgerichtshof konkretisiert und der Straftatbestand „Verbrechen gegen die Menschlichkeit“ in das Völkerstrafrecht aufgenommen. Die Vereinten Nationen definierten 1948 den Begriff „Völkermord“.

Q1 In Artikel II der UN-Resolution 260 von 1948 heißt es:

*In dieser Konvention bedeutet **Völkermord** eine der folgenden Handlungen, die in der Absicht begangen wird, eine nationale, ethnische, rassische oder religiöse Gruppe als solche ganz oder teilweise zu zerstören:*
a) Tötung von Mitgliedern der Gruppe;
b) Verursachung von schwerem körperlichen oder seelischen Schaden an Mitgliedern der Gruppe;
c) vorsätzliche Auferlegung von Lebensbedingungen für die Gruppe, die geeignet sind, ihre körperliche Zerstörung ganz oder teilweise herbeizuführen;
d) Verhängung von Maßnahmen, die auf die Geburtenverhinderung innerhalb der Gruppe gerichtet sind;
e) gewaltsame Überführung von Kindern der Gruppe in eine andere Gruppe.

Q2 Auszug aus der Haager Landkriegsordnung von 1907:

§ 4: … [Die Kriegsgefangenen] sollen mit Menschlichkeit behandelt werden. …
§ 7: Die Regierung, in deren Gewalt sich die Kriegsgefangenen befinden, hat für ihren Unterhalt zu sorgen. … [D]ie Kriegsgefangenen [sind] in Beziehung auf Nahrung, Unterkunft und Kleidung auf demselben Fuße zu behandeln wie die Truppen der Regierung, die sie gefangen genommen hat. …
§ 23: Abgesehen von den durch Sonderverträge aufgestellten Verboten ist namentlich untersagt: … die Tötung oder Verwundung eines die Waffen streckenden oder wehrlosen Feindes, der sich auf Gnade oder Ungnade ergeben hat …
§ 46: Die Ehre und die Rechte der Familie, das Leben der Bürger und das Privateigentum sowie die religiösen Überzeugungen und gottesdienstlichen Handlungen sollen geachtet werden. …
§ 50: Keine Strafe in Geld oder anderer Art darf über eine ganze Bevölkerung wegen der Handlungen einzelner verhängt werden, für welche die Bevölkerung nicht als mitverantwortlich angesehen werden kann.

Q3 Auszug aus dem Statut für den Internationalen Militärgerichtshof von 1945:

***Kriegsverbrechen**: … Verletzung der Kriegsgesetze oder -gebräuche. Solche Verletzungen umfassen … Mord, Misshandlungen oder Deportation zur Sklavenarbeit oder für irgendeinen anderen Zweck, von Angehörigen der Zivilbevölkerung von oder in besetzte Gebieten, Mord oder Misshandlungen von Kriegsgefangenen, … Töten von Geiseln, Plünderung öffentlichen oder privaten Eigentums, die mutwillige Zerstörung von Städten, Märkten oder Dörfern …*
***Verbrechen gegen die Menschlichkeit**: … Ermordung, Ausrottung, Versklavung, Verschleppung oder an der Zivilbevölkerung vor Beginn und während des Krieges begangene unmenschliche Handlungen; oder Verfolgung aus politischen, rassischen oder religiösen Gründe …*

Gräueltaten: Amnesty prangert Kriegsverbrechen in Syrien an

Sexuelle Gewalt gegen Frauen ist Kriegstaktik

Völkermord an Armeniern:
Paris und Ankara streiten über Genozid-Leugnung

Im syrischen Bürgerkrieg werden Kindersoldaten eingesetzt

ARBEITSAUFTRÄGE

1. Führt ein Brainstorming zu den Begriffen „Völkermord" und „Kriegsverbrechen" durch.
2. Erkläre unter Nutzung von Q1 bis Q3 die Begriffe Völkermord, Kriegsverbrechen und Verbrechen gegen die Menschlichkeit.
3. Ordne die Bilder und Schlagzeilen den Begriffen Kriegsverbrechen und Verbrechen gegen die Menschlichkeit zu.
4. Recherchiere aktuelle Beispiele für Völkermord und Kriegsverbrechen. Verfasse dazu eine Nachrichtenmeldung.

zu 1.
Findet Begriffe zum Thema. Schreibt diese groß auf Zettel und heftet sie an die Tafel. Bezieht die Abbildungen mit ein.

Der Krieg in Deutsch-Südwestafrika

M1 Die Kolonie Deutsch-Südwestafrika.

Ab 1883 erwarb Adolf Lüderitz Land an der Südwestküste Afrikas, welches seit 1884 unter dem Schutz des deutschen Kaiserreiches stand. Verschiedene Stämme wie z. B. die Herero und Nama lebten in diesem Gebiet, das heute Namibia heißt. Die deutschen Siedler eigneten sich große Gebiete der Einheimischen an. In sogenannten Schutzverträgen sicherte der deutsche Gouverneur den Häuptlingen einzelner Stämme seine Unterstützung bei Stammesrivalitäten zu. Als Gegenleistung sollten diese dafür sorgen, dass sich die einheimische Bevölkerung nicht gegen die Kolonialherren erhob.

Der Aufstand der Herero und Nama

Die Herero waren mit etwa 80 000 Menschen das größte Volk in Deutsch-Südwestafrika. Als Nomaden zogen sie mit ihrem Vieh umher. Das beste Land der Herero gehörte inzwischen den deutschen Siedlern, die es aufgekauft hatten. Nach den Sitten der Afrikaner war aber ein Verkauf von Land nicht möglich. Dieser Konflikt wurde verstärkt durch Übergriffe deutscher Siedler auf Frauen und Kinder sowie auf das Eigentum der Herero. Die Unterdrückung der Menschen wurde immer unerträglicher. Die Situation der Herero verschlechterte sich noch mehr, als die deutschen Kolonialherren begannen, eine Bahnlinie von der Küste zu Kupferminen im Norden des Landes zu bauen. Die Schienenwege schnitten die Viehherden von den traditionellen Wasserlöchern ab, sodass die Herero einer weiteren Lebensgrundlage beraubt waren.

Zu Beginn des Jahres 1904 erhoben sich die Herero. Sie besetzten ihr traditionelles Siedlungsgebiet und töteten deutsche Siedler. Der Konflikt hatte sich zu einem Krieg entwickelt. Acht Monate später kämpfte auch das im Süden der Kolonie lebende Volk der Nama gegen die deutschen Siedler.

Bei der Niederschlagung des Aufstandes gingen die deutschen Schutztruppen mit großer Grausamkeit vor. Im Oktober 1904 wurde ein „Schießbefehl“ erlassen, wonach alle Herero, auch Frauen und Kinder, erschossen werden sollten.

Q1 Ein Herero berichtete über die Ursachen des Aufstandes:

Der Krieg ist von ganz kleinen Dingen gekommen und hätte nicht zu kommen brauchen. Einmal waren es die Kaufleute mit ihrem schrecklichen Wucher und eigenmächtigem, gewaltsamen Eintreiben. Für 1 sh (Schilling) Schuld wollten sie nach Jahresfrist 5 sh und für ein Pfund nach 12 Monaten 5 Pfund Zinsen haben, und wer nicht zahlen wollte oder konnte, den verfolgten und plagten sie. Dann ist es der Branntwein gewesen, der die Leute schlecht und gewissenlos gemacht hat … Aber das schlimmste Übel ist … die Vergewaltigung unserer Frauen durch Weiße. Manche Männer sind totgeschossen worden wie Hunde, wenn sie sich weigerten, ihre Frauen und Töchter preiszugeben und drohten, sie mit der Waffe in der Hand zu verteidigen. Wären solche Dinge nicht geschehen, wäre kein Krieg gekommen …

„Aufräumen, aufhängen, niederknallen"

In der Entscheidungsschlacht Mitte August 1904 kreisten die deutschen Schutztruppen etwa 50 000 Herero ein und trieben sie in die Sandwüste. Alle Zugänge zu Wasserstellen wurden blockiert. Auf ihrem Vernichtungsfeldzug ermordete die Schutztruppen 98 % der fliehenden Hereros oder ließen sie gezielt verdursten.

Q2 Eine amtliche Darstellung des deutschen Generalstabes:

Keine Mühen, keine Entbehrungen wurden gescheut, um dem Feinde den letzten Rest seiner Widerstandskraft zu rauben; wie ein halb zu Tode gehetztes Wild war er von Wasserstelle zu Wasserstelle gescheucht, bis er schließlich, willenlos, ein Opfer der Natur seines eigenen Landes wurde. Die wasserlose Omaheke (Wüste) sollte vollenden, was die deutschen Waffen begonnen hatten: die Vernichtung des Hererovolkes ... Das Röcheln der Sterbenden und das Wutgeschrei des Wahnsinns ... sie verhallten in der erhabenen Stille der Unendlichkeit! Das Strafgericht hatte ein Ende gefunden. Die Hereros hatten aufgehört, ein selbstständiger Volksstamm zu sein.

M3 „Gefallene 2 Offiziere und 12 Mann, 23 Verwundete ... Donnerwetter, das ist zuviel auf einmal, das wollen wir auf drei Telegramme verteilen." Karikatur, 1905.

Die deutsche Kolonialbehörde erhöhte nach der Niederschlagung des Aufstandes den Druck auf die Herero und Nama. Sie wurden enteignet, in Konzentrationslager gesperrt und mussten Zwangsarbeit verrichten. Nur die Hälfte der Gefangenen überlebte. 1907 war der Kolonialkrieg offiziell beendet. Während Historiker die Niederwerfung des Aufstandes als ersten Völkermord des 20. Jahrhunderts werten, wird diese Bezeichnung von der Bundesrepublik Deutschland abgelehnt.

Konzentrationslager: lat. concenturiare = ansammeln, zusammenhäufen.
Der Begriff fand erstmals 1896 bei der Niederschlagung des kubanischen Aufstandes gegen die spanische Kolonialmacht Verwendung (span. campos de concentración).
Im Burenkrieg (1899 – 1902) brannten die Briten Farmen und Felder der Einheimischen nieder, um gegen ihre Guerillataktik vorzugehen. Die mittellos gewordenen Menschen, v. a. Frauen und Kinder, brachten sie in „concentration camps" unter.
Von 1904 bis 1908 wurden nach diesem Vorbild Herero und Nama in Lager eingesperrt. Infolge von Zwangsarbeit, einem Mangel an Nahrung und Trinkwasser sowie Krankheiten starben viele Gefangene.

M2 Überlebende Herero vor dem Marsch in die Zwangsarbeit. Foto, 1907.

ARBEITSAUFTRÄGE

1. ⇥ Erkläre den Begriff „Schutzgebiet".
2. ⇥ Vergleiche deine Vorstellungen von Schutz mit der der deutschen Kolonialmacht gegenüber den Herero.
3. Erkläre mithilfe von Q1 die Ursachen des Herero-Aufstandes.
4. Benenne die Folgen des Aufstandes. Beziehe Q2, M2 und M3 ein.
5. ⇨ Stelle die Situation der ehemaligen Kolonie heute dar.

⇥ zu 1.
Nutze Seite 14.

⇥ zu 2.
Sammelt zunächst eure Gedanken zum Wort Schutz. Lest anschließend in Lexika oder im Internet nach. Sucht Gemeinsamkeiten und Unterschiede in den Auffassungen.

Ausgegrenzt und entrechtet

Seit dem Mittelalter wurden Menschen jüdischen Glaubens in Europa ausgegrenzt. Im Nationalsozialismus erfuhr die Feindschaft gegen Juden eine Steigerung. Die Kombination von Antisemitismus und Rassentheorie führte dazu, dass die Juden in Deutschland und ab 1939 in den von Deutschen besetzten Gebieten ausgegrenzt und schließlich vernichtet wurden.

Antisemitismus: Judenfeindschaft sowie Bekämpfung von Juden aus politischen, religiösen und wirtschaftlichen Gründen.

Hetze und Terror

Nach der Machtergreifung der NSDAP im Jahre 1933 leiteten die Nationalsozialisten sofort antijüdische Maßnahmen ein, die sie ständig verschärften und ausweiteten.

Boykott: Meidung, Ablehnung.

Durch den Boykottaufruf gegen Juden am 1. April 1933 nahmen Angriffe und Hetzaktionen auf jüdische Kaufhäuser, Geschäfte und Privatpersonen zu. Beamte, Wissenschaftler, Ärzte, Richter und Anwälte durften nicht mehr arbeiten. Jüdische Bürger, egal wie lange ihre Familien bereits in Deutschland lebten, drängten die Nationalsozialisten aus der Öffentlichkeit von Presse, Rundfunk und Theater. Die Werke jüdischer Künstler durften nicht mehr gezeigt oder aufgeführt werden. Jüdische Kinder mussten zuerst die höheren Schulen und später alle Schulen verlassen. Wohnungen wurden Juden gekündigt, weil sie nicht zur Volksgemeinschaft gehörten.

M1 Aufruf zum Boykott gegen Juden in Hamburg. Foto, 1933.

Die NSDAP entzog den Juden systematisch, das heißt planmäßig, jede Lebensgrundlage, um ihnen das Leben in Deutschland so unerträglich wie nur möglich zu machen. Auf diese Weise wollte man die Juden zum Auswandern drängen. Den Weg in die Sicherheit mussten die Juden teuer bezahlen. Sie waren gezwungen, eine Reichsfluchtsteuer zu zahlen, und durften keine wertvollen Gegenstände ausführen. Zurückgelassene Grundstücke und Firmen verkauften die Nationalsozialisten oft zu Spottpreisen an Volksgenossen oder behielten sie im Besitz der Volksgemeinschaft.

M2 Parkbank in Berlin. Foto, um 1935.

„Wer Jude ist, bestimmen wir“

Zum Nachweis der Herkunft mussten die Deutschen einen Ariernachweis vorlegen. Der Abstammungsnachweis bis zur Großelterngeneration zurück war Voraussetzung, um in nationalsozialistische Organisationen eintreten zu können und öffentliche Leistungen in Anspruch nehmen zu dürfen. 1935 erließ die Reichsregierung die Nürnberger Rassengesetze. Sie verschärften die Ausgrenzung jüdische Bürger. Da die Juden laut Rassentheorie kein „deutsches oder artverwandtes Blut“ hatten, verloren sie alle politischen und bürgerlichen Rechte. Gehörten drei oder vier Großelternteile der jüdischen Religion an, so waren die Kinder und Enkel nach dem Rassengesetz automatisch Juden. Personen, die mit einem Juden verheiratet waren, sowie Kinder aus solchen Ehen erklärten die Gesetze ebenfalls zu Juden. Menschen, die so eingruppiert wurden, durften keine Kontakte zu nichtjüdischen Bürgern haben, da das als „Rassenschande“ galt. Die Entwürdigung steigerten die Nationalsozialisten weiter. Ab 1938 mussten sich alle jüdischen Männer zusätzlich „Israel“ und die Frauen „Sarah“ nennen. Die Reisepässe wurden mit einem „J“ gekennzeichnet.

Ariernachweis: Ab 1935 sollten Deutsche einen Nachweis der „deutschen oder artverwandten Abstammung bzw. des Grades eines fremden Bluteinschlages“ erbringen. Häufig wurden Ahnentafeln oder ein Ahnenpass angefertigt.

Q1 Auszug aus dem „Gesetz zum Schutz des deutschen Blutes und der deutschen Ehre“, Teil der Nürnberger Rassengesetze von 1935:

Eheschließungen zwischen Juden und Staatsangehörigen deutschen oder artverwandten Blutes sind verboten. Trotzdem geschlossene Ehen sind nichtig. ... Außerehelicher Verkehr zwischen Juden und Staatsangehörigen deutschen oder artverwandten Blutes ist verboten. ... Juden dürfen weibliche Staatsangehörige deutschen oder artverwandten Blutes unter 45 Jahren in ihrem Haushalt nicht beschäftigen. ... Wer dem Verbot ... zuwiderhandelt, wird mit Zuchthaus bestraft.

M3 Öffentliche Anprangerung der „Rassenschande“. Foto, 1935.

Die Juden werden weiter ausgegrenzt

Die Entrechtung der Juden wurde immer weiter vorangetrieben. Juden durften schließlich Parks, Wälder, Theater oder Kinos nicht mehr besuchen und mussten um 20.00 Uhr wieder zu Hause sein. Es war verboten Zeitungen und Zeitschriften zu abonnieren. Auch der Besitz von Edelsteinen, Fahrzeugen, elektrischen Geräten sowie die Nutzung öffentlicher Verkehrsmittel waren ihnen nicht erlaubt. Als äußere Kennzeichen mussten sie ab September 1941 einen gelben Davidstern mit dem Schriftzug „Jude“ auf der Kleidung tragen. Ab dem 1. Oktober 1941 durfte kein Jude mehr Deutschland verlassen.

M4 „Judenstern“. Alle Juden ab sechs Jahren mussten einen gelben Stern mit der Aufschrift „Jude“ deutlich sichtbar auf der linken Brustseite tragen.

ARBEITSAUFTRÄGE

1. Zähle Maßnahmen auf, mit denen die NSDAP die Ausgrenzung und Entrechtung von Juden betrieb.

2. ⇥ Beschreibe die planmäßige Ausgrenzung jüdischer Bürger.

3. Erkläre, wer in den Augen der Nationalsozialisten als Jude zählte.

4. ⇥ Erläutere die Folgen der Nürnberger Rassengesetze für das gesellschaftliche Leben in Deutschland.

5. ⇨ Sammelt aktuelle Beispiele von Ausgrenzung und Entrechtung. Diskutiert anschließend die Folgen.

⇥ zu 2.
Unterscheide zwischen Boykottaufrufen, Verboten und öffentlichen Demütigungen. Nutze auch M1 bis M4.

⇥ zu 4.
Gib den Inhalt von Q1 zunächst in eigenen Worten wieder.

Von der Ausgrenzung zur Vernichtung

Zuerst brannten die Synagogen

Im November 1938 erreichte der Terror gegen Juden einen neuen Höhepunkt. Vom 9. auf den 10. November 1938 brannten in der Reichspogromnacht überall Synagogen, jüdische Friedhöfe wurden geschändet und jüdische Geschäfte zerstört. Viele Juden wurden verletzt, 91 ermordet und mehr als 30000 jüdische Männer in Konzentrationslager verschleppt.

Die Judenpogrome bildeten den Auftakt einer neuen Phase der Judenpolitik der NSDAP, die nicht nur Ausgrenzung, sondern auch offene Gewalt Juden gegenüber zur Folge hatte. Ihre planmäßige Verfolgung und Vernichtung begann.

M1 Passant vor einem zerstörten und geplünderten jüdischen Geschäft. Foto, 1938.

Pogrom: Unter einem Pogrom sind Hetze und Ausschreitungen gegenüber einer bestimmten Gruppe zu verstehen.
Kontribution: Sondersteuer, Zwangserhebung von Geldbeträgen.

Q1 Aus einem Protokoll der NS-Führung im Reichsluftfahrtministerium vom 12. November 1938:

Göring: Wie viele Synagogen sind tatsächlich niedergebrannt?
Heydrich: Es sind im Ganzen 191 Synagogen durch Brand zerstört, 76 Synagogen demoliert, 7500 zerstörte Geschäfte im Reich …
Goebbels: Da muss der Jude den Schaden bezahlen …
Heydrich: Sachschaden, Inventar- und Warenschaden schätzen wir auf mehrere hundert Millionen …
Göring: Mir wäre lieber gewesen, ihr hättet 200 Juden erschlagen und nicht solche Werte vernichtet.
Heydrich: 35 Tote sind es.
Göring: Ich werde den Wortlaut wählen, dass die deutschen Juden in ihrer Gesamtheit als Strafe für die ruchlosen Verbrechen usw. eine Kontribution von einer Milliarde auferlegt bekommen. Das wird hinhauen.

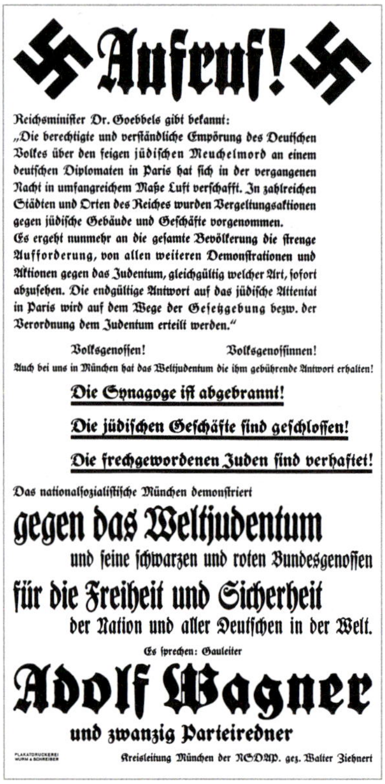

M2 Aufruf von Joseph Goebbels am 10.11.1938.

M3 Brennende Synagoge in der Leipziger Gottschedstraße. Foto, 1938. Leipzig hatte die größte jüdische Gemeinde Sachsens.

Gettos – Wartesäle der Vernichtung

Ab Oktober 1941 begannen Massendeportationen von Juden aus dem Deutschen Reich in Gettos, die bereits ab 1939 in Polen und ab 1941 in der Sowjetunion errichtet worden waren. Zu den größten zählten Warschau, Lodz, Lublin, Riga und Minsk. Verwaltet wurden sie von sogenannten „Judenräten", die die Weisungen der SS umsetzten. Die Gettos hatten verschiedene Funktionen. Sie waren Orte der Isolierung und Konzentration von Juden. Sie dienten zudem als Sammelbecken für Arbeitskräfte, denn die Insassen mussten Zwangsarbeit verrichten. Ebenso stellten sie eine Art Übergangsquartiere dar, denn oftmals waren sie Zwischenstationen zu den Arbeits- und Vernichtungslagern. Hohe Mauern und Stacheldraht grenzten die Gettos von den übrigen Stadtteilen ab. Die Menschen lebten in erbärmlichsten Verhältnissen. Hunger, Seuchen, Kälte sowie Demütigungen, Willkür und Ausbeutung forderten den Tod vieler Insassen. Männer, Frauen und Kinder wurden getrennt voneinander untergebracht. Die überfüllten Räume ließen keinerlei Privatleben zu. Jeder ab dem 14. Lebensjahr musste Arbeitsdienst verrichten. Wer konnte, kaufte auf dem Schwarzmarkt oder schmuggelte unter Todesgefahr Nahrungsmittel in das Getto.

Getto: Stadtviertel, in dem eine bestimmte Bevölkerungsgruppe lebt; von den Nationalsozialisten auch als „jüdischer Wohnbezirk" bezeichnet.

SS: Schutzstaffel. 1925 gegründet, war sie ursprünglich für den Personenschutz Hitlers zuständig. Unter Heinrich Himmler sicherte sie schließlich mit brutalen Methoden das NS-Regime. Sie war am Aufbau der Konzentrationslager beteiligt und verübte unzählige Kriegsverbrechen.

Das Leben im Getto Theresienstadt

1941 wurde nördlich von Prag das Getto Theresienstadt errichtet. Die Nationalsozialisten ließen es zu einem „Vorzeige- und Altersgetto" ausbauen, in dem auch viele tschechische Künstler und Kulturschaffende lebten. In Propagandafilmen wurde der Öffentlichkeit eine scheinbar normale Stadt mit Schulen, Kindergärten und Cafés präsentiert. Jedoch unterschied sich das Leben in Theresienstadt abseits der Propagandafilme kaum von dem in anderen Gettos. 30 000 bis 40 000 Deportierte lebten zeitgleich in Theresienstadt, darunter auch tausende Kinder.

M4 Kinder im Warschauer Getto. Foto, 1941.

Q2 In seiner Aussage vom 29.6.1946 berichtet der ehemalige Gettogefangene Zeev Scheck über die Kinder von Theresienstadt:

Insgesamt passierten etwa 15 000 Kinder Theresienstadt. Ein Transport nach Osten kam einem Todesurteil gleich. Anfangs konnte man Kinder bis zu zwölf Jahren schützen. Im Laufe der Zeit wurde die Altersgrenze jedoch gesenkt, und im Oktober 1944 wurden auch Säuglinge deportiert ... nach Kriegsende kehrten nicht mehr als 100 Kinder im Alter von über 14 Jahren aus den Konzentrationslagern zurück. Von den Kindern unter 14 Jahren, sofern sie nicht zu den wenigen Glücklichen zählten, die in Theresienstadt geblieben waren, kehrte kein einziges zurück. All die Bemühungen und die Arbeit ... Sie konnten den Kindern das Leben im Getto erleichtern. Sie konnten jedoch ihr fürchterliches Schicksal nicht abwenden.

M5 Kinder führen im Getto Theresienstadt eine Oper auf. Foto, 1944.

ARBEITSAUFTRÄGE

1. Beschreibe die Ereignisse der Reichspogromnacht

2. Erkläre die Funktionen von Gettos.

3. Schildere das Leben im Getto.

4. Recherchiere im Internet Zeitzeugenberichte über das Leben im Getto und stelle diese vor.

zu 1.
Verwende dazu M1, M2, M3 und Q1.

zu 3.
Untersuche verschiedene Lebensbereiche: Schule, Freizeit, Wohnen, Gesundheit, Grundbedürfnisse. Nutze auch M4 und Q2.

Holocaust – Ende der Menschlichkeit

Die Ermordung der europäischen Juden

Mit Beginn des Krieges begann die systematische Vernichtung der Juden in Europa. Nach dem Überfall auf die Sowjetunion begann hier der geplante Massenmord, vor allem durch Massenerschießungen. In der Schlucht bei Babi Jar, nahe Kiew, wurden im September 1941 mehr als 33000 jüdische Menschen ermordet.

M1 Die Schlucht Babi Jar bei Kiew. Nach dem Massenmord wurden die Ränder der Schlucht gesprengt und die Toten verschüttet. Das Foto zeigt Soldaten beim Einebnen der Schlucht. Foto, 1941.

Q1 Aus dem Vernehmungsprotokoll eines Polizeibeamten (1965), der mit seiner Polizeikompanie das Erschießungsgelände von Babi Jar absperrte:

In Kiew waren Plakate erschienen, auf denen in russischer Sprache zu lesen stand, dass sich die Juden zur Umsiedlung an einen bestimmten Punkt in der Stadt sammeln sollten ... Wir wurden dann mit LKW's durch die Stadt Kiew gefahren zu einer großen Pappelallee. Auf unserer Fahrt sahen wir schon, dass sich lange Kolonnen Juden jeglichen Alters und jeglichen Geschlechts zu dieser Allee bewegten. Dieser Allee schloss sich ein Hochplateau an. Auf diesem Plateau mussten sich die Juden ausziehen. ... Sie wurden dann erschossen. ... Die Erschießung dauerte zwei Tage. ... Wir bekamen damals Schnaps in großen Mengen, damit wir besser die ganze abscheuliche Sache überstehen konnten.

„Endlösung der Judenfrage“

Auch in den überfüllten Gettos ließ die SS Massenerschießungen durchführen. Allerdings suchte die NSDAP-Führung nach „effizienteren“ Methoden, die zudem die Nerven der beteiligten Wehrmachts- und SS-Angehörigen weniger stark strapazieren sollten. Verschiedene Vernichtungsmethoden wurden erprobt, z.B. zu „Gaswagen“ umfunktionierte LKWs. Die „Erfahrungen“, die bei der Ermordung von ca. 120000 als schwachsinnig oder unheilbar krank eingestufter Menschen mit Giftgas gesammelt wurden, führten schließlich zu der Entscheidung, auch bei der Vernichtung der Juden Giftgas einzusetzen.

Am 20. Januar 1942 versammelten sich hohe SS-Führer und Beamte unter der Leitung Reinhard Heydrichs zu einer Konferenz. Obwohl der Völkermord an den Juden längst im Gange war, wurde auf diesem Treffen in einer Villa am Wannsee die „Endlösung der Judenfrage“ in Europa beraten.

M2 Reinhard Heydrich, Chef der Sicherheitspolizei und Leiter der Wannsee-Konferenz.

Q2 Auszug aus dem Protokoll zur Wannsee-Konferenz:

Unter entsprechender Leitung sollen im Zuge der Endlösung die Juden in geeigneter Weise im Osten zum Arbeitseinsatz kommen. In großen Arbeitskolonnen, unter Trennung der Geschlechter, werden die arbeitsfähigen Juden straßenbauend in diese Gebiete geführt, wobei zweifellos ein Großteil durch natürliche Verminderung ausfallen wird. Der allfällig endlich verbleibende Restbestand wird, da es sich bei diesem zweifellos um den widerstandsfähigsten Teil handelt, entsprechend behandelt werden müssen ...

Deportationen in die Vernichtungslager

Ab März 1942 rollten die ersten Transporte nach Polen in die speziell für die Ermordung von Juden errichteten Vernichtungslager in Belzec und ab Mai ins Vernichtungslager Sobibor. Weitere Vernichtungslager wurden in Treblinka und Majdanek sowie in Auschwitz errichtet.

Spurenbeseitigung

Ab 1942 versuchte die Nationalsozialisten die Massengräber in Osteuropa zu beseitigen. Durch Zwangsarbeiter wurden die Gräber geöffnet, die Leichen geborgen und verbrannt. Aufgrund der riesigen Anzahl der Gräber und der zu kurzen Zeit bis zum Kriegsende gelang es nicht, alle zu beseitigen. Mit der Kriegswende und der näher heranrückenden sowjetischen Front setzten ab Juli 1944 die „Evakuierung" und weitgehende Zerstörung der Vernichtungslager im Osten ein. Nur ein Teil der Gefangenen wurde in Viehwaggons abtransportiert. Die meisten von ihnen mussten gewaltige Fußmärsche über eine Entfernung von hunderten Kilometern zurücklegen. Wer auf diesen „Todesmärschen" am Ende seiner Kräfte war, wurde erschossen. Infolge von Entkräftung starben tausende Menschen noch in den letzten Kriegswochen oder überlebten die ersten Nachkriegsmonate nicht. Den Alliierten, die die nationalsozialistischen Lager befreiten, bot sich ein schrecklicher Anblick. Viele der Gefangenen waren durch ihre Erlebnisse sehr stark traumatisiert, so dass sie nicht einmal in ihren Familien über das Erlebte sprechen konnten.

Bilanz des Schreckens

Schätzungsweise sechs Millionen Juden wurden Opfer des Holocausts bzw. der Shoa, wie der geplante Völkermord an den Juden heute bezeichnet wird. Knapp die Hälfte der Opfer wurde in den Vernichtungslagern ermordet. Die übrigen fanden den Tod bei Erschießungen, in Gaswagen, durch Misshandlungen oder aufgrund der schrecklichen Lebensbedingungen in den Lagern und Gettos. Alle Altersgruppen waren von der systematischen Vernichtung betroffen, auch Kinder. Die körperliche Vernichtung der Juden stellte die letzte und radikalste Stufe der nationalsozialistischen Judenpolitik dar. Darüber hinaus wurden die Juden vor und auch nach ihrer Ermordung ihrer persönlichsten Dinge, wie z.B. ihren Haaren, Brillen oder Zahngold beraubt. Die daraus gewonnenen Gelder flossen in den Krieg, in die Verwaltung besetzter Länder oder kamen dem Winterhilfswerk zugute.

Land	geschätzte Anzahl jüdischer Opfer
Finnland	11
Norwegen	726
Estland	1000
Lettland	80000
Dänemark	77
Litauen	140000
Fr. Stadt Danzig	1000
Niederlande	106000
Deutsches Reich	160000
Polen	3000000
Sowjetunion	1000000
Belgien	24387
Tschechoslowakei	277000
Luxemburg	700
Ungarn	200000
Rumänien	469632
Österreich	65000
Frankreich	83000
Jugoslawien	67122
Italien	9820
Albanien	200
Griechenland	69481
Libyen	662

M3 Geschätzte Anzahl der ermordeten Juden.

Holocaust: vom griechischen Begriff für „Brandopfer", „vollständig Verbranntes" abgeleitete Bezeichnung für den Völkermord an Juden.
Shoa: hebräisches Wort, welches von jüdischen Menschen für den Völkermord im Nationalsozialismus verwendet wird. Es bedeutet „Zerstörung" oder „große Katastrophe".

ARBEITSAUFTRÄGE

1. Nenne Maßnahmen von der Ausgrenzung bis zur Vernichtung der Juden seit 1933.

2. Erkläre mithilfe von Q2 die Vorstellungen der NSDAP zur „Endlösung der Judenfrage".

3. Informiere dich über die geografische Lage der Vernichtungslager und vermute Gründe dafür.

4. Stelle die Anzahl ermordeter Juden mithilfe von M3 grafisch dar und interpretiere.

5. Belege mithilfe der UN-Resolution auf Seite 174, dass es sich bei der „Endlösung der Judenfrage" um Völkermord handelt.

zu 1.
Verwende die Seiten 178 bis 181.

zu 3.
Recherchiere im Internet und nutze einen Atlas. Kennzeichne die Lager in einer Europakarte.

zu 4.
Erstelle ein Säulendiagramm: z. B. Gesamtzahl der Opfer, Opfer einzelner Länder.

M1 Eingangsschild zum Stammlager Auschwitz I. Die Toraufschrift „Arbeit macht frei" befand sich in den meisten Konzentrationslagern. Foto, 1955.

Auschwitz

Das Lager

Die NS-Führung entschied sich nahe der polnischen Stadt Auschwitz das größte Konzentrations- und Vernichtungslager zu errichten. Auschwitz befand sich an einem großen Verkehrsknotenpunkt und eignete sich damit besonders für die Vorhaben der Nationalsozialisten. Im Jahre 1940 erfolgte die Errichtung des Stammlagers, in dem zunächst polnische und russische Kriegsgefangene untergebracht wurden. Nach Ausbauarbeiten bestand das Lager schließlich aus drei großen Komplexen: dem Stammlager, dem Vernichtungslager Auschwitz-Birkenau sowie Auschwitz-Monowitz. In Monowitz befand sich das Fabrikgelände des IG-Farben-Konzerns, in dem Häftlinge Zwangsarbeit verrichteten. Viele kleinere Außen- und Nebenlager waren angegliedert. In sieben Gebäuden befanden sich Gaskammern, die oft als Duschen getarnt waren. Allerdings strömte aus ihnen kein Wasser, sondern Zyklon B. Die Toten wurden in Krematorien verbrannt oder in Verbrennungsgruben beseitigt.

Zyklon B: Ursprünglich ein Schädlingsbekämpfungsmittel, welches in KZs zum Massenmord an Menschen eingesetzt wurde.

Selektion: Aussonderung. Ausschlaggebend waren hierfür z. B. der Beruf und körperliche Zustand.

Die Ankunft im Lager

1943 kamen fast jeden Tag neue Transporte in Auschwitz an. An der „Rampe" mussten die Häftlinge die erste Selektion über sich ergehen lassen. Frauen und Kinder sowie Männer standen getrennt voneinander. SS-Ärzte entschieden, wer arbeitsfähig war und wer nicht. Die Arbeitsunfähigen, zu denen vor allem Kranke, Alte, Schwache, Mütter und Kleinkinder gehörten, kamen direkt in die Gaskammern.

M2 Selektion an der Rampe von Auschwitz-Birkenau. Foto, 1944.

Q1 Der Lagerkommandant Rudolf Höß über das Vorgehen mit den „Ausselektierten" am 5. April 1946 vor dem Internationalen Militärtribunal in Nürnberg:

Diejenigen, die zur Arbeit taugten, wurden ins Lager geschickt. Andere wurden sofort in die Vernichtungsanlagen geschickt. Kinder im zarten Alter wurden unterschiedslos vernichtet, da auf Grund ihrer Jugend sie unfähig waren, zu arbeiten ... wir [bemühten] uns, die Opfer zum Narren zu halten, indem sie glaubten, dass sie ein Entlausungsverfahren durchzumachen hätten. ... Sehr häufig wollten Frauen ihre Kinder unter den Kleidern verbergen, aber wenn wir sie fanden, wurden die Kinder natürlich zur Vernichtung hineingesandt. Wir sollten diese Vernichtungen im Geheimen ausführen, aber der faule und Übelkeit erregende Gestank, der von der ununterbrochenen Körperverbrennung ausging, durchdrang die ganze Gegend.

M3 Nach ihrer Befreiung zeigen Kinder dem Fotografen ihre eintätowierten Häftlingsnummern. Foto, 1945.

Den Menschen, die die Selektion an der „Todesrampe" überstanden hatten, wurde sämtlicher Besitz abgenommen. Sie mussten sich nackt ausziehen. Mit stumpfen Werkzeugen wurden ihnen die Körperhaare entfernt. Vor und nach dem Duschen unter heißem oder eiskaltem Wasser mussten die Häftlinge ohne Handtuch im Freien warten. Mit Holzschuhen und gestreiften Anzügen bekleidet, erfolgte ihre Registrierung. Oft wurde ihnen die Häftlingsnummer eintätowiert.

Die Lebensbedingungen

Die Häftlinge lebten in völlig überfüllten, zugigen Baracken. Mehrere Gefangene teilten sich eine Holzpritsche, die, wenn überhaupt, mit einem Strohsack ausgelegt war. Nachdem sie zum Morgenappell getrieben wurden, mussten sie in den Arbeitskommandos Schwerstarbeit verrichten. Ohne Arbeitsschutz und oft ohne Pausen, schufteten die Gefangenen am Lagerausbau, in Abbruchkommandos, in Kiesgruben oder in den „Sonderkommandos", die unmenschlichste Arbeiten ausführen mussten. Dazu zählten z.B. die Beruhigung der für die Vergasung vorgesehenen Menschen, das Hinaustragen der Leichen aus den Gaskammern oder das Herausbrechen der Goldzähne aus den Toten. Eine Suppe am Mittag, die manchmal nur aus Wasser und Kohlrüben bestand, war die Hauptmahlzeit. Neben den regulären Appellen am Morgen und Abend gab es auch Strafappelle. Generell wurden kleinste Verfehlungen sehr hart bestraft. Die Folgen dieser Lebensumstände waren psychische Schäden, radikale Abmagerung und Schwächung des Körpers. Ungeziefer und Ratten wurden zu ständigen Begleitern. Seuchen und Krankheiten infolge der katastrophalen hygienischen Bedingungen waren die Folge.

M4 Blick in eine Baracke nach der Befreiung. Foto, 1945. Meist lebten in den umgebauten Pferdeställen bis zu 1000 Häftlinge. Bei Nutzung als Pferdestall wurden höchstens 52 Tiere untergebracht.

Medizinische Versuche

In Auschwitz führten Ärzte grausame medizinische Experimente an Menschen durch, bei denen ihr Tod in Kauf genommen wurde. Einige Gefangene wurden durch Verätzungen und Röntgenstrahlung sterilisiert und somit zeugungsunfähig gemacht. Andere bekamen Chemikalien in die Augen gespritzt, um diese dauerhaft blau zu färben. Josef Mengele, einer der grausamsten KZ-Ärzte, führte Experimente mit Zwillingen durch, aus denen er z.B. künstliche siamesische Zwillinge schaffen wollte. Neben den unvorstellbaren Qualen, die die Opfer durchleiden mussten, waren die Ergebnisse höchst fragwürdig.

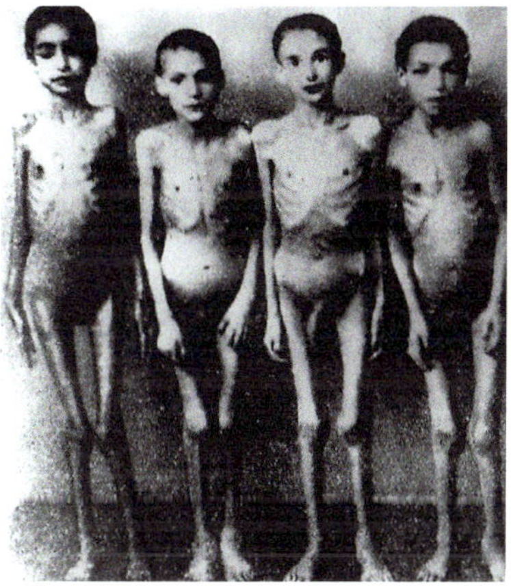

M5 Opfer medizinischer Versuche. Foto, 1944.

Die „Todesfabrik"

Die Nationalsozialisten perfektionierten das Vernichtungssystem in Auschwitz und zogen sogar aus der Ermordung der Menschen Gewinn: Die abgeschnittenen Haare der Gefangenen ließen sie zu Filz und Garn weiterverarbeiten. Die ausgebrochenen Goldzähne schmolzen sie ein und gossen daraus Goldbarren. Der Raubzug an den Juden, der bereits mit ihrer Enteignung und Entrechtung 1933 begann, wurde in den Lagern erbarmungslos zu Ende geführt.

Über 1,1 Millionen Menschen starben in Auschwitz und machten es zum Symbol für den industriell betriebenen Massenmord.

M6 Verbrennungsöfen in Auschwitz-Birkenau. Foto, 1943. Hergestellt von der Erfurter Firma Topf & Söhne.

ARBEITSAUFTRÄGE

1. Beschreibe die Lebensbedingungen der Gefangenen in Auschwitz.
2. Beurteile das in Q1 geschilderte Verhalten der Nationalsozialisten.
3. Auschwitz gilt als Sinnbild des Holocaust. Erkläre.
4. Informiert euch arbeitsteilig über die IG-Farben und die Firma Topf & Söhne. Stellt dar, inwieweit diese Firmen Mitschuld am Massenmord tragen und wie heute mit dieser Vergangenheit umgegangen wird.

zu 1.
Beziehe M2 bis M5 mit ein.

Analyse von historischen Reden als Quellen

M1 Der Volksempfänger, im Volksmund auch „Goebbelsschnauze" genannt.

In der politischen Auseinandersetzung sind Reden ein wichtiges Mittel. Als Quelle können sie Einblicke in historisch bedeutsame Ereignisse und Entwicklungen geben.

Das Besondere an Reden ist, dass der Redner bewusst die Situation und die Zuhörer beeinflussen will. Reden enthalten aus diesem Grund nicht nur Inhalte, sondern auch Gefühle und Appelle. Umso mehr ein Redner die Gefühle der Zuhörer trifft, umso wirkungsvoller wird die Rede.

Es lassen sich verschiedene Arten von Reden unterscheiden: Festreden, Fachreden, Gerichtsreden, Parteireden und Gedenkreden.

In der Zeit des Nationalsozialismus bedienten sich v.a. Adolf Hitler und Joseph Goebbels der Rede als Propagandamittel, um Millionen von Menschen von ihren Ideologien zu überzeugen. Dabei wurde das neue Massenmedium Radio geschickt genutzt, um eine bis dahin unbekannte Massenwirkung zu erzielen.

Bei der Analyse von Reden müssen die folgenden Gesichtspunkte beachtet werden.

Schritte für die Analyse einer historischen Rede

1. → ***Die Rede lesen/hören/ansehen***
2. → ***Den Hintergrund erschließen:***
   Wo und wann wurde die Rede gehalten?
   Aus welchem Anlass wurde sie gehalten?
   War es eine öffentliche/geheime/spontane/vorbereitete Rede?
3. → ***Den Inhalt wiedergeben:***
   Von welchem Thema handelt die Rede?
   Welche Kernaussagen und Forderungen werden getroffen?
   Mit welchen Argumenten wird das Gesagte begründet?
4. → ***Informationen über den Redner sammeln:***
   Wer ist der Redner? Was ist über ihn bekannt?
   Welche Absicht verfolgt er mit der Rede?
5. → ***Die Zuhörerschaft untersuchen:***
   Vor wem wird die Rede gehalten? Vor Anhängern oder Gegner?
   Handelt es sich um eine ausgewählte Zuhörerschaft?
   Wie reagiert sie während bzw. am Ende der Rede? (Gelächter, Applaus)?
6. → ***Sprachliche Mittel und Inszenierung:***
   Werden bestimmte Fremdwörter/Schlüsselbegriffe verwendet?
   Werden bestimmte Wörter oder Phrasen wiederholt?
   Finden sich ironische Aussagen?
   Werden sprachliche Überzeugungsmittel benutzt? (Bitten, flehen …?)
   Gibt es Besonderheiten in der Vortragsweise und Körpersprache?
7. → ***Wirkung:***
   Wie hat die Rede auf die Zielgruppe gewirkt?
   Wie wirkt sie aus heutiger Sicht?
   Welche Bedeutung kommt der Rede zu?

M2 Adolf Hitler in typischer Rednerpose. Foto, 1927.

Q1 Heinrich Himmler in seiner 1. Rede im Posener Rathaus auf einer SS-Gruppenführertagung am 4.10.1943 (1. Posener Rede):

Unter uns soll es einmal ganz offen ausgesprochen sein, und trotzdem werden wir in der Öffentlichkeit nie darüber reden. …
Ich meine jetzt die Judenevakuierung, die Ausrottung des jüdischen Volkes. Es gehört zu den Dingen, die man leicht ausspricht. – „Das jüdische Volk wird ausgerottet", sagt ein jeder Parteigenosse, „ganz klar, steht in unserem Programm, Ausschaltung der Juden, Ausrottung, machen wir." Und dann kommen sie alle an, die braven 80 Millionen Deutschen, und jeder hat seinen anständigen Juden. Es ist ja klar, die anderen sind Schweine, aber dieser eine ist ein prima Jude. Von allen, die so reden, hat keiner zugesehen, keiner hat es durchgestanden. Von Euch werden die meisten wissen, was es heißt, wenn 100 Leichen beisammen liegen, wenn 500 daliegen oder wenn 1000 daliegen. Dies durchgehalten zu haben, und dabei – abgesehen von Ausnahmen menschlicher Schwächen – anständig geblieben zu sein, das hat uns hart gemacht. Dies ist ein niemals geschriebenes und niemals zuschreibendes Ruhmesblatt unserer Geschichte, denn wir wissen, wie schwer wir uns täten, wenn wir heute noch in jeder Stadt – bei den Bombenangriffen, bei den Lasten und bei den Entbehrungen des Krieges – noch die Juden als Geheimsaboteure, Agitatoren und Hetzer hätten. Wir würden wahrscheinlich jetzt in das Stadium des Jahres 1916/17 gekommen sein, wenn die Juden noch im deutschen Volkskörper säßen. Die Reichtümer, die sie hatten, haben wir ihnen abgenommen. Ich habe einen strikten Befehl gegeben, den SS-Obergruppenführer Pohl durchgeführt hat, dass diese Reichtümer selbstverständlich restlos an das Reich abgeführt wurden. Wir haben uns nichts davon genommen. Einzelne, die sich verfehlt haben, werden gemäß einem von mir zu Anfang gegebenen Befehl bestraft, der androhte: Wer sich auch nur eine Mark davon nimmt, der ist des Todes. Eine Anzahl SS-Männer – es sind nicht sehr viele – haben sich dagegen verfehlt und sie werden des Todes sein, gnadenlos. Wir hatten das moralische Recht, wir hatten die Pflicht gegenüber unserem Volk, dieses Volk, das uns umbringen wollte, umzubringen. Wir haben aber nicht das Recht, uns auch nur mit einem Pelz, mit einer Uhr, mit einer Mark oder mit einer Zigarette oder mit sonst etwas zu bereichern. Wir wollen nicht am Schluss, weil wir einen Bazillus ausrotteten, an dem Bazillus krank werden und sterben. Ich werde niemals zusehen, dass hier auch nur eine kleine Fäulnisstelle entsteht oder sich festsetzt. Wo sie sich bilden sollte, werden wir sie gemeinsam ausbrennen. Insgesamt aber können wir sagen, dass wir diese schwerste Aufgabe in Liebe zu unserem Volk erfüllt haben. Und wir haben keinen Schaden in unserem Inneren, in unserer Seele, in unserem Charakter daran genommen …

M3 Heinrich Himmler, Oberbefehlshaber der SS und „Cheforganisator" des Völkermordes. Foto, 1942.

Posener Reden: Am 4. und am 6. Oktober 1943 hielt Heinrich Himmler zwei geheime Reden auf einer SS-Gruppenführertagung im Rathaus der von Deutschen besetzten polnischen Stadt Posen. Obwohl der Massenmord an den Juden schon in vollem Gange war, wurde dieser erstmals von einem hochrangigen NS-Politiker vor einem ausgewählten Publikum ausgesprochen.

i

Auf der Homepage des Projekts „100(0) Schlüsseldokumente zur deutsche Geschichte im 20. Jahrhundert" können Reden nachgelesen und in Auszügen angehört werden.

Rede von Heinrich Himmler:
http://www.1000dokumente.de/index.html?c=dokument_de&dokument=0008_pos&object=facsimile&st=&l=de

Rede von Joseph Goebbels:
http://www.1000dokumente.de/index.html?c=dokument_de&dokument=0200_goe&object=facsimile&st=&l=de

ARBEITSAUFTRÄGE

1. Zähle auf, zu welchen Anlässen politische Reden gehalten werden.
2. Wende die Analyseschritte an der Rede Heinrich Himmlers an.
3. Analysiere unter Nutzung der Materialien die „Sportpalastrede" von Joseph Goebbels auf Seite 162.

Kriegsverbrechen im Zweiten Weltkrieg

M1 Blick auf das von Bomben zerstörte London. Foto, 1942. Viele Städte in Ost- und Westeuropa, z. B. Coventry, Rotterdam, Belgrad, Warschau und Leningrad fielen der nationalsozialistischen Kriegsführung zum Opfer.

Kommissare: Politoffiziere. Sie dienten Stalin zur Überwachung der Roten Armee.

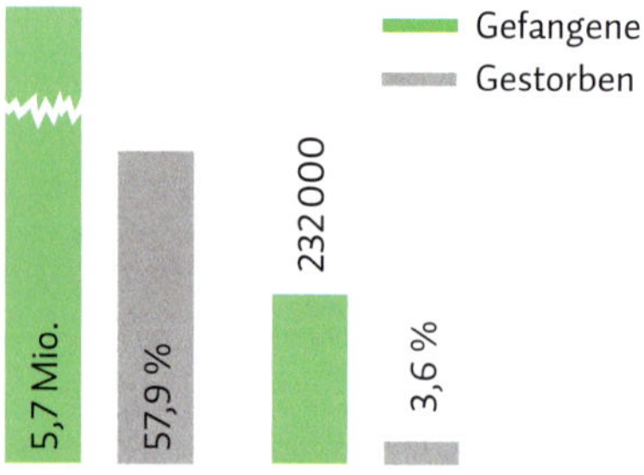

M2 Inhaftierte in deutschen Kriegsgefangenenlagern.

M3 Ein sowjetischer Kriegsgefangener nach der Musterrung für die Zwangsarbeit im Bergbau im Kriegsgefangenenlager Zeithain. Foto, 1942.

Neben der SS verübte auch die Wehrmacht schwerste Verbrechen an Kriegsgefangenen und der Zivilbevölkerung. Die Menschen in den besetzten Gebieten wurden beraubt, misshandelt und ermordet, Dörfer und Städte geplündert und willkürlich zerstört. Der dort lebenden Bevölkerung wurde bewusst jegliche Lebensgrundlage entzogen, so dass Millionen verhungerten. Bis heute sind nicht alle Verbrechen aufgearbeitet, auch ist die Zahl der an Völkermord und Kriegsverbrechen beteiligten Wehrmachtssoldaten umstritten.

Völkerrechtswidrige Befehle

Vielen Kriegsverbrechen gingen Befehle Adolf Hitlers voraus, die gegen geltendes Völkerrecht verstießen. Hitlers „Kriegsgerichtsbarkeitserlass“ vom Mai 1941 ermöglichte es, in den besetzten Gebieten gewaltsam gegen Zivilisten vorgehen, ohne sich rechtfertigen zu müssen.

Im Juni 1941 erließ Hitler die „Richtlinien für die Behandlung politischer Kommissare“, den sogenannt Kommissarbefehl. Tausende sowjetische Politoffiziere wurden auf dessen Grundlage ermordet.

Q1 Aus den „Richtlinien für die Behandlung politischer Kommissare“:

Insbesondere ist von den politischen Kommissaren ... eine hasserfüllte, grausame und unmenschliche Behandlung unserer Gefangenen zu erwarten. ... In diesem Kampfe ist Schonung und völkerrechtliche Rücksichtnahme diesen Elementen gegenüber falsch. ... Die Urheber barbarisch asiatischer Kampfmethoden sind die politischen Kommissare. Gegen diese muss daher sofort und ohne weiteres mit aller Schärfe vorgegangen werden. Sie sind daher, wenn im Kampf oder Widerstand ergriffen, grundsätzlich sofort mit der Waffe zu erledigen. ... Diese Kommissare werden nicht als Soldaten anerkannt; der für Kriegsgefangene völkerrechtlich geltende Schutz findet auf sie keine Anwendung.

Verbrechen an Kriegsgefangenen

Laut Völkerrecht müssen auch Kriegsgefangene menschlich behandelt werden. Vor allem sowjetischen Kriegsgefangene wurden jedoch extrem schlecht versorgt, da die Nationalsozialisten sie als minderwertige Menschen betrachteten. Die einfachsten Dinge fehlten. Kälte, Hunger und Krankheit waren ständige Begleiter. Der massenhaft Tod der Gefangenen wurde billigend in Kauf genommen.

Q2 Otto S., ehemaliger stellvertretender Lageroffizier im Kriegsgefangenenlager Wietzendorf, berichtete 1967 über die Versorgungslage:

Wenn ich mich recht erinnere, gab es morgens eine geringe Menge Brot und Tee. Mittags gab es Wassersuppe, die später mit Fuchsbälgen, ich meine die Körper der Füchse, aufgebessert wurde, um in dieser Weise den Gefangenen Eiweiß zukommen zu lassen. Abends gab es lediglich etwas zu trinken. Eine Brotration wurde nicht ausgegeben.

Die Zivilbevölkerung: Versklavt, verschleppt, ermordet

Die Nationalsozialisten führten im Zweiten Weltkrieg nicht nur einen Krieg gegen Armeen, sondern auch gegen die Zivilbevölkerung in den besetzten Gebieten. Diese war willkürlichem Terror, Folter, Racheaktionen und Kollektivstrafen schutzlos ausgesetzt. Auf Angriffe von Partisanen reagierten Wehrmacht und SS mit Vergeltungsaktionen und Massenexekutionen an zumeist Unschuldigen.

Q3 Am 10. Juni 1944 ermordete die SS in Oradour-sur-Glane bei einem Massaker 642 Kinder, Frauen und Männer und zerstörte das Dorf vollständig. Im Nürnberger Prozess wurde der folgende Bericht verlesen:

Die Männer wurden aufgefordert, sich in vier oder fünf Gruppen aufzustellen, von denen alsdann jede in eine Scheune eingesperrt wurde. Die Frauen und Kinder wurden in die Kirche geführt und dort eingeschlossen. Bald darauf krachten MG-Salven, und das ganze Dorf sowie die umliegenden Bauernhöfe wurden in Brand gesteckt. ... Um 17.00 Uhr drangen deutsche Soldaten in die Kirche ein und stellten auf der Kommunionbank ein Erstickungsgerät auf, das aus einer Art Kiste bestand, aus der brennende Zündschnüre hervorragten. In kurzer Zeit wurde die Luft nicht mehr atembar ... Die deutschen Soldaten begannen dann durch die Kirchenfenster zu schießen, sie drangen in die Kirche ein, um die letzten Überlebenden durch Maschinenpistolenschüsse zu erledigen, und schütteten einen leicht entzündbaren Stoff auf den Boden. Eine einzige Frau konnte sich retten. ... Gegen 18.00 Uhr hielten die deutschen Soldaten die in der Nähe vorbeifahrende Lokalbahn an und ließen die nach Oradour fahrenden Reisenden aussteigen. Sie streckten sie durch Maschinenpistolen nieder und warfen die Leichen in die Feuersbrunst.

M4 Sowjetische Kriegsgefangene mit Kennzeichnung auf der Kleidung bei der Herstellung von Flugzeugmotoren in einem BMW-Werk. Foto, ca. 1943. Zivilisten waren ebenfalls von Zwangsarbeit betroffen. Sie wurden verschleppt und ihre Arbeitskraft z. B. in der Rüstungsindustrie oder Landwirtschaft ausgebeutet. Die Lebens- und Arbeitsbedingungen waren nach rassischen Punkten gestaffelt.

M5 Luftaufnahme von Oradour-sur-Glane, 1944. Unter dem Vorwand der Partisanenbekämpfung verübten Deutsche das schlimmste Massaker in Frankreich.

ARBEITSAUFTRÄGE

1. Beschreibe deutsche Kriegsverbrechen im Zweiten Weltkrieg.
2. Schildere die Situation der Kriegsgefangenen.
3. Überprüfe unter Verwendung von Q1, inwiefern der „Kommissarbefehl“ ein Kriegsverbrechen darstellt.
4. Erkläre den Zusammenhang von NS-Kriegsverbrechen und NS-Ideologie.
5. Erarbeitet eine Ausstellung, in der ihr weitere Beispiele für NS-Kriegsverbrechen zeigt.

zu 1.
Verwende M1 – M5 sowie Q2 – Q3.

zu 2.
Nutze M2 – M4 und Q2.

zu 3.
Wiederhole den Begriff „Kriegsverbrechen“ auf S. 174.

Verbrechen gegen die Menschlichkeit

Konzentrationslager – Vernichtung durch Arbeit

Konzentrationslager sind von den Vernichtungslagern zur „Endlösung der Judenfrage“ zu unterscheiden. Einige Lager, z. B. Auschwitz, erfüllten eine Doppelfunktion als Zwangsarbeits- und Vernichtungslager. Insgesamt errichteten die Nationalsozialisten über zwanzig Lager, darunter die KZs Buchenwald und Sachsenhausen. Neben politischen Häftlingen wurden Juden, Sinti und Roma, Geistliche, vermeintlich Arbeitsscheue, Verbrecher, Homosexuelle, Obdachlose und Zeugen Jehovas inhaftiert. Sie sollten dauerhaft aus dem „Volkskörper“ ausgeschlossen werden und ihre Arbeitskraft unter Inkaufnahme des Todes ausgebeutet werden. Die Insassen der Konzentrationslager mussten schwerste Arbeiten verrichten, z. B. beim Straßenbau oder im Steinbruch. Ebenso waren sie in SS-eigenen Betrieben, in namhaften deutschen Industrieunternehmen und in der Rüstungsindustrie tätig. Für die SS war die Arbeit der KZ-Insassen ein lohnendes Geschäft: Sie verliehen die Gefangenen für eine tägliche Gebühr von vier bis acht Reichsmark an Unternehmen. Viele Firmen beuteten die Zwangsarbeiter hemmungslos aus und nutzten sie als billige Arbeitskräfte.

M1 Überlebende im Konzentrationslager Buchenwald. Foto, 1945.

i

Porajmos: (romani) „Verschlingen“, bezeichnet den Völkermord an Sinti und Roma.

Zigeuner: diskriminierende Bezeichnung für Sinti und Roma.

Völkermord an Sinti und Roma

In den Sinti und Roma sahen die Nationalsozialisten „rassisch minderwertige“ Menschen. Der Deportation in Gettos und spezielle Lager, in denen sie Zwangsarbeit leisten mussten, ging ihre Entrechtung und Ausgrenzung voraus. Wer nicht durch Arbeit oder an Krankheit starb, wurde in den Vernichtungslagern vergast. Auch die Sinti und Roma in den besetzten Gebieten ereilte dieses Schicksal. Zuvor mussten sie sich jedoch registrieren lassen und eine gelbe Armbinde mit der Aufschrift „Zigeuner“ tragen. Ab Dezember 1942 wurden alle Sinti und Roma in Konzentrationslager eingewiesen. Im März 1943 kamen über 20000 nach Auschwitz. „Vernichtung durch Arbeit“ war das erklärte Ziel. Viele, auch Kinder, wurden Opfer medizinischer Experimente. Erst 1982 wurde der Völkermord an einer halben Million Sinti und Roma durch die Bundesregierung als solcher anerkannt.

Q1 Inge Schwark berichtet über ein Erlebnis ihrer Mutter, die einen „Zigeunertransport“ mit vielen Kindern beobachtete:

Diejenigen Kinder, die nicht mit den Erwachsenen Schritt halten konnten, wurden immer wieder von der SS mit Gewehrkolben vorangetrieben. Plötzlich sah meine Mutter, wie sich ein kleiner Sinti-Junge von etwa fünf Jahren bückte, um etwas aufzuheben, was ihm heruntergefallen war. In diesem Augenblick schlug ein SS-Mann dem Jungen mit dem Gewehrkolben auf den Kopf und zertrümmerte ihm den Schädel. Mit einem Fußtritt schleuderte der SS-Mann den Gegenstand, nach dem sich das Kind gebückt hatte, an den Rand der Lagerstraße. Meine Mutter konnte jetzt erkennen, dass es ein kleiner Teddybär war.

M2 Im Jahr 2012 wurde ein Denkmal für die ermordeten Sinti und Roma in Berlin eingeweiht. Auch Bundeskanzlerin Angela Merkel nahm an dem Festakt teil.

Euthanasie – Vernichtung von „lebensunwerten Leben“

In Behinderten sahen die Nationalsozialisten „unnütze“ Menschen und stieß sie aus der Volksgemeinschaft aus. Bereits ab 1935 erfolgte die Zwangssterilisation vieler als „minderwertig“ eingestufter Menschen. Zu ihnen wurden u.a. körperlich Missgebildete, Taubstumme, Kleinwüchsige, Epileptiker oder Depressive gezählt. Ab 1939 begann ihre systematische Vernichtung. Anhand von Meldebögen, in denen Art der Krankheit und eine mögliche Arbeitsfähigkeit erfasst wurden, entschieden Ärzte über Leben und Tod. In sechs Euthanasie-Anstalten, darunter in Pirna wurden sie schließlich mit Gas oder Giftspritzen ermordet. Die dabei gesammelten Erkenntnisse wurden auf die Ermordung der Juden in den Vernichtungslagern übertragen. In einem „Trostbrief“ wurde den Angehörigen eine falsche Todesursache vorgetäuscht. Nach Protesten wurde das Euthanasie-Programm im August 1941 eingestellt. Allerdings folgte eine zweite „wilde“ Euthanasiewelle. Zu den Opfern gehörten diesmal auch arbeitsunfähige Zwangsarbeiter aus den Konzentrationslagern. In den psychiatrischen Anstalten starben die Opfer an Arzneimittelüberdosierungen oder verhungerten.

Euthanasie: (griech.) „schöner Tod“. Im Nationalsozialismus Bezeichnung für die Ermordung behinderter und pflegebedürftiger Menschen. Allerdings war ihr Tod meist von starken Schmerzen und Qualen begleitet.
Sterilisation: medizinisches Verfahren, um die Fortpflanzung auf Dauer zu verhindern.

M3 NS-Propagandaplakat von 1936.

Die Euthanasie an Kindern und Jugendlichen

Europaweit starben ca. 300000 Menschen im Rahmen des Euthanasie-Programmes, darunter auch mindestens 5000 Kleinkinder.

Q2 Auszug aus der Biografie von Johanna Bauer (geboren 1927), die 1941 dem Euthanasieprogramm zum Opfer fiel:

Im Alter von 3 Jahren erkrankte Johanna an Windpocken und Keuchhusten. Seither leidet das Mädchen an krampfartigen Bewegungsstörungen der Hände und Arme. Am 22.08.1935 bringen die Eltern ihre Tochter selbst in die Anstalt. Während der Aufnahmeuntersuchung wirft sie sich aus Angst auf den Boden ... In der Folgezeit erhält sie die „Schutzjacke“ und wird im Netzbett isoliert. Während der Essenszeiten wird sie an der Bank festgebunden ... Während der ärztlichen Behandlungen nützt Johanna jede Gelegenheit zur Flucht ... Abwehrreaktionen steigern Zerstörungstrieb und Aggression ... Weil ... ein Onkel Suizid begangen hat, wird Johanna als „erblich belastet“ diagnostiziert und als „aussichtslos pflegebedürftig“ prognostiziert. In der Folge verliert das Kind stark an Körpergewicht ... Ihr Name steht [schließlich] auf der Transportliste nach Hartheim.

Netzbett: Mit Netzen umgebene Schlafgelegenheit in Psychiatrien. Die Patienten können zusätzlich festgebunden werden.
Suizid: Selbstmord.
Hartheim: Nationalsozialistische Euthanasie-Anstalt bei Linz in Österreich.

ARBEITSAUFTRÄGE

1. Nenne Personengruppen, die in den KZs inhaftiert wurden.
2. Gib wesentliche Merkmale des Völkermordes an Sinti und Roma wieder.
3. Erläutere Maßnahmen des NS-Euthanasieprogrammes.
4. Analysiere M3 hinsichtlich des nationalsozialistischen Menschenbildes.
5. a) Bewerte den Fall von Johanna Bauer in Q2.
   b) ⇥ Erarbeite einen Steckbrief eines weiteren Opfers.
6. ⇨ Erstelle eine Wandzeitung über Sinti und Roma zu einem der folgenden Schwerpunkte: Chronologie des Völkermordes, Einzelschicksale, Sinti und Roma heute, Vorurteile, Umgang mit der Geschichte des Völkermordes.

⇥ zu 5b).
Nutze das Internet.

Kriegsverbrechen in Jugoslawien

Jugoslawien-Kriege:
Sammelbezeichnung für Kriege auf dem Gebiet des ehemaligen Jugoslawiens.

Slowenienkrieg:	1991
Kroatienkrieg:	1991–1995
Bosnienkrieg:	1992–1995
Kosovokrieg:	1999

Jugoslawien als Vielvölkerstaat

Nach dem Ersten Weltkrieg entstand der Vielvölkerstaat Jugoslawien. Kämpften im Zweiten Weltkrieg die unterschiedlichen Bevölkerungsgruppen noch gegeneinander, gelang es Staatschef Josip Tito nach dem Zweiten Weltkrieg den Vielvölkerstaat zusammenzuhalten. Das Nationalbewusstsein der einzelnen Volksgruppen wurde unterdrückt, ebenso die kulturellen und religiösen Unterschiede zwischen katholischen und orthodoxen Christen sowie Muslimen. Alle Volksgruppen waren formal gleichberechtigt, trotzdem dominierten die Serben den Vielvölkerstaat. Nach dem Tode Titos 1980 brachen erste Aufstände in Jugoslawien aus. Die serbische Volksgruppe sah ihre politische Führungsrolle und die Existenz des Staates gefährdet.

Die Jugoslawien-Kriege – Aus Nachbarn werden Feinde

Als Slowenien und Kroatien 1991 nach Unabhängigkeit strebten, versuchten die Serben, dies mit Krieg und Gewalt zu verhindern. Während Slowenien nach einem kurzen Krieg im Oktober 1991 souveräner Staat wurde, eskalierten die Kämpfe zwischen Serben und Kroaten. Dabei starben über zehntausend Menschen, tausende flüchteten. Im Jahr 1992 verlagerten sich die Kriegshandlungen auf Bosnien-Herzegowina, als sich der Großteil der kroatischen und muslimischen Bevölkerung für eine Loslösung von Jugoslawien aussprach. Die bosnischen Serben wollten jedoch einen Anschluss ihrer Siedlungsgebiete an Rest-Jugoslawien. Der Krieg wurde von allen Beteiligten verbissen und grausam geführt. Auf allen Seiten wurden Gräueltaten mit dem Ziel sogenannter „ethnische Säuberungen" durchgeführt, die nicht einmal vor Kindern Halt machten. Viele Frauen und Mädchen wurden vergewaltigt. Die westlichen Staaten standen diesen Ereignissen hilflos gegenüber. Mit Luftangriffen griff die NATO schließlich ein. Die Kriege in Bosnien und Kroatien wurden im Dezember 1995 beendet.

ethnische Säuberungen: (Ethnie = Volksgruppe) seit 1992 verwendeter Begriff für die Vertreibung oder Zwangsumsiedlung anderer Völker oder Volksgruppen aus ihrem angestammten Lebensraum.
NATO: North Atlantic Treaty Organization = dt. Nordatlantikpakt. Bezeichnet ein 1949 gegründetes Militärbündnis europäischer und nordamerikanischer Staaten.

M1 Staaten und Bevölkerung auf dem Gebiet des ehemaligen Jugoslawien.

Kriegsverbrechen und Menschrechtsverletzungen

Q1 Der ehemalige polnische Ministerpräsident Tadeusz Mazowiecki über die „ethnischen Säuberungen" im ehemaligen Jugoslawien zu Beginn des Jahres 1992:

Die sogenannte „ethnische Säuberung" ist nicht Folge, sondern Ziel dieses Krieges. ... In Bosnien-Herzegowina wird das Ziel, ethnisch homogene Regionen zu schaffen, durch Vertreibung der muslimischen und kroatischen Bevölkerung erreicht. Mord, Gewalt, Raub und Niederbrennen der Häuser sind die Methoden. Vernichtet werden Moscheen, Kirchen und Kulturgüter; Friedhöfe werden vom Erdboden getilgt. ... die größten Opfer hat die muslimische Bevölkerung zu beklagen; sie lebt in der Angst, ausgerottet zu werden. [Die Verantwortung] fällt vor allem auf die serbischen politischen und militärischen Führer in Bosnien-Herzegowina. ... Massenhaft flieht die muslimische und auch die kroatische Bevölkerung aus den serbisch kontrollierten Gebieten. Tausende von Menschen befinden sich in Internierungslagern, alle vom Tod bedroht. Auch Serben sind Opfer schwerer Menschenrechtsverletzungen. Doch ist das nicht das Ergebnis einer gezielten staatlichen Politik der Behörden von Bosnien-Herzegowina, sondern vor allem die Reaktion auf die serbische Politik der „ethnischen Säuberung". ... Anlass zu tiefer Beunruhigung geben auch Menschenrechtsverletzungen in der Republik Serbien, vor allem gegen die Albaner im Kosovo, die Kroaten ... und andere Volksgruppen. Die albanische Bevölkerung im Kosovo wird im Schul- und Gesundheitswesen und bei den Arbeitsmöglichkeiten diskriminiert.

M2 Untersuchung eines Massengrabes, in dem Opfer des Massakers von Srebrenica liegen. 1995 ermordeten bosnische Serben ungefähr 8000 bosniakische Männer. Es gilt als das schwerste Kriegsverbrechen, das sich seit dem Ende des Zweiten Weltkriegs in Europa ereignet hat. Foto, 2005.

ethnisch: eine Volksgruppe betreffend.
homogen: gleichförmig, einheitlich.

Der Krieg im Kosovo

In der mehrheitlich von Albanern bewohnten Provinz Kosovo flammten seit dem Tode Titos immer wieder Unruhen auf. Der Konflikt eskalierte, als die „Befreiungsarmee des Kosovo" (UÇK) mit Waffengewalt die Unabhängigkeit von Serbien durchsetzen wollte. Die serbische Armee marschierte 1998 in den Kosovo ein. Sie vertrieb die albanische Bevölkerung und zerstörte ihre Dörfer und Städte. Der UÇK sollte so der Rückhalt bei der Zivilbevölkerung genommen werden. Die NATO griff 1999 in den Konflikt ein und wollte mit massiven Luftangriffen Verfolgung, Vertreibung und Massaker an den Kosovo-Albanern verhindern. Jedoch verschärfte sich der serbische Terror. Bis zum Kriegsende im Juni 1999 wurden etwa 11 000 Kosovo-Albaner von serbischen Milizen ermordet und fast 1,5 Millionen Menschen wurden vertrieben. Erst nach Ende des Krieges konnten sie in ihre Heimat zurückkehren.

M3 Kriegsflüchtlinge aus dem Kosovo. Foto, 1999.

ARBEITSAUFTRÄGE

1. Beschreibe die staatlichen Veränderungen auf dem Gebiet des ehemaligen Jugoslawiens und die sich daraus ableitenden Konflikte.

2. Analysiere Q1 hinsichtlich Kriegsverbrechen und Verbrechen gegen die Menschlichkeit in den Jugoslawienkriegen.

3. UN und NATO werden in den Jugoslawienkriegen Hilflosigkeit und Versagen vorgeworfen. Recherchiere dazu und überprüfe diese Behauptung.

zu 1.
Beziehe M1 ein.

zu 2.
Wiederhole die Begriffe „Kriegsverbrechen" und „Verbrechen gegen die Menschlichkeit" auf S. 174. Kläre unbekannte Begriffe. Benenne Täter- und Opfergruppen.

Der Völkermord in Ruanda

M1 Geografische Lage und Staatsfahne von Ruanda.

Der Weg in die Eigenständigkeit

Das heutige Ruanda wurde Ende des 19. Jahrhunderts Teil der Kolonie Deutsch-Ostafrika. Während des Ersten Weltkriegs eroberten belgische Truppen das Gebiet. Nach den Weltkriegen wurde es unter die Oberhoheit des Völkerbundes bzw. der UN gestellt. Belgien verwaltete das Gebiet. Die Minderheit der Tutsi genoss gegenüber den Hutu Privilegien. Das Streben nach Unabhängigkeit ging in den 1950er-Jahren von der Bevölkerungsgruppe der Hutu aus. Einer Gruppe Hutus gelang es, die belgischen Machthaber zum Umdenken zu bewegen und Parteien zuzulassen. Die folgenden Wahlen gewannen die Hutu. Der Tutsi-König wurde abgesetzt und floh mit zehnzausenden Tutsi. Am 01.07.1962 erlangte Ruanda die Unabhängigkeit.

Der Konflikt zwischen Tutsi und Hutu

Eine Aussöhnung zwischen den ethnischen Gruppen der Hutu und Tutsi gelang in den folgenden Jahren nicht. Der Konflikt zwischen den beiden Volksgruppen entlud sich immer wieder in blutigen Auseinandersetzungen. Versuche der Tutsi, die politische Macht wieder zu erlangen, scheiterten. Ein Militärputsch im Jahre 1973 endete im Verbot aller Parteien außer der des Machthabers Habyarimana, einem Hutu. Die Tutsi mussten die Universitäten verlassen. Ebenso standen ihnen kaum Arbeitsplätze zur Verfügung. Viele der Tutsi-Flüchtlinge befanden sich im benachbarten Uganda. Von dort aus fielen Rebellen der „Ruandan Patriotic Front" (RPF) in Ruanda ein und ein Bürgerkrieg begann. Radiostationen und Zeitungen hetzten gegen Oppositionelle und Tutsi. Die Propaganda gegen die Tutsi steigerte sich schließlich soweit, dass in der Öffentlichkeit das Bild verbreitet wurde, sie wollen die Hutu ausrotten. Auch wurde ihnen jeder menschlicher Anschein genommen, indem sie z. B. als „Kakerlaken" bezeichnet wurden.

Länderinformationen zu Ruanda
(Stand vom Februar 2013)

Hauptstadt:	Kigali
Staatsform:	Präsidialrepublik
Amtssprachen:	Englisch, Französisch, Kinyarwande
Fläche:	26 340 qkm
Einwohnerzahl:	ca. 10,5 Mio.
davon	ca. 84 % Hutu
	ca. 16 % Tutsi
	ca. 0,1 % Twa
Religion:	51 % katholisch,
	26 % Protestanten,
	10 % Muslime
Bevölkerungsdichte:	432 pro km²
BIP (2012)	608 Mrd. US $
BIP/Einwohner (2012)	650 US $

(90 % der Bevölkerung leben von der Landwirtschaft)

Der Völkermord von 1994

Als Anlass für den Völkermord an den Tutsi diente den Hutus der Abschuss des Flugzeuges des damaligen Staatschefs. Ein französischer Untersuchungsbericht kam 2012 zu dem Ergebnis, dass Hutus für den Raketenabschuss verantwortlich waren. In der Folge wurden zwischen April und Mitte Juli 1994 bis zu eine Millionen Tutsi getötet. Die Hutu-Milizen ermordeten sämtliche Tutsi und oppositionelle Hutu, die sie fanden. Zwei Millionen Menschen flohen in die Nachbarstaaten. Doch auch dort waren sie nicht sicher. Im Sommer 1996 überfielen Hutu-Milizen diese Lager und töteten erneut 180 000 Tutsi-Flüchtlinge. Die Blauhelmsoldaten der UN hatten nicht die Erlaubnis, militärisch einzugreifen, sodass die Situation eskalierte. Die UN musste im Nachhinein eingestehen, dass die Eindämmung des Konfliktes nicht gelungen war. Im Juli 1994 gelang es der RPF unter der Führung von Paul Kagame Ruanda zu erobern und den Genozid zu beenden. Eine Übergangsregierung blieb bis 2003 im Amt. Seit 2003 hat Ruanda eine neue Verfassung und ein gewähltes Parlament mit einer Tutsi-geführten Regierung unter Paul Kagame. Eine Aufarbeitung des Konflikts wird aber weiterhin unterdrückt.

Genozid: Völkermord.

Eine private Radiostation ist nichts Besonderes, schon gar nicht in Afrika. Viele Menschen besitzen Empfangsgeräte, ... Zeitungen sind oft zu teuer, das Gleiche gilt für Fernsehen oder das Internet. Eine private Radiostation in Ruanda ist allerdings etwas ziemlich Besonderes. Erst am 26. März wurde Radio10 offiziell eröffnet, gesendet wird das Programm seit Ende Februar. Und der Erfolg ist enorm. ... Um zu verstehen, warum dieser kleine Sender, dessen Programm nicht wirklich außergewöhnlich ist, ein großer Schritt für das Land ist, muss man wissen, dass es schon einmal ein privates Radio gegeben hat, Radio Télévison libre ... Es wurde von Hutu-Extremisten betrieben und forderte während des Genozids 1994 alle Hutu auf, die „Kakerlaken“, womit die Tutsi gemeint waren, zu töten. „Arbeitet weiter“, hieß es damals, „die Gräber sind noch nicht voll.“ ... Man kann sich die jüngste Geschichte Ruandas kaum vorstellen – zumal, wenn man das Land heute besucht. Fast nirgendwo – außer in den Gedenkstätten – wird man daran erinnert, dass sich in den Straßen die Leichenberge türmten, in den Flüssen die Toten trieben und selbst Kinder im Alter von acht oder neun Jahren zu Massenmördern wurden. In Kigali entstehen Luxushotels, Einkaufszentren und Bürokomplexe. Und in ein, zwei Jahren soll es auch noch einen riesigen Vergnügungspark geben, einen, der das Land als Touristenziel und Tagungsort attraktiv machen soll. Ruanda ist heute ein stabiler Staat, auch wenn es enorme Probleme hat, weil es extrem dicht besiedelt ist und die meisten Menschen unterhalb der Armutsgrenze leben. ... verantwortlich für diesen Aufschwung und das friedliche Zusammenleben von Hutu und Tutsi ist vor allem Präsident Paul Kagame, der frühere Milizenführer, der den Genozid beendete. ... Trotz aller Erfolge aber ist Kagame in die Kritik geraten ... Ein Vorwurf lautet, dass seine Regierung die Opposition massiv unterdrücke. ... Mag der Präsident seine restriktive Innenpolitik noch damit rechtfertigen, er müsse um jeden Preis verhindern, dass sich eine ähnliche Tragödie wie 1994 wiederholt, gerät er in der Außenpolitik in größere Erklärungsnot. Denn der Preis für die Stabilität Ruandas war die Zerstörung des Kongo. Im August 1998 griff Kagames Armee das Nachbarland an und eroberte eine Fläche, die 27-mal so groß ist wie das eigene Staatsgebiet. Der offizielle Grund für diesen Einmarsch war die Bedrohung durch Hutu-Extremisten, die sich im Grenzgebiet zu Ruanda versteckt hätten. Zwar gibt es diese Milizen wirklich, aber Kagame hat deren Gefährlichkeit oft übertrieben. Heute steht fest, dass das Hauptmotiv für den Einmarsch eher die Plünderung der kongolesischen Bodenschätze war. Gold, Diamanten, Edelhölzer und seltene Mineralien aus dem Kongo haben maßgeblich zum Wirtschaftsaufschwung in Ruanda beigetragen. Zwar sind die ruandischen Soldaten weitgehend abgezogen, aber die Ausbeutung geht durch Stellvertretertruppen wie die kongolesische Miliz RCD weiter. Kagame hat sich um diese Kritik bislang nicht gekümmert, auch wenn sein Land existenziell auf Finanzhilfen angewiesen ist: Zwei Drittel des Staatsetats sind Entwicklungshilfe-Gelder. Aber da die Welt beim Völkermord nicht eingegriffen hat, so sein Standpunkt, hat sie auch heute kein Recht, seine Regierung zu kritisieren. Außerdem unterschätzten diejenigen, welche die Unterdrückung der Opposition anprangerten, die Gefahren, die dem Land immer noch drohten. Ein Punkt, den auch der Chef von Radio10, Eugène Nyagahene, immer wieder erwähnt. Ihm würde die Lizenz entzogen werden, wenn sein Sender die sozialen Spannungen zwischen Hutu-Mehrheit und Tutsi-Minderheit zum Thema machte. Selbst die Bezeichnung „Hutu“ oder „Tutsi“ soll es nach dem Willen der Regierung nicht mehr geben – heute sind alle Bewohner Ruander. ... „Es wird Generationen dauern, bis sich das Land normalisiert hat“, sagt er, „das Risiko, dass der Konflikt wieder ausbricht, ist nach wie vor sehr groß.“

M2 Auszug aus einem Artikel der Süddeutschen Zeitung vom 17.05.2010.

ARBEITSAUFTRÄGE

1. Benenne die Konfliktparteien sowie Ursachen und Anlass für den Völkermord in Ruanda.

2. Beschreibe mithilfe von M2 das Leben in Ruanda nach dem Völkermord.

3. Erläutere die in M2 aufgeführten Kritikpunkte gegenüber Paul Kagame.

4. ⇨ Im Jahr 2004 erschien der Spielfilm „Hotel Ruanda“, der den Völkermord an den Tutsi und gemäßigten Hutu thematisiert. Seht euch den Film an und verfasst eine Rezension.

Strafrechtliche Verfolgung

Nach dem Zweiten Weltkrieg sahen es die alliierten Siegermächte als erforderlich an, die Schuldigen an den Verbrechen des Nationalsozialismus und des Zweiten Weltkrieges durch einen öffentlichen Internationalen Militärgerichtshof verurteilen zu lassen. Als Verhandlungsort wurde Nürnberg, die Stadt der Reichsparteitage der NSDAP, ausgewählt. Die Anklagepunkte lauteten: Verschwörung, Verbrechen gegen den Frieden, Kriegsverbrechen und Verbrechen gegen die Menschlichkeit.

Urteile im Nürnberger Prozess:

Todesurteile:
Hermann Göring
Martin Bormann
Dr. Hans Frank
Dr. Wilhelm Frick
Alfred Jodl
Dr. Ernst Kaltenbrunner
Wilhelm Keitel
Joachim von Ribbentrop
Alfred Rosenberg
Arthur Seiß-Inquart
Julius Streicher

Haftstrafen:
Karl Dönitz (10 Jahre)
Walter Funk (lebenslang)
Rudolf Heß (lebenslang)
Konstantin von Neurath (15 Jahre)
Erich Raeder (lebenslang)
Baldur von Schirach (20 Jahre)
Albert Speer (20 Jahre)

Freisprüche:
Franz von Papen
Hans Fritzsche
Dr. H. G. H. Schacht

Selbstmord:
Hermann Göring
Dr. Robert Ley

Der Nürnberger Prozess

Der Nürnberger Prozess gegen die NS-Hauptkriegsverbrecher begann im November 1945 und zeigte die Verbrechen der NS-Zeit den Menschen im In- und Ausland. Nach fast einem Jahr Verhandlungsdauer sprach das Gericht die Urteile: zwölfmal die Todesstrafe, sieben Haftstrafen und drei Freisprüche. Die NSPAP und andere NS-Organisationen wurden verboten. Durch den Nürnberger Prozess wurde das Völkerrecht neu definiert.

M1 Sitzungssaal des Internationalen Militärgerichtshofes in Nürnberg 1945/46. Rechts: Erhöht sitzen die acht Mitglieder des Militärgerichtshofes. Gegenüber bewachen Militärpolizisten die 24 Angeklagten. Davor sitzen die Verteidiger.

Auf dem Weg zur Internationalen Strafgerichtsbarkeit

Durch den Nürnberger Prozess wurde auch die bis ins 19. Jahrhundert zurückreichende Idee einer internationalen Strafgerichtsbarkeit neu belebt. 1946 erfolgte die Errichtung des Internationalen Gerichtshofs in Den Haag als Hauptorgan der UN-Rechtsprechung. In den neunziger Jahren setzte der UN-Sicherheitsrat spezielle Strafgerichtshöfe ein. Sie werden als UN-Kriegsverbrechertribunale bezeichnet und untersuchen Kriegsverbrechen, Völkermord und Verbrechen gegen die Menschlichkeit im ehemaligen Jugoslawien und in Ruanda. Ab 2014 übernimmt ein gemeinsamer Nachfolgegerichtshof ihre Zuständigkeiten.

Der Prozess gegen Slobodan Milošević

Der ehemalige Präsident von Jugoslawien und Serbien, Slobodan Milošević, musste sich als erstes Staatsoberhaupt vor dem UN-Kriegsverbrechertribunal in Den Haag wegen Kriegsverbrechen, Verbrechen gegen die Menschlichkeit und Völkermord in den Jugoslawienkriegen verantworten. Im Prozess, der im Februar 2002 begann, verteidigte er sich selbst. Milošević zeigte sich uneinsichtig, wertete die Anklage als Verdrehung der Geschichte und zweifelte an der Rechtmäßigkeit des Gerichts. Ein Urteil gegen ihn wurde nicht gesprochen, da er noch vor dem Prozessende im März 2006 an einem Herzinfarkt starb. In der Folgezeit wurden viele serbische Politiker und Offiziere wegen Völkermord und Kriegsverbrechen auf dem Gebiet des ehemaligen Jugoslawiens zur Rechenschaft gezogen und zu Haftstrafen verurteilt.

M2 Slobodan Milošević vor dem UN-Kriegsverbrechertribunal in Den Haag. Foto, 2002.

Der Internationale Strafgerichtshof

Vor dem Hintergrund der Ereignisse in Ruanda und Jugoslawien, erfolgte die Gründung des Internationalen Strafgerichtshofes, der im Jahr 2002 seine Arbeit aufnahm. Einzelpersonen müssen sich vor ihm wegen Völkermord, Kriegsverbrechen und Verbrechen gegen die Menschlichkeit verantworten. Er kann Freiheitsstrafen von bis zu dreißig Jahren verhängen, in besonders schweren Fällen auch lebenslange Haft. Erstmals sollten noch amtierende Staatsoberhäupter zur Verantwortung gezogen werden, als er 2009 gegen den sudanesischen Präsidenten Omar al-Baschir und 2011 gegen den lybischen Präsidenten Muammar al-Gaddafi Haftbefehle aussprach.

ICC = International Criminal Court, englische Bezeichnung für den Internationalen Strafgerichtshof.

Q1 Hans-Peter Kaul, Richter am Internationalen Strafgerichtshof, in einem Interview 2012:

Ich finde es ... ermutigend, dass das Kürzel ICC in nur zehn Jahren zu einem weltweit anerkannten Symbol ... dafür geworden ist, dass niemand, auch kein Staatsoberhaupt oder General, über dem Gesetz steht, dass Völkerverbrechen nicht straflos bleiben dürfen, ganz gleich welchen Rang oder welche Nationalität die Täter haben. ... So schwach und unvollkommen der Internationale Strafgerichtshof heute noch sein mag, er war vor 20 Jahren selbst noch ein Traum, ja eine Utopie. Sicher, Fortschritte sind schwierig, Rückschläge möglich. Aber es gibt keine wirkliche Alternative.

M3 „Das kann ja heiter werden". Karikatur, 2002.

ARBEITSAUFTRÄGE

1. Erkläre die Bedeutung des Nürnberger Prozesses.
2. Nenne wichtige Etappen auf dem Weg zum Internationalen Strafgerichtshof. Stelle diese in einer Zeitleiste dar.
3. Informiere dich über den Fall von Slobodan Milošević vor dem UN-Kriegsverbrechertribunal und verfasse einen Sachtext.
4. Bewerte unter Einbeziehung von Q1 und M3 die Arbeit des Internationalen Strafgerichtshofes.

zu 3.
Suche zusätzliche Informationen aus dem Internet.

Besuch einer Gedenkstätte

Als Gedenkstätte wird ein Ort bezeichnet, der an ein historisches Ereignis oder eine Person erinnern soll und deshalb baulich oder gärtnerisch zu einem Denkmal oder Mahnmal umgestaltet ist. Gedenkstätten sind zum Beispiel historische Orte wie Konzentrationslager, Vernichtungslager, Haft- und Hinrichtungsstätten.

M1 Luftaufnahme der Gedenkstätte Pirna-Sonnenstein. Foto, 1994.

Die Gedenkstätte Pirna-Sonnenstein

Die Gedenkstätte Pirna-Sonnenstein diente in der Zeit von 1940 bis 1941 als nationalsozialistische Tötungsanstalt. Im Rahmen der Euthanasie wurden hier ca. 15000 Menschen ermordet. Die meisten von ihnen waren psychisch Kranke und geistig Behinderte, unter ihnen befanden sich auch viele Kinder und Jugendliche. Ebenso kamen über tausend KZ-Häftlinge um. Im Jahre 2000 wurde an dem Ort, wo sich die schlimmsten NS-Verbrechen in Sachsen ereigneten, eine Gedenkstätte eingeweiht.

M2 Gedenkkreuz für die Euthanasieopfer in Pirna-Sonnenstein.

M3 Von der Gedenkstätte Pirna-Sonnenstein bis an die Elbe zieht sich eine Gedenkspur aus 14 751 bunten Kreuzen. In einem Projekt können sich Schüler an ihrer Erneuerung beteiligen. Foto, 2013.

Aus dem Projektangebot der Gedenkstätte Pirna-Sonnenstein:
- Opfer, Täter und Gesellschaft – Von der Ausgrenzung zur Vernichtung
- Gestalten einer Gedenktafel
- Sprühen der Gedenkspur
- Diskussionsstationen zu historischen und ethischen Fragestellungen
- Filmvorführungen

Der Besuch einer Gedenkstätte kann folgendermaßen strukturiert werden:
- Vorbereitung des Gedenkstättenbesuches: Fragen formulieren, um gezielt nach Informationen und Eindrücken suchen zu können, Literatur- und Internetrecherche durchführen.
- eigenständige Erkundung vor Ort oder gezielte Führung durch geschultes Personal. Oft werden auch besondere Projekte für Schüler angeboten.
- Auswertung des Gedenkstättenbesuches: Austausch von Gefühlen und Empfindungen beim Besuch der Gedenkstätte, Visualisierung und Präsentation der Arbeitsergebnisse.

i

Weiterführende Informationen über die Gedenkstätte Pirna-Sonnenstein:
www.pirna-sonnenstein.de
www.denkzeichen.de
Überblick über weitere sächsische Gedenkstätten:
http://www.stsg.de/cms/index.php

ARBEITSAUFTRÄGE

1. Informiert euch mithilfe des Internets über Gedenkstätten für die Opfer des Nationalsozialismus in Sachsen. Recherchiert zum Charakter der jeweiligen Gedenkstätte.
2. Plant und organisiert einen Besuch der Gedenkstätte Pirna-Sonnenstein.
3. Verfasst für die Schülerzeitung oder Homepage eurer Schule einen Artikel zu den Erkenntnissen, Erfahrungen und Empfindungen beim Besuch der Gedenkstätte.
4. Erarbeitet eine Argumentation, warum und in welchem Alter Schüler Gedenkstätten für Opfer der NS-Diktatur besuchen sollten.

- **1904/05:** Aufstand der Herero und Nama
- **1942:** Wannseekonferenz: „Endlösung der Judenfrage"
- **1945/46:** Nürnberger Prozess
- **1991–1999:** Kriege im ehemaligen Jugoslawien
- **1994:** Genozid an den Tutsi in Ruanda
- **2002:** Internationaler Strafgerichtshof in Den Haag nimmt seine Arbeit auf

1900 1910 1920 1930 1940 1950 1960 1970 1980 1990 2000

In Kürze:

Auch im Krieg gelten Regeln, die durch völkerrechtliche Verträge festgelegt werden. Verstöße dagegen sind Kriegsverbrechen. Mit Verbrechen gegen die Menschlichkeit und Völkermord zählen sie zu den grausamsten Handlungen, die Menschen verüben. Besonders die Nationalsozialisten begingen unvorstellbare Gräueltaten. Politische und rassische Gegner wurden zunächst ausgegrenzt und entrechtet. Später erfolgte ihre planmäßige Vernichtung in den Konzentrations- und Vernichtungslagern. Die Methoden, die beim Massenmord an Kranken und Behinderten im Rahmen des Euthanasie-Programmes getestet wurden, übertrugen die Nationalsozialisten auf die Ermordung von Juden sowie Sinti und Roma. Auschwitz wurde zum Symbol für den Holocaust. Mit dem Nürnberger Prozess wurde Völkerrecht neu definiert. Allerdings konnte neuer Völkermord nicht verhindert werden. Vor dem Hintergrund der Kriegsverbrechen im ehemaligen Jugoslawien und dem Genozid in Ruanda in den 1990er Jahren, erfolgte die Errichtung eines Internationalen Strafgerichtshofes. Die Erinnerung an die Opfer von Völkermord und Kriegsverbrechen halten Gedenkstätten wach. Eine Chance, zukünftige Verbrechen an der Menschheit zu verhindern, besteht nur dann, wenn jeder einzelne Staat aktiv für den Schutz von Menschen- und Völkerrecht eintritt.

WICHTIGE BEGRIFFE

Auschwitz
Euthanasie
Genozid
Holocaust
Internationaler Strafgerichtshof
Konzentrationslager
Kriegsverbrechen
Nürnberger Prozess
Verbrechen gegen die Menschlichkeit
Vernichtungslager
Völkermord

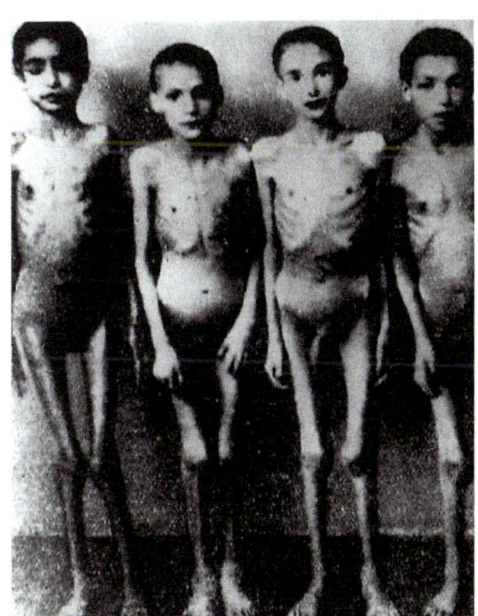

Worterklärungen

Achsenmächte
Die von Hitler und Mussolini 1936 vereinbarte Zusammenarbeit wurde als „Achse Berlin-Rom" bezeichnet. Sie wurde ergänzt durch den Beitritt Italiens zum deutsch-japanischen Antikominternpakt sowie 1939 durch den Stahlpakt, einem Militärbündnis zwischen dem nationalsozialistischen Deutschland und dem faschistischen Italien.

Alliierte
Die bei Ausbruch des Ersten Weltkriegs gegen die Mittelmächte verbündeten Staaten Frankreich, Großbritannien und Russland, zu denen später weitere hinzutraten. Für sie ist auch die Bezeichnung „Triple Entente" gebräuchlich. Im Zweiten Weltkrieg hießen die gegen Deutschland verbündeten Mächte ebenfalls „Alliierte".

Antisemitismus
Abneigung oder Feindseligkeit gegenüber Juden. Bezeichnung für völkisch-rassistische Anschauungen, die sich auf soziale, religiöse und ethnische Vorurteile stützen. Derartige Vorstellungen spielten eine zentrale Rolle in der Ideologie und späteren Politik der Nationalsozialisten.

Appeasement-Politik
(engl. = Beschwichtigung) Bezeichnung für die entgegenkommende britische Außenpolitik gegenüber dem nationalsozialistischen Deutschland. Großbritannien machte gegenüber Deutschland Zugeständnisse, um Hitler von einer kriegerischen Durchsetzung seiner Ziele abhalten zu können.

Arisierung
Bezeichnet die Enteignung der Juden und die Überführung ihres Eigentums in „arischen", d.h. nichtjüdischen Besitz. Die Folge dieser Ausplünderung war eine Verarmung der jüdischen Bevölkerung sowie ihre totale finanzielle und wirtschaftliche Deklassierung.

Bekennende Kirche
Bewegung protestantischer Pfarrer und Laien, die seit 1934 den Eingriffen der Nationalsozialisten in kirchliche Angelegenheiten entgegentrat. Sie wandte sich insbesondere gegen die Verfälschung des Christentums durch die nationalsozialistischen „Deutschen Christen" und verurteilte den Antisemitismus.

Blutsonntag
Bezeichnung für den 22. Januar 1905, an dem Truppen vor dem Winterpalais in Petersburg das Feuer auf eine friedliche Arbeiterdemonstration eröffneten. Er löste einen allgemeinen Aufstand aus, die erste (bürgerliche) russische Revolution 1905–1907.

Bolschewismus, Bolschewiki
(russ. = Mehrheitler) Bezeichnung für die radikalen sozialdemokratischen Anhänger Lenins, die seiner revolutionären Taktik auf einem Parteitag 1903 zustimmten.

Deutsche Arbeitsfront (DAF)
NS-Organisation, die nach Zerschlagung der Gewerkschaften angeblich die Interessen der Arbeitnehmer vertrat. Aufgabe der DAF war die Überwindung des „Klassenkampfes" durch die Idee der nationalsozialistischen „Volksgemeinschaft".

Deutsch-Sowjetischer Nichtangriffspakt
Am 23. August 1939 in Moskau unterzeichneter Vertrag, auch Hitler-Stalin-Pakt genannt. Beide Staaten sicherten sich im Fall eines Kriegs gegenseitige Neutralität zu. Bedeutender war ein „Geheimes Zusatzprotokoll", das die Interessengebiete beider Mächte in Osteuropa voneinander abgrenzte und „für den Fall einer territorialen Umgestaltung" gelten sollte.

Deutsches Kaiserreich
Das mittelalterliche Kaiserreich, das ab dem 16. Jh. als Heiliges Römisches Reich Deutscher Nation bezeichnet wurde, erlosch im Jahr 1806. Das D.K. wurde nach dem Krieg gegen Frankreich 1871 im Spiegelsaal des Schlosses von Versailles ausgerufen.

Dolchstoßlegende
Nach dem 1. Weltkrieg von deutschen Nationalisten verbreitete Behauptung, dass nicht das Militär und die kaiserliche Führung für Deutschlands Niederlage verantwortlich seien, sondern Sozialisten und demokratische Politiker. Diese Propaganda diente nationalistischen und antidemokratischen Kräften zur Diffamierung der Weimarer Republik.

Emanzipation
In der Aufklärung wurzelnde Bewegung, welche die rechtliche und gesellschaftliche Gleichstellung aller Bürger anstrebte. Dazu zählen Bauernbefreiung, Judenemanzipation oder Frauenbewegung.

„Endlösung der Judenfrage"
Am 20.1.1942 kamen führende Vertreter der Reichsregierung und der SS zur Berliner Wannseekonferenz zusammen. Die dort beschlossenen Maßnahmen zielten auf die Vernichtung der europäischen Juden durch Massenmord. Die Wannseekonferenz leitete den größten Völkermord der Geschichte ein, dem etwa 6 Millionen Juden zum Opfer fielen.

Entartete Kunst
Nationalsozialistisches Schlagwort, das moderne Kunst (z.B. Expressionismus, Surrealismus) als „undeutsch", „zersetzend" oder „kulturbolschewistisch" diffamierte. Um Arbeits- und Ausstellungsverboten zu entgehen, emigrierten viele Künstler.

Entente cordiale
(frz. = herzliches Einvernehmen) 1904 zwischen Großbritannien und Frankreich geschlossenes Bündnis, das 1907 um Russland erweitert wurde.

Ermächtigungsgesetz
Ein Gesetz, durch das ein Parlament die Regierung dazu ermächtigt, an seiner Stelle Gesetze oder Verordnungen zu erlassen. Die Gewaltenteilung ist damit aufgehoben und die demokratische Ordnung gefährdet. Katastrophale Folgen hatte das Ermächtigungsgesetz vom 24.3.1933 („Gesetz zur Behebung der Not von Volk und Reich"). Es übertrug die gesamte Staatsgewalt der nationalsozialistischen Regierung und schuf die Grundlage der NS-Diktatur.

Gewaltenteilung
Teilung der Staatsgewalt in eine gesetzgebende (legislative), gesetzesvollziehende (exekutive) und rechtsprechende (judikative) Gewalt. Sie soll einen Missbrauch staatlicher Macht verhindern. Dem Prinzip entsprechen die voneinander unabhängigen Verfassungsorgane Parlament, Regierung und Gerichte.

Gewerkschaften
Zusammenschlüsse von Arbeitnehmern zur Wahrung ihrer wirtschaftlichen Interessen.

Gleichschaltung
Bezeichnet die Durchdringung des Staates und die Ausrichtung aller staatlichen Organe und Interessenverbände auf die nationalsozialistische Reichsregierung. Entsprechende Gleichschaltungsgesetze beseitigten ab 1933 die Länderparlamente, machten die NSDAP zur alleinigen Staatspartei, zentralisierten Gesetzgebung und Verwaltung und zwangen Presse und Kultur unter die Leitung des Propagandaministeriums. Interessenverbände wie z. B. die Gewerkschaften wurden entweder zerschlagen oder durch NS-Organisationen ersetzt.

Holocaust
(griech. = Brandopfer) Bezeichnung für den Massenmord am jüdischen Volk durch die Nationalsozialisten in den Vernichtungslagern. In Israel wird dafür auch der hebräische Begriff „Shoa" (= Zerstörung, Katastrophe) verwendet.

Imperialismus
Das Streben eines Staates, seine Herrschaft auf andere Länder und Völker auszudehnen. Als Machtmittel dienen Eroberungen oder wirtschaftliche Beherrschung aufgrund ökonomischer Überlegenheit. Als Epoche des Imperialismus gilt besonders die Zeit von 1880–1914, in der die Großmächte ihre Kolonialreiche ausbauten und die Welt in Einflusssphären aufteilten.

Industrielle Revolution
Wirtschaftlicher und gesellschaftlicher Umwälzungsprozess, ausgelöst durch die um 1760 in England einsetzende Industrialisierung. Sie erreichte um 1840 Deutschland und breitete sich später weltweit aus. Zu ihren Voraussetzungen zählte der Einsatz von Maschinen, was neue industrielle Produktionsweisen nach sich zog (Massenfabrikation, Arbeitsteilung, Fabriken). Speziell in ihrer Anfangsphase war sie mit sozialer Verelendung verbunden.

Inflation
Geldentwertung, die eine Erhöhung der Preise zur Folge hat. Wegen des riesigen Geldbedarfs der kriegsführenden Staaten im Ersten Weltkrieg stieg die I. überall an, weil die Regierungen massiv Papiergeld drucken ließen. Den stärksten Währungsverfall hatte Deutschland.

Kapitalismus
Wirtschaftssystem, bei dem das Kapital unternehmerisch eingesetzt wird, um hohe Gewinne zu erzielen. Angebot und Nachfrage bestimmen den Verkaufspreis, der Staat enthält sich der Einflussnahme.

Kommunismus
Von Karl Marx und Friedrich Engels begründete Ideologie, die im „Kommunistischen Manifest" 1848 zusammengefasst wurde. Er enthält die Vorstellung einer klassenlosen Gesellschaft, in der das Privateigentum abgeschafft ist und die Produktionsmittel in Gemeineigentum überführt worden sind.

Kollektivierung
Zumeist erzwungene Überführung von Produktionsmitteln – vor allem landwirtschaftlicher Privatbesitz – in genossenschaftlich bewirtschaftetes Gemeineigentum. Die so entstandenen landwirtschaftlichen Großbetriebe nennt man Kolchosen.

Kapp-Putsch
Umsturzversuch rechtsradikaler Politiker um Wolfgang Kapp und unzufriedener Armeeteile um General v. Lüttwitz. Am 13.03.1920 besetzte eine Marinebrigade das Berliner Regierungsviertel und rief Kapp zum Reichskanzler aus. Mangelnde Unterstützung von der Reichswehr und Beamtenschaft ließen den Putsch rasch scheitern.

Konzentrationslager
(KZ) Nach ihrer Machtübernahme 1933 errichteten die Nationalsozialisten Konzentrationslager, in denen politische Gegner, später auch „rassisch" oder religiös Verfolgte inhaftiert wurden. Die Lager dienten der Einschüchterung, Ausschaltung und Vernichtung und unterstanden der SS. Zwangsarbeit, Hunger, Seuchen und sadistische Quälerei brachten vielen Häftlingen den Tod. Im Rahmen der sogenannten „Endlösung der Judenfrage" errichtete die SS seit 1942 Vernichtungslager in den eroberten Ostgebieten. Etwa 6 Millionen Juden aus allen Teilen des besetzten Europas wurden hier durch Giftgas ermordet.

Kriegsschuldfrage
Die Frage nach der Verantwortung für den Ausbruch des 1. Weltkriegs. Mit der alliierten Behauptung, Deutschland habe den Krieg geplant und vorsätzlich herbeigeführt, wurden die geforderten Reparationen begründet (Haftpflicht). Die deutsche Regierung lehnte diese Behauptung ab und unterzeichnete den Versailler Vertrag nur unter Protest. Eindeutig beantwortet ist die Kriegsschuldfrage bis heute nicht.

Liberalismus
Politische Bewegung, die im 19. Jh. Bedeutung erlangte. Im Zentrum steht das Recht des Einzelnen auf freie Entfaltung gegenüber staatlicher Bevormundung. Zu seinen Forderungen zählen Glaubens- und Meinungsfreiheit, Sicherung der bürgerlichen Grundrechte sowie Beteiligung an politischen Entscheidungen. Der wirtschaftliche Liberalismus fordert einen freien Wettbewerb ohne staatliche Eingriffe und Zollschranken.

Marxismus
Bezeichnung für die von Karl Marx und Friedrich Engels im 19. Jh. begründete Theorie des wissenschaftlichen Sozialismus. Für den Marxismus ist der Kapitalismus ein System profitorientierten Eigentums, das die Lohnarbeiter ausbeutet und ihre Verelendung bewirkt.

Mittelmächte
Die im Ersten Weltkrieg verbündeten Staaten Deutsches Reich und Österreich-Ungarn, später auch die hinzugetretenen Verbündeten Osmanisches Reich und Bulgarien.

Nationalsozialismus
Nach dem Ersten Weltkrieg in Deutschland entstandene rechtsradikale Bewegung, die nationalistische, expansive und demokratiefeindliche Ziele vertrat. Der Nationalsozialismus ist eine deutsche, deutlich radikalere Ausformung des Faschismus.

Nationalversammlung
Gewählte Volksversammlung einer Nation, die vor allem zur Ausarbeitung einer Verfassung zusammentritt. So z. B. die französische Nationalversammlung 1789–92 oder die Frankfurter Nationalversammlung 1848–49.

New Deal
(engl. = Neuverteilung der Spielkarten) Bezeichnung für die nach 1933 eingeleiteten Reformen von US-Präsident Roosevelt, mit denen er die Folgen der Weltwirtschaftskrise zu überwinden suchte. Zu den zentralen Bestandteilen zählten: Drosselung der Überproduktion, inflationistische Wirtschaftspolitik, Arbeitsbeschaffungsprogramme sowie Unterstützungsmaßnahmen für Farmer.

Notverordnung
Durch Artikel 48 der Weimarer Verfassung war der Reichspräsident ermächtigt, bei Gefährdung der „öffentlichen Sicherheit und Ordnung" gesetzesvertretende Verordnungen zu erlassen, welche die Grundrechte völlig oder teilweise außer Kraft setzten. Diese Maßnahmen mussten zwar auf Verlangen des Reichstags rückgängig gemacht werden, doch der Reichspräsident konnte den Reichstag auflösen. In der Endphase der Weimarer Republik (1930–33) wurden Notverordnungen zum eigentlichen Regierungsinstrument.

Novemberrevolution
Im November 1918 in Deutschland ausgebrochene Aufstände, die zum Ende der Monarchie führten und den Übergang zur parlamentarischen Republik einleiteten. Zu den Ursachen zählten Deutschlands militärischer Zusammenbruch im 1. Weltkrieg, die langjährige Verweigerung innerer Reformen sowie die wirtschaftliche Notlage. Der Streit, ob der revolutionäre Weg zu einer Räterepublik oder einer verfassunggebenden Nationalversammlung führen sollte, wurde zugunsten der parlamentarischen Lösung entschieden. Die Wahlen zur Nationalversammlung am 19.1.1919 machten den Weg zur Weimarer Republik frei.

Nürnberger Gesetze
Diskriminierende Gesetzgebung gegenüber der jüdischen Bevölkerung. Der Entzug zentraler Bürgerrechte deklassierte sie zu minderen Staatsangehörigen; Eheschließungen und sexuelle Beziehungen zwischen Deutschen und Juden waren als „Rassenschande" verboten und wurden mit Zuchthaus bestraft. Die rechtliche Diskriminierung zog die gesellschaftliche Isolierung nach sich.

Oktoberrevolution
Bolschewistischer Umsturz in Russland am 25. Oktober 1917 (nach westlicher Zeitrechnung der 7. November 1917), der eine politisch-soziale Umwälzung einleitete. Der wirtschaftliche und militärische Zusammenbruch des Zarenreichs als Folge des Ersten Weltkriegs schuf Mitte 1917 die Voraussetzungen für die Revolution. Bolschewistische Truppen und Arbeitermilizen besetzten die wichtigsten Gebäude von St. Petersburg und erstürmten den Regierungssitz. Unter Führung Lenins übernahm der „Rat der Volkskommissare" die Regierung.

Partei
Organisierter Zusammenschluss politisch gleichgesinnter Bürger, die Einfluss auf die Gestaltung des Staates nehmen wollen. Die modernen Parteien entwickelten sich Anfang des 19. Jh. aus lockeren Vereinigungen angesehener Persönlichkeiten. Getragen von der Arbeiterbewegung bildeten die sozialistischen Parteien erstmals den Typ der Massenpartei, dem später häufig auch katholisch-konfessionelle Parteien (Zentrum) entsprachen. Im 20. Jh. erhielten die Parteien staatstragende Bedeutung.

Räterepublik
Staatsform, die unterprivilegierte Bevölkerungsschichten direkt an der Macht beteiligt. Gewählte Delegierte bilden einen Rat, der alle Entscheidungsbefugnisse besitzt und ausführende, gesetzgebende und richterliche Gewalt in seiner Hand vereinigt. Die Gewaltenteilung ist damit aufgehoben. Die Räte sind ihrer Wählerschaft direkt verantwortlich und jederzeit abwählbar.

Reichspogromnacht
Leitete eine neue Phase der Judenverfolgung ein. In der Nacht vom 9. zum 10. November 1938 zerstörten nationalsozialistische Kolonnen etwa 7000 jüdische Geschäfte, setzten Synagogen in Brand und demolierten Wohnungen, Schulen und Betriebe. Im Verlauf des Pogroms wurden zahlreiche Juden misshandelt, getötet oder ohne Rechtsgrundlage in „Schutzhaft" genommen. Das Pogrom ist auch unter dem beschönigenden Namen „Reichskristallnacht" bekannt geworden.

Reparationen
(lat.: reparare = wiederherstellen) Alle Leistungen, die einem besiegten Staat auferlegt werden, um die Kriegsschäden des Siegerstaates zu beheben. Hierzu zählen Geld-, Sach- oder Dienstleistungen.

Revolution
Gewaltsamer Umsturz der bestehenden Ordnung, der zu tiefgreifenden politischen und gesellschaftlichen Veränderungen führt. Sie wird von breiten Bevölkerungsschichten getragen im Gegensatz zum Staatsstreich oder Putsch, wo nur eine neue Führungsgruppe die Macht an sich reißt.

SA (Sturmabteilung)
Militärisch organisierter Kampfverband der Nationalsozialisten. Sie war bei Saalschlachten und Straßenkämpfen als Schlägertruppe gefürchtet, verlor jedoch nach Ausschaltung ihrer Führungsspitze 1934 (Röhm-Putsch) an Bedeutung.

Sowjet
(russ. = Rat) In der russischen Oktoberrevolution von 1917 bildeten sich spontane Arbeiter-, Soldaten- und Bauernräte. Sie gerieten unter den Einfluss der Bolschewisten, die mit dem „Rat der Volkskommissare" unter Lenin die Regierungsgewalt übernahmen.

Sozialismus
Im 19. Jh. entstandene politische Bewegung, die bestehende gesellschaftliche Verhältnisse mit dem Ziel sozialer Gleichheit und Gerechtigkeit verändern will. Als Mittel hierzu dient die Abschaffung des Privateigentums, die Überführung der Produktionsmittel in Gemeineigentum und die Beseitigung der Klassenunterschiede.

Stalinismus
Von Stalin geprägtes Herrschaftssystem, das sich der Gewalt und des Terrors bediente und von etwa 1927 bis 1953 währte. Der von Stalin propagierte „Aufbau des Sozialismus in einem Land" sollte vor allem die Industrialisierung vorantreiben und Überreste des Kapitalismus durch einen verschärften Klassenkampf beseitigen. Die Folge war ein brutales Terrorregime, das seine Ziele mit Schauprozessen, Morden, Deportationen und „Säuberungen" durchsetzte, wobei Stalin einen ausgeprägten Personenkult inszenierte.

Stellungskrieg
Starke Truppenverbände Frankreichs vereitelten im Ersten Weltkrieg ein Vorrücken der deutschen Armeen auf Paris. 1915 kam es zu einer Erstarrung der Fronten. Die gegnerischen Armeen gruben sich in Schützengräben ein, sodass Geländegewinne kaum noch möglich waren.

Streik
Die planmäßige Niederlegung der Arbeit durch eine größere Zahl von Arbeitnehmern, um höhere Löhne oder bessere Arbeitsbedingungen vom Unternehmer zu erzwingen. Im 19. Jh. führten Arbeitsniederlegungen von Industriearbeitern zur Gründung von Gewerkschaften und der Streik wurde zum wichtigsten Mittel, gewerkschaftlichen Forderungen Nachdruck zu verleihen.

SS (Schutzstaffeln)
Elite- und Terrororganisation der Nationalsozialisten, die 1925 mit Sicherungsaufgaben der NSDAP und ihres „Führers" Adolf Hitler betraut wurde. Unter der Leitung von Heinrich Himmler stieg sie nach 1933 zum stärksten Machtfaktor im nationalsozialistischen Deutschland auf. Als Himmler 1936 die Geheime Staatspolizei (Gestapo) mit ihrem Spitzelsystem übernahm, verfügte die SS über die totale Macht im Staat. Die SS verübte viele Verbrechen, wie die brutale Verfolgung politischer Gegner und den millionenfachen jüdischen Völkermord in den Vernichtungslagern.

Terror
(lat. = Schrecken) Gewalttätige Form des politischen Machtkampfs, um jeden Widerstand durch Furcht zu ersticken. Er kann durch den Staat ausgeübt werden (Staatsterrorismus) oder von extremen Organisationen zum Sturz der Staats- oder Gesellschaftsordnung.

Unternehmer
Leiten oder vertreten einen Gewerbebetrieb. Während der Industriellen Revolution erlangten die Unternehmer zunehmende Bedeutung, da sie die Wirtschaft und damit das Schicksal großer Bevölkerungsteile entscheidend mitbestimmten.

Verfassung
(Konstitution) Die politische Grundordnung eines Staates, die alle Regelungen über die Staatsform, die Herrschaftsausübung und die Bildung und Aufgaben der Staatsorgane enthält.

Versailler Vertrag
Von den Alliierten dem Deutschen Reich aufgezwungener Diktatfriede nach dem 1. Weltkrieg, der im Spiegelsaal des Schlosses von Versailles durch einen Vertrag besiegelt wurde. Den Versailler Vertrag von 1919 mussten zivile Politiker und nicht die am Krieg verantwortlichen Militärs unterzeichnen, was in der Folgezeit zur „Dolchstoßlegende" führte.

Völkerbund
Internationales Einrichtung, die nach den Vorstellungen des US-Präsidenten Wilson nach dem Ersten Weltkrieg ins Leben gerufen wurde. Er sollte künftig den Weltfrieden sichern und Sanktionen gegen Kriegstreiber verhängen.

Weimarer Republik
Bezeichnung einer von 1919–1933 währenden Epoche deutscher Geschichte, die nach dem ersten Tagungsort der verfassungsgebenden Nationalversammlung 1919 benannt ist. Die Weimarer Verfassung, welche die Nationalversammlung 1919 verabschiedete, ersetzte die Monarchie durch eine parlamentarische Republik. Sie fiel 1933 der nationalsozialistischen Diktatur zum Opfer. Trotz wirtschaftlicher Not und politischer Krisen kam es in der Weimarer Republik zu bedeutenden kulturellen Leistungen.

Weimarer Verfassung
Die nach der Revolution von 1918 in Weimar entwickelte Verfassung einer parlamentarischen Republik mit einer in Artikel 48 verankerten starken Stellung des Reichspräsidenten und einem Vielparteiensystem. Der Präsident konnte das Parlament auflösen (Art. 25), den Reichskanzler ernennen und entlassen.

Weltwirtschaftskrise
Ende der 1920er-Jahre verschlechterten sich die Wirtschaftsdaten der USA. Die Gründe lagen in einer hohen Überproduktion, einem Absatzrückgang sowie einem aufgeblähten Kreditvolumen. Hinzu kam die destabilisierende Wirkung von Reparationszahlungen und die Schuldenlast, welche die Alliierten der USA noch aus der Zeit des Ersten Weltkriegs trugen. Dies führte am 24.10.1929 („Schwarzer Freitag") zu einem Kurssturz an der New Yorker Börse, der eine weltweite Wirtschaftskrise auslöste, die auch Deutschland erfasste. Die sozialen Folgen der Weltwirtschaftskrise trugen erheblich zur politischen Radikalisierung bei.

Wilhelm II.
1888 an die Spitze des Staates gelangter Kaiser, der die deutsche Politik des Imperialismus bis zu seinem erzwungenen Rücktritt 1918 maßgeblich bestimmte.

Register

Textquellen

10 Q1 Nach: Mommsen, Wolfgang Justin: Imperialismus. Seine geistigen, politischen und wirtschaftlichen Grundlagen, Hamburg 1977, S. 203 f.

10 Q2 Quellen zur Allgemeinen Geschichte, Bd. 4, Zürich 1966, S. 259.

11 Q3 Preußische Jahrbücher, Bd. 95, 1899, S. 383 f.

12 Q1 Zimmermann, Ludwig: Der Imperialismus, Klett, Stuttgart 1971, S. 36.

15 Q1 Külz, Ludwig: Blätter und Briefe eines Arztes aus dem tropischen Deutschafrika, Berlin 1906, S. 23. Zit. nach: Gründer, Horst (Hg.): „...da und dort ein junges Deutschland gründen". Rassismus, Kolonien und kolonialer Gedanke von 16. bis zum 20. Jahrhundert, München 1999, S. 271.

17 Q1 http://germanhistorydocs.ghi-dc.org/docpage.cfm?docpage_id=1415&language=german (Stand: 15.10.2013).

17 Q2 Wie ebenda.

19 Q1 Tägliche Rundschau (Hg.): Kriegs-Rundschau, Bd. 1, Berlin 1915, S. 43.

21 Q1 www.versailler-vertrag.de/vv-i.htm (Stand 15.10.2013).

21 Q2 Geschichte in Wissenschaft und Unterricht 3 (1952), S. 294.

21 Q3 Fischer, Fritz: Griff nach der Weltmacht, Düsseldorf 1961, S. 97.

21 Q4 Deutsche Geschichte, Bd. 2, S. 767.

21 Q5 Historische Dokumentation des Historischen Museums Frankfurt, Frankfurt am Main 1975.

21 Q6 Neitzel, Sönke: Blut und Eisen. Deutschland im Ersten Weltkrieg, 2003, S. 10.

23 Q1 Zit. nach: Ulrich, Bernd/Ziemann, Benjamin (Hg.): Frontalltag im Ersten Weltkrieg, Frankfurt am Main 1994, S. 92.

24 Q1 Witkop, Philipp (Hg.): Kriegsbriefe gefallener Studenten, München 1928, S. 8 f.

24 Q2 Witkop, Philipp (Hg.): Kriegsbriefe gefallener Studenten, München 1928, S. 15.

25 Q3 Witkop, Philipp (Hg.): Kriegsbriefe gefallener Studenten, München 1928, S. 125

25 Q4 Witkop, Philipp (Hg.): Kriegsbriefe gefallener Studenten, München 1928, S. 241

25 Q5 www.dradio.de/dlf/sendungen/feldpost/download.html (Stand 15.10.2013).

28 Q1 Richtlinien des stellvertretenden Generalkommandos des X. Armeekorps, Hannover, für die Arbeit in Rüstungsbetrieben, Dezember 1916. Zit. nach: Stahl und Steckrüben, Bd. 2, Hameln/Hannover 1993, S. 63 ff.

29 Q2 Hagener, E.: Es lief sich so sicher an deinem Arm. Briefe einer Soldatenfrau 1914, Weinheim 1986, S. 29 ff.

31 Q1 Zit. nach: Lautemann, Wolfgang/Schlenke, Manfred (Hg.): Geschichte in Quellen. Weltkriege und Revolutionen. 1914–1945. Bearb. v. Günter Schönbrunn, S. 57 f.

32 Q1 Zit. nach ebnda, S. 93 f.

34 Q1 Dokumente der Deutschen Politik und Geschichte von 1848 bis zur Gegenwart. Hrsg. v. V. J. Hohlfeld, Bd. 2., Das Zeitalter Wilhelms II. 1890–1918, Berlin/München o.J., S. 393 ff. (stark gekürzt).

35 Q2 Huber, Ernst Rudolf: Dokumente zur deutschen Verfassungsgeschichte 3, S. 281.

36 Q1 Marx, Karl/Engels, Friedrich, Werke Bd. 21, Berlin 1975, S. 350–351.

40 Q1 Moeller, Magdalena/Belgin, Tayfun (Hg.): Karl Schmidt-Rotluff: ein Maler des 20. Jahrhunderts. Gemälde, Aquarelle und Zeichnungen von 1905 bis 1972, Hirmer, München 2001, S. 12.

42 Q1 Otto Dix, zit. nach Eva Karcher: Dix, Köln 1988, S. 38.

44 Q1 Remarque: Im Westen nichts Neues, Propyläen-Verlag, Berlin 1929.

45 Q2 Ebenda, S. 102 ff.

45 Q3 Ebenda, S. 286 ff.

52 Q1 Nach: Lenins Werke, Bd. 7, S. 557.

53 Q2 Linke, H.G.: Die Russischen Revolutionen 1905/1917, S. 44.

59 Q1 Ritter, G.A./Miller, S. (Hg.): Die deutsche Revolution 1918–1919. Dokumente, Frankfurt am Main 1983, S. 77 f.

59 Q2 Ritter, G.A./Miller, S. (Hg.): Die deutsche Revolution 1918–1919. Dokumente, Frankfurt am Main 1983, S. 77 f.

61 Q1 Zit. aus: Schulin, Ernst (Hg.): Gespräche mit Rathenau, München 1980, S. 244.

61 Q2 Nach: Verhandlungen zur verfassungsgebenden Versammlung. Bd. 327, S. 1084.

61 Q3 Troeltzsch, Ernst: Der Entente Frieden und die deutsche Kultur. Zit. aus: Heß, Jürgen C.: Das ganze Deutschland soll es sein, S. 97.

62 Q1 Aus einer Rede auf dem allrussischen Gesamtkongress, Dez. 1920. Aus: Geschichte in Quellen V, S. 176 f.

63 Q2 Michalka, Wolfgang/Niedhart, Gottfried, Die ungeliebte Republik, München 1984, S.167 ff.

65 Q1 http://www.versailler-vertrag.de/vv1.htm (Stand 15.10.2013).

66 Q1 http://www.zdf.de/Die-Deutschen/Die-Deutschen-22587148.html (Stand 15.10.2013).

74 Q1 Nach: Haschke, G./Tönnies, N.: Friedrich Ebert, S. 128 ff.

75 Q2 Michaelis, H./Schraeppler, E.: Ursachen und Folgen, Bd. 3.

79 Q1 http://www.dhm.de/lemo/html/dokumente/hitlerurteil/index.html (Stand 15.10.2013).

81 Q1 Nach: Ebeling, Hans: Ursachen und Folgen, Bd. V, S. 532 f.

83 Q1 Nach: Scheib, A.: Die Dolmetscherin des schrägen Vogels, in: Süddeutsche Zeitung, 13./14. Dezember, 1986.

87 Q1 Nach: Stenbock-Fermor, Alexander: Deutschland von unten, S. 19–21.

87 Q2 Nach: Stenbock-Fermor, Alexander: Deutschland von unten, S. 65–67.

87 Q3 Nach: Stenbock-Fermor, Alexander: Deutschland von unten, S. 74–76.

88 Q1 http://www.documentarchiv.de/wr/1920/verfassung-freistaat-sachsen_glw.html /Stand 15.10.2013).

88 Q2 Redaktionell gekürzt nach: Michaelis, H.: Ursachen und Folgen, 1961, Bd. V, S. 498 f.

90 Q1 Nach: Stresemann, Gustav: Vermächtnis, Bd. III, S. 385.

92 Q1 Berliner Tageblatt, Nr. 581, 08.12.1932.

93 Q2 Nach: Aufzeichnungen Staatssekretär Meißners, 13.08.1932, in: Vogelsang, Thilo: Reichswehr, Staat und NSDAP, S. 479 f.

96 Q1 Nach: W. I. Lenin, Briefe an den XII. Parteitag: http://www.vulture-bookz.de/marx/archive/quellen/Lenin~Testament.html (Stand 15.10.2013).

96 Q2 Wolkogonow, Dimitri: Stalin. Triumph und Tragödie. Ein politisches Porträt, Claassen, Düsseldorf 1989, S. 134.

97 Q3 J. W. Stalin: Werke, Bd. 7. 1925, Druck-Verlags-Vertriebs-Kooperative, Frankfurt 1972, S. 174–177.

98 Q1 http://www.seiten.faz-archiv.de/faz/19990215/f19990215raulka-100.html (Stand 15.10.2013).

102 Q1 Zit. nach: Weber, H./Mählert, U. (Hg.): Terror. Stalinistische Parteisäuberungen 1936-1953. Paderborn u. a. 1978, S. 16.

103 Q2 Solschenizyn, Alexander: Der Archipel Gulag, Bern/München 1974, S. 212.

106 Q1 http://www.toleranz-foerdern-kompetenz-staerken.de/tfks_bundesprogramm.html (Stand 15.10.2013).

106 Q2 http://www.kulturbuero-sachsen.de/index.php/arbeitsbereiche/gemeinwesenarbeit.html (Stand 15.10.2013).

106 Q3 http://www.lpr.sachsen.de/ (Stand 15.10.2013).

106 Q4 http://www.jugendstiftung.org/foerderung/jugendprogramm_zeitenspruenge/index.html (Stand 15.10.2013).

110 Q1 Feder, G.: Das Programm der NSDAP und seine weltanschaulichen Grundgedanken, 1934, S. 15 ff.

111 Q2 Hitler, A.: Mein Kampf, 1932, S. 420.

112 Q1 Ebenda, S. 702 f.

112 Q2 Ebenda, S. 738 ff.

113 Q3 Aufriss der deutschen Geschichte im 19. Jahrhundert, Naumburg 1938.

114 Q1 Zit. nach: Czichon, E.: Wer verhalf Hitler zur Macht?, 1972, S. 96 f.

114 Q2 Zit. nach: Michaelis, H.: Ursachen und Folgen, 1960, Bd. IV, S. 743.

115 Q3 Aus: Es begann am 30. Januar. Funkmanuskript, 1958, S. 9 ff.

116 Q1 Zit. nach: Michalka, W./Niedhart, G. (Hg.): Die ungeliebte Republik, 1980, S. 251.

116 Q2 Auszüge aus den amtlichen Niederschriften, Akten der Reichskanzlei, Bundesarchiv Koblenz: R 43 II/291, 289.

117 Q3 Hoegner, W.: Flucht vor Hitler, 1979, S. 98.

117 Q4 Conze, W.: Der Nationalsozialismus, Teil 1, 1972, S. 62 f.

120 Q1 Goebbels, J.: Vom Kaiserhof zur Reichskanzlei, 1934, S. 288 f.

121 Q2 http://www.vulture-bookz.de/imagebank/Dokumente/pages/1933-03-21~Bekanntmachung_KL_Dachau.html (Stand 15.10.2013).

124 Q1 http://www.das-dritte-reich.info/pages/fluesterwitze-01.htm (Stand 15.10.2013).

125 D1 Gibas, Monika (Hg.) u.a.: „Arisierung" in Leipzig. Verdrängt. Beraubt. Ermordet. Begleitbuch zur Wanderausstellung, S. 22.

127 Q1 Domarus, M.: Hitler. Reden und Proklamationen 1932–1945, 1962, S. 450 f.

127 Q2 Mathematisches Unterrichtswerk für höhere Lehranstalten (Kölling-Löffler, Bände 1–3 aus den Jahren 1940 und 1944, Deutscher Schulverlag Berlin).

128 Q1 www.dhm.de/lemo/html/dokumente/hjgesetz/index.html (Stand 15.10.2013).

130 Q1 Domarus, M.: Hitler. Reden und Proklamationen 1932–1945, 1963, S. 3–6.

130 Q2 Aus: Der Schulungsbrief, 6/1939, S. 154.

132 Q1 Meier-Benneckenstein, P. (Hg.): Dokumente der Deutschen Politik, Bd. I, 2, 1939/40, S. 289–293.

132 Q2 Wiener Arbeiterzeitung vom 12.05.1933. Unter: www.exil-club.de (Stand 15.10.2013).

134 Q1 http://nsl-archiv.com/Buecher/Bis-1945/Cigaretten-Bilderdienst%20-%20Olympia%201936%20-%20Band%201%20-%20Die%20olympischen%20Winterspiele%20%281936,%20139%20S.,%20Scan%29.pdf (Stand 15.10.2013).

138 Q1 Vierteljahreshefte für Zeitgeschichte, Heft 2, 1955.

138 Q2 Völkischer Beobachter vom 10.09.1936, in: Hohlfeld, J.: Dokumente der Deutschen Politik und Geschichte von 1848 bis zur Gegenwart, Bd. 4, 1951.

140 D1 Aly, G.: Hitlers Volksstaat, 2005, BpB, Bd. 487, S. 36 ff.

141 Q1 Löwenthal, R./Mühlen, P.v.z.: Widerstand und Verweigerung in Deutschland 1933–1945, 1982, S. 78 ff.

142 Q1 www.martin-niemoeller-stiftung.de/4/daszitat (Stand 15.10.2013).

142 Q2 Unter: www.dhm.de/lemo/html/dokumente/Galen/index.html (Stand 15.10.2013).

143 Q3 Pohl, R.: Das gesunde Volksempfinden ist gegen Dad und Jo. Zur Verfolgung der Hamburger Swing-Jugend im Zweiten Weltkrieg, 1988, S. 26 f.

143 Q4 Pohl, R.: Das gesunde Volksempfinden ist gegen Dad und Jo. Zur Verfolgung der Hamburger Swing-Jugend im Zweiten Weltkrieg, 1988, S. 156 f.

144 Q1 Hofer, Walther (Hg.): Der Nationalsozialismus: Dokumente 1933–1945, Fischer, Frankfurt am Main 1982, S. 180 f.

144 Q2 Domarus, M.: Hitler – Reden und Proklamationen 1932–1945, Würzburg 1962, S. 271 ff.

147 Q1 http://www.nationalsozialismus.de/dokumente/textdokumente/adolf-hitler-rede-vor-dem-reichtsag-01091939 (Stand 10.10.2013).

150 Q1 P.W. Stahl am 26.04.1941 nach einem Luftangriff, in: Praxis Geschichte 5/1990, S. 37.

150 Q2 D. Hornsey nach einem Angriff auf Kassel am 03.10.1943, in: „Here Today, Bomb Tomorrow", II. Imperial War Museum London.

150 Q3 Käte, T. in einem Brief vom 29.07.1943, in: Praxis Geschichte 5/1990, S. 37.

151 Q4 Wolff-Mönkeberg, M.: Briefe, die sie nicht erreichten, Hamburg 1980, S. 91.

151 Q5 Andreas-Friedrich, R.: Schauplatz Berlin, München 1962, S. 80f.

152 Q1 Klemperer, Victor: Tagebücher 1945, hrsg. v. Nowojski, Walter unter Mitarbeit von Klemperer, Hadwig, 2. Auflage Berlin 1999, S. 32–37.

154 Q1 BA-MA, RW 4/v. 524.

154 Q2 Zit. nach: Buchbender, O./Sterz, R. (Hg.): Das andere Gesicht des Krieges. Deutsche Feldpostbriefe 1939–1945, 1982, S. 72f.

155 Q3 Kohl, P.: Warum haben wir das getan? – Auf der Spur der Heeresgruppe Mitte. Sowjetische Augenzeugen berichten, in: Goldschmidt, D. (Hg.): Frieden mir der Sowjetunion – eine unerledigte Aufgabe, 1989, S. 387.

157 Q1 http://www.dradio.de/dlf/sendungen/feldpost-stalingrad/briefe.html (Stand 15.10.2013).

157 Q2 http://www.dradio.de/dlf/sendungen/feldpost-stalingrad/briefe.html (Stand 15.10.2013).

157 Q3 http://www.dradio.de/dlf/sendungen/feldpost-stalingrad/briefe.html (Stand 15.10.2013).

157 Q4 http://www.dradio.de/dlf/sendungen/feldpost-stalingrad/briefe.html (Stand 15.10.2013).

157 Q5 http://www.dradio.de/dlf/sendungen/feldpost-stalingrad/briefe.html (Stand 15.10.2013).

157 Q6 http://www.dradio.de/dlf/sendungen/feldpost-stalingrad/briefe.html (Stand 15.10.2013).

159 Q1 Hachiya, M.: Hiroshima-Tagebuch, Freiburg 1955, S. 1ff.

162 Q1 http://www.dhm.de/lemo/html/dokumente/sportpalastrede/index.html (Stand 15.10.2013).

166 Q1 Bonner Geschichtsblätter, Bd. 39, 1989, S. 70.

166 Q2 Loewe, L.: Der Kampf um Berlin, in: Die Stunde Null. Erinnerungen an Kriegsende und Neuanfang. Hrsg. v. G. Trampe, 1995, S. 36.

166 Q3 Hirschfeld, G./Renz, I. (Hg.): Besiegt und befreit. Stimmen vom Kriegsende 1945, 1995, S. 48.

166 Q4 Kästner, E.: Gesammelte Schriften für Erwachsene, Bd. 6, Vermischte Beiträge I, Notabene 45, S. 115.

166 Q5 Malanowski, W. (Hg.): 1945. Deutschland in der Stunde Null, 1985, S. 179.

166 Q6 Bahr, E.: Als rasender Reporter in Berlin, in: Die Stunde Null. Erinnerungen an Kriegsende und Neuanfang. Hrsg. v. G. Trampe, 1995, S. 294.

167 Q7 Granzow, K.: Tagebuch eines Hitlerjungen. 1943–1945, 1965, S. 127f.

167 Q8 Deutschkron, I.: Ich trug einen gelben Stern, 1978, S. 197.

167 Q9 Kardorff, U.v.: Berliner Aufzeichnungen 1942 bis 1945, 1994, S. 324.

167 Q10 Tagebuch M.-L. Solmitz, 7. Mai 1945 (StA Hamburg).

167 Q11 Biedenkopf, K.: Der Krieg war zu Ende, und wir lebten, in: Mensch, der Krieg ist aus. Zeitzeugen erinnern sich. Hrsg. v. W. Filmer u. H. Schwan, 1985, S. 38.

167 Q12 Baring, A.: Mein dreizehnter Geburtstag, in: Mensch, der Krieg ist aus. Zeitzeugen erinnern sich. Hrsg. v. W. Filmer u. H. Schwan, 1985, S. 26.

174 Q1 Haager Landkriegsordnung, zit. n.: Abkommen betreffend die Gesetze und Gebräuche des Landkriegs [Haager Landkriegsordnung], 18. Oktober 1907, RGBl. 1910, S. 107–151. Unter: http://www.1000dokumente.de/?c=dokument_de&dokument=0201_haa&object=pdf&l=de (Stand: 15.10.2013).

174 Q2 UN-Resolution 260 der Generalversammlung: Übereinkommen über die Verhütung und Bestrafung des Völkermordes vom 9. Dezember 1948, zit. n.: Schweizer Bundesregierung. Unter: http://www.admin.ch/ch/d/sr/i3/0.311.11.de.pdf (Stand: 20.5.2013).

174 Q3 Nürnberger Prozess: Statut für den Internationalen Militärgerichtshof vom 8. August 1945. Unter: http://www.uni-marburg.de/icwc/dateien/imtcdeutsch.pdf (Stand: 15.10.2013).

176 Q1 Neitz, Joh.: Die Herero betreffend. Reise zu Samuel Herero, 1907, Zit. nach: Gründer, Horst (Hrsg.): „...da und dort ein junges Deutschland gründen.“. Rassismus, Kolonien und kolonialer Gedanke vom 16. bis zum 20. Jahrhundert, München 1999, S. 153.

177 Q2 Die Kämpfe der deutschen Truppen in Südwestafrika, Berlin 1906, S. 211–218.

179 Q1 Gesetz zum Schutze des deutschen Blutes und der deutschen Ehre. Unter: www.documentarchiv.de (Stand 15.10.2013).

180 Q1 Protokoll Sitzung im Reichsluftfahrtministerium am 12.11.1938, zit. n. Schoenberner, Gerhard: Der gelbe Stern. Die Judenverfolgung in Europa 1933–1945. München 1998, S. 36.

181 Q2 Křížková, Marie Ruth/ Kotouč, kurt Jiří/ Ornest, Zdeněk (Hrsg.): Ist meine Heimat der Ghettowall? Gedichte, Prosa und Zeichnungen der Kinder von Theresienstadt, Hanau 1995, S. 30–31.

182 Q1 Longerich, Peter (Hrsg.): Die Ermordung der europäischen Juden, München/Zürich 1989, S. 123ff.

182 Q2 Nürnberger Dokumente NG 2586, in: Anatomie des SS-Staates, Bd. 2, S. 323f.

184 Q1 Eidesstattliche Erklärung des ehem. SS-Obersturmführers Rudolf Franz Ferdinand Höß am 5. April 1946 in Nürnberg. Zit. nach: Schoenberner, Gerhard: Der gelbe Stern. Die Judenverfolgung in Europa 1933–1945, München 1998, S. 192.

187 Q1 Bayerische Staatsbibliothek München, zit. n. Der Prozess gegen die Hauptkriegsverbrecher vor dem Internationalen Militärgerichtshof. Nürnberg 14. November – 1. Oktober 1946. Amtlicher Text, deutsche Ausgabe. Bd. 29: Urkunden und anderes Beweismaterial Nr. 1850 – Nr. 2233. Nürnberg 1948, S. 110–173. Unter: http://1000dok.digitale-sammlungen.de/dok_0008_pos.pdf (Stand: 15.10.2013).

188 Q1 Oberkommando der Wehrmacht: Richtlinien für die Behandlung politischer Kommissare vom 06.06.1941. Unter: http://www.dhm.de/lemo/html/dokumente/kommissarbefehl/ (Stand 15.10.2013).

188 Q2 Aussage des ehemaligen stellvertretenden. Lageroffiziers im Stalag Wietzendorf am 01.11.1967: StA Hamburg 147 Js 29/65, Bd.4, Bl.497-500, Zitat Bl. 498. Zit. nach: Hamburger Institut für Sozialforschung (Hrsg.): Verbrechen der Wehrmacht. Dimensionen des Vernichtungskrieges 1941–1944. Ausstellungskatalog, Hamburg 2002, S. 260.

189 Q3 Bericht des französischen Generals Bridoux über das Massaker von Oradour-sur-Glane am 10. Juni 1944, in: Müller-Ballin, Gabi: Die Nürnberger Prozesse 1945–49. Vorgeschichte – Verlauf – Ergebnisse – Dokumente, Band 1, Nürnberg 1995, S. 23f.

190 Q1 Bericht von Inge Schwark über den Todesmarsch ihrer Mutter. Unter: http://www.sintiundroma.de/sinti-roma/ns-voelkermord/vernichtung/kinder-im-kz.html (Stand: 15.10.2013).

191 Q2 Häupl, Waltraud: Spuren zu den ermordeten Kindern und Jugendlichen in Hartheim und Niedernhart. Gedenkdokumentation für die Opfer der NS-Euthanasie, Wien 2012, S. 42.

193 Q1 Mazowiecki, Tadeusz: Ethnische Säuberungen sind das Ziel dieses Krieges. Serbien trägt die größte Schuld, in: DIE ZEIT Nr. 51 vom 11. Dezember 1992, Seite 12. Unter: http://pdfarchiv.zeit.de/1992/51/serbien-traegt-die-groesste-schuld.pdf (Stand: 15.10.2013).

195 M2 Bitala, Michael: Paul Kagame. Ein Präsident, der nur noch Ruander kennt, in: Süddeutsche.de vom 17.5.2010. Unter: http://www.sueddeutsche.de/politik/2.220/paul-kagame-ein-praesident-der-nur-noch-ruander-kennt-1.649420 (Stand: 15.10.2013).

197 Q1 Fetscher, Carolin: Es gibt keinen Krieg ohne Kriegsverbrechen. Interview mit Richter am Internationalen Strafgerichtshof, in: Der Tagesspiegel vom 30.7.2012. Unter: http://www.tagesspiegel.de/politik/interview-mit-richter-am-internationalen-strafgerichtshof-es-gibt-keinen-krieg-ohne-kriegsverbrechen/6935668.html (Stand: 15.10.2013).

Bildquellen

Akademie der Künste, Berlin: 114 M1 (VG Bild-Kunst, Bonn 2012/The Heartfield Community of Heirs)
akg-images GmbH, Berlin: 16 M1, 22 M2, 23 M5, 24 M1, 36 M1 o.mi., 36 M1 u.li., 37 M1 o.re., 37 M2 u.mi., 40 M2 (akg-images), 41 M4 (akg-images), 41 M5 (VG Bild-Kunst), 41 M6 (akg-images), 44 M2, 44 M3 (Album/Universal Pictures), 46 M1 o.li., 46 M1 re., 47 M2, 50 M1 + M1 69, 53 M3, 56 M1, 64 M1, 68 M1 o.mi., 68 M1 o.re., 68 M1 u.li., 68 M1 u.mi., 74 M2 + M1 u.mi 71, 79 M2 (akg-images), 80 M1, 83 M2 + M1 107, 90 M1, 94 M1, 94 M2, 95 M4, 101 M3, 103 M2 + M1 m.mi. 70/71, 104 M2, 113 M2, 116 M2, 121 M3, 133 M4, 133 M5, 134 M1 (akg-images), 134 M2 (akg-images), 135 M3 (akg-images), 135 M4 (agk-images/Peter Weiss), 135 M5 (akg-images), 139 M3 (VG Bild-Kunst, Bonn), 143 M3, 144 M2, 145 M5, 150 M1, 151 M4, 168 M1, 170 M1 re. (Jürgen Georg Wittenstein), 175 M1 m.re. (Michael Teller), 175 M1 u.re. (akg-images), 177 M3, 180 M1, 180 M2, 184 M2, 186 M1, 188 M1 (akg-images), 189 M5 (akg-images/AP), 196 M1
Archiv Yad Vashem, Jerusalem: 178 M1 + M1 199
Associated Press, Frankfurt/M.: 193 M3

Baaske Cartoons, Müllheim: 102 M1 (Brigitte Schneider)
Berlinische Galerie, Berlin: 42 M1 (VG BildKunst)
BMW Group MediaPool, München: 189 M4
bpk – Bildagentur für Kunst, Kultur und Geschichte, Berlin: 11 M2, 12 M1, 26 M3, 27 M5 (Max Mißmann), 28 M2, 37 M1 u.li. (Gebrüder Haeckel), 43 M3 (Jörg P. Anders), 43 M4 (Volker-H. Schneider), 43 M6, 47 M1, 68 M1 m.re., 84 M2, 96 M1 + M2 107, 109 M1 + M1 6/108, 112 M1 (Dietmar Katz), 119 M1 (Dietmar Katz), 129 M9 (Lala Aufsberg), 133 M3 (Rainer Maria Schopp), 137 M5, 144 M1, 147 M2, 151 M3, 175 M1 o.mi., 182 M2 + M2 199 (bpk/Bayerische Staatsbibliothek/Heinrich Hoffmann), 184 M3 (bpk), 185 M4 (bpk)
Braunschweigisches Landesmuseum, Braunschweig: 179 M4 (I. Simon)
Bundesarchiv Berlin, Berlin: 141 M3
Bundesarchiv Koblenz, Koblenz: 71 M1 + M1 5/70, 181 M4, 184 M1
Bundesministerium für Familie, Senioren, Frauen, Jugend, Berlin: 106 Q1

Deutsches Filminstitut, Frankfurt/Main: 45 M1 zw.v.u.
Deutsches Historisches Museum , Berlin: 111 M2, 119 M2 (I. Desnica), 126 M1, 127 M3 (Liselotte Orgel-Köhne), 130 M1, 142 M2, 191 M3
DIZ München GmbH, München: 190 M1

Erl, Martin, Ingolstadt: 197 M3

Flonline Bildagentur RM, Frankfurt/M.: Umschlag Petersplatz (First Light)

Gedenkstätte Ehrenhain Zeithain, Stiftung sächsische Gedenkstätten, Zeithain: 188 M3 (Nagel)
Getty Images, München: Umschlag Baumreihe (Yong Choi)

Hessisches Hauptstaatsarchiv, Wiesbaden: 182 M1

INTERFOTO, München: 41 M3

Keystone Pressedienst, Hamburg: 63 M2, 179 M3
King, David: 99 M2

Landeshauptstadt Dresden – Öffentlichkeitsarbeit, Dresden: 153 M3 (Plakat Landeshauptstadt Dresden, Gestaltung: form+grafik, Schulze, Seibt, Wiesenhütter, 2005)
Library of Congress, Washington, D.C.: 154 M1

Melchior Historischer Verlag, Wolfenbüttel: 13 M6

Picture-Alliance GmbH, Frankfurt/M.: 4 M2 + M1 48/49 (Keystone/Photopress Archiv), 39 M2 (Heuse), 68 M1 u.re., 86 M1 (ZB/Peter Endig), 99 M1 (akg-images), 105 M5 (epa), 153 M2 u. (ZB/Ralf Hirschberger), 170 M1 li. (dpa/Jerzy Dabrowski), 175 M1 o.li. (dpa / Porkell Porkelsson), 175 M1 u.li. (AFP/Pornchai Kittiwongsakul), 175 M1 u.mi. (Jürgen Feichter), 185 M5 + M3 199, 190 M2, 197 M2 (Reuters)

Reuters, Berlin: 7 M1 + M1 172/173 (Dado Ruvic)

Schroedel Verlag, Braunschweig: 186 M2
Staatliches Museum Auschwitz-Birkenau, Oswiecim: 185 M6
Staatsarchiv Windhuk, Windhoek: 177 M2
Staatsgalerie Stuttgart, Stuttgart: 40 M1 (VG Bildkunst)
Stadtgeschichtliches Museum Leipzig, Leipzig: 125 M2, 180 M3 (Stadtgeschichtl. Museum Leipzig)
Stadtmuseum Dresden – Kustos Stadtentwicklung, Dresden: 122 M2
Stehle, Karl, München: 19 M4, 29 M3
Stiftung Sächsische Gedenkstätten, Pirna: 198 M1 (Archiv Gedenkstätte Pirna-Sonnenstein ,1994)
Sächsische Landesbibliothek, Dresden: 123 M2
Süddeutsche Zeitung Photo, München: 26 M4 (Knorr + Hirth), 46 M1 u.li., 59 M2 (Scherl), 91 M3 (Scherl), 100 M1 + M1 u.re. 71 (Scherl), 152 M1, 170 M1 zw.v.re.
Süddeutscher Verlag GmbH, München: 68 M1 m.mi. (Scherl)

Tonn, Dieter, Bovenden-Lenglern: 47 ZL li., 47 ZL zw.v.li., 69 ZL li., 69 ZL mi., 69 ZL re., 73 M1 72/73, 76 M1 m.li., 76 M1 o.li., 76 M1 o.re., 76 M1 u.li., 76 M1 zw.v.u.li., 77 M2 o.re., 77 M2 u.re., 77 M2 zw.v.o.re., 77 M2 zw.v.u.re., 107 ZL li., 107 ZL re., 107 ZL zw.v.li., 107 ZL zw.v.re., 171 ZL li., 171 ZL re., 171 ZL zw.v.li., 171 ZL zw.v.re., 199 ZL li., 199 ZL re., 199 ZL zw.v.li., 199 ZL zw.v.re.

ullstein bild, Berlin: 15 M2 (Haeckel-Archiv), 19 M3, 22 M1 (Haeckel), 22 M3 (Archiv Gerstenberg), 22 M4 (Haeckel), 23 M6, 24 M2 (Photos 12), 24 M3, 25 M4 (TopFoto), 27 M6 + M3 47, 28 M1, 30 M1 (Heinrich), 30 M2, 31 M3 (Granger Collection), 32 M1 (ADN-Bildarchiv), 34 M1, 36 M1 m.re., 36 M1 o.li., 36 M1 o.re. (Fuchs), 36 M1 u.re. (KPA/United Archives), 37 M1 o.li., 37 M2 o.mi., 37 M2 u.re. (Granger Collection), 38 M1, 39 M3, 43 M5 (VG Bild-Kunst), 44 M1 (Granger Collection), 50 M2 (Archiv Gerstenberg), 52 M1, 54 M1 (Archiv Gerstenberg), 55 M2 (Nowosti), 61 M3, 62 M1 (Robert Sennecke), 67 M1 u., 67 M1 zw.v.u. (Haeckel), 68 M1 m.li., 68 M1 o.li. (Granger Collection), 78 M1 + M1 o.re. 71 (ullstein bild), 81 M2 (ullstein bild), 84 M1 + Umschlag (Hanomag), 85 M3, 89 M3, 96 M2, 101 M2 (Nowosti), 103 M3 + M3 107 (Imagebroker.net), 105 M4, 110 M1 + M1 171 (Pachot), 115 M2, 115 M3, 116 M1, 119 M3 (Granger Collection), 121 M2 (SZ Photo), 124 M1 (Roger Viollet), 128 M1 (SZ Photo), 128 M2 (SZ Photo), 128 M3 (SZ Photo), 128 M4 + M2 171 (SZ Photo), 129 M10 (SZ Photo), 129 M5 (SZ Photo), 129 M6 (SZ Photo), 129 M7, 129 M8 (Wolff & Tritschler), 131 M2, 131 M3, 132 M1 (Granger Collection), 132 M2 (Zitzow), 136 M1 (SZ Photo), 136 M2, 136 M3, 142 M1 (Archiv Gerstenberg), 150 M2 (ullstein bild – LEONE), 153 M2 o. (Thuis), 156 M2, 156 M3, 159 M2 (ddp), 159 M3 (Bildarchiv), 161 M2 (dpa), 161 M3, 162 M1, 163 M2, 164 M1 (KPA/HIP/Ann Ronan Picture), 165 M2 (TopFoto), 165 M3 + M3 171 (Chaldej), 168 M2, 170 M1 zw.v.li. (ullstein bild – Ilona Studre), 175 M1 o.re. (Archiv Gerstenberg), 178 M2 (Archiv Gerstenberg), 187 M3
Universitätsbibliothek Würzburg, Würzburg: 35 M2 (Scherl)

Verlagsarchiv, Braunschweig: 13 M3
VG BILD-KUNST, Bonn: 42 M2 (VG Bild-Kunst)
Visum Foto GmbH, Hamburg: 193 M2 (K. Haarmann)

wikipedia.org: 39 M4 (H. Weinandt), 198 M2 (Dr. Bernd Gross), 198 M3

Yad Vashem, Jerusalem: 181 M5

ZDF Enterprises GmbH, Mainz: 67 M1 o., 67 M1 zw.v.o.

alle übrigen Karten und Schaubilder: Westermann Kartographie/Technisch Graphische Abteilung, Braunschweig